XI' NAN CAIJING DAXUE LILUN JINGJIXUE
XUEKE JIANSHE YU FAZHAN BAOGAO

西南财经大学理论经济学
学科建设与发展报告

盖凯程 **主编**　　韩文龙 等 **副主编**

西南财经大学出版社

中国 · 成都

图书在版编目(CIP)数据

西南财经大学理论经济学学科建设与发展报告/盖凯程主编 .—成都:西南财经大学出版社,2020.11
ISBN 978-7-5504-4597-0

Ⅰ.①西… Ⅱ.①盖… Ⅲ.①经济学—学科建设—研究报告—成都
Ⅳ.①F0-4

中国版本图书馆 CIP 数据核字(2020)第 197214 号

西南财经大学理论经济学学科建设与发展报告
盖凯程 主编
韩文龙 等 副主编

责任编辑:廖韧 刘佳庆
责任校对:赵静繁 李琼
封面设计:摘星辰 · DIOU
责任印制:朱曼丽

出版发行	西南财经大学出版社(四川省成都市光华村街 55 号)
网　　址	http://www. bookcj. com
电子邮件	bookcj@ foxmail. com
邮政编码	610074
电　　话	028-87353785
照　　排	四川胜翔数码印务设计有限公司
印　　刷	四川新财印务有限公司
成品尺寸	170mm×240mm
印　　张	21. 75
字　　数	304 千字
版　　次	2020 年 11 月第 1 版
印　　次	2020 年 11 月第 1 次印刷
书　　号	ISBN 978-7-5504-4597-0
定　　价	98. 00 元

目录

导 言

理论经济学是西南财经大学的传统优势学科。西南财经大学1952年成立政治经济学教研室；1960年成立政治经济学系，设立政治经济学专业，由此迈出了理论经济学学科在教学、科研、人才培养、学术交流等方面建设的历史性步伐。在近70年的学科建设和探索中，西南财经大学逐渐积累和形成了理论经济学特别是政治经济学的学科优势。改革开放以来，理论经济学学科建设逐步走上了稳健、快速发展的轨道。进入新时代后，理论经济学学科厚积薄发，在推动中国特色社会主义政治经济学理论体系构建方面进行了有益探索。

从学科传承和历史渊源来看，著名经济学家、《资本论》中译本的第一个翻译者陈豹隐教授，著名“红色教授”彭迪先，中国经济史学科主要奠基人汤象龙教授等，曾先后在政治经济学学科从事经济学研究和教学工作，他们为马克思主义经济学在中国的早期研究和传播开展了重要的开创性工作。著名经济学家刘诗白教授等老一辈学科带头人，著述丰硕，在《资本论》、社会主义政治经济学、经济体制改革等方面进行了富有成效的研究和探索。老一辈著名经济学家为政治经济学学科的建设和发展做出了奠基性的贡献。

西南财经大学经济学院是理论经济学学科的牵头建设单位①。学院目前设有经济学（国家经济学基础人才培养基地班）1个本科专

① 在不同的历史时期，西南财经大学理论经济学学科承建单位不断调整和变化。目前，除经济学院为牵头单位外，相关单位还有经济与管理研究院、发展研究院、中国西部经济研究中心等。

业、7个硕士专业、8个博士专业、1个理论经济学博士后流动站。经济学院秉持“担时代责任之大义，尊一流学术之至学，筑思想智库之高地，轨拔尖人才之一行”的理念，坚持“传承优势，彰显特色，科教并重，创新引领，国内一流，国际知名”的思路和目标。经过建设，学院作为国家重要的经济学基础理论研究高级人才培养基地、解决国家和西部地区经济社会发展重大理论和实践问题的思想库和智囊团、我国西部地区重要的经济学国际学术交流中心等的作用，进一步得到巩固和发挥，努力建成国内一流、国际知名的理论经济学重镇。

经过几代专家学者的努力，本学科已形成鲜明的特质：

（1）坚持马克思主义经济学基础理论研究和中国特色社会主义政治经济学研究，是本学科最为鲜亮的底色。新中国成立初期仅有的两名经济学教授之一陈豹隐先生早在1930年就翻译出版了《资本论》第一卷。1983年本学科带头发起成立全国高等财经院校《资本论》年会，刘诗白先后任会长、名誉会长，现任会长为丁任重教授。1985年本学科作为主要发起者之一发起成立了全国高校社会主义经济理论与实践研讨会，刘诗白、刘灿先后任研讨会领导小组成员；2018年本学科作为主要发起者之一发起成立“全国数量与制度政治经济学联盟”。在改革开放之初，刘诗白较早提出和阐释了社会主义商品经济理论，是中国社会主义市场经济理论的重要先驱者之一。刘诗白教授十分重视将马克思主义理论与当代中国实践相结合，对政治经济学研究对象、财富理论、生产劳动理论、科技创新、所有制理论、产权理论、国有企业改革和银行改革等，都进行了系统深入的研究，反映在10卷本《刘诗白文集》和13卷本《刘诗白选集》中。本学科一直以来始终坚持这一研究特质。近年来，本学科在马克思主义经济学研究领域取得一批高质量研究成果，作为重要力量（分册主编）参与以著名经济学家洪银兴为总主编，由国务院学位委员会委员、教育部社会科学委员会委员、教育部教学指导委员会委员、高校和科研机构名家学者共同参与的《现代经济学大典》的编撰工作，该工作成果获得教育部高等学校科学研究优秀成果一等奖和第七届中华优秀出版物奖。本学科承担了中央马克思主义理论研究和建设工程（以下简称“马工程”）重大委托项目“中国特色社会主义政治经济学研究”子项目“社会主义基本分配制度理论与实践”，中国特色社会主义经济建设协同创新中心重大项目“中国经济学理论体系和话语体系建设”子项目“国外马克思主义经济学研究评析及借鉴”和“中国农村土地制度改革的理论与实践研究”，国家社科基金重大专项项目“完善促进人民‘美好生活消费需要’的体制机制创新研究”，为构建当代中国马克思主义政治经济学做出了重要贡献。近5年来，本学科获国家社会科学重大招标项目、国家社会科学基金项目、国家自然科学基金项目等55项；在《经济研究》《马克思主义研究》《马克思主义与现实》等发表高质量学术论文203篇。2017年经济学院成为中宣部设立的我国中西部高校唯一一家“全国中国特色社会主义政治经济学研究中心”（以下简称“中特中心”）。理论经济学权威刊物《经济学家》为国家社科基金资助期刊和教育部名刊工程，并获批中宣部马克思主义政治经济学重点期刊；《财经科学》为全国高校百强社科期刊、教育部名刊工程、全国高校社科名刊。以刘诗白先生名字命名的“刘诗白经济学奖”业已成为国内最知名的经济学奖项之一，迄今已举办4届评奖暨颁奖会。2017年刘诗白先生获得吴玉章人文社科终身成就奖。

（2）用科学研究的优势创造人才培养的强势，为学科建设奠定厚实基础。西南财经大学1952年组建政治经济学教研室，1959年在全国财经院校中率先招收政治经济学专业的本科生，1960年成立政治经济学系。1982年，西南财经大学政治经济学被国务院学位委员会批准为硕士学位授权点，1984年被批准为全国第二批、全国财经类院校第一批政治经济学博士学位授权点；1992年，政治经济学被评为四川省普通高校首批省级重点学科；1995年，西南财经大学设立了西部地区第一个理论经济学博士后流动站。1998年，教育部批准西南财经大学设立“国家经济学基础人才培养基地”。2001年，西南财经大学政治经济学被教育部批准为全国高校重点学科。2003年，西南财经大学理论经济学被国务院学位委员会批准为一级学科博士学位授权点，2008年被批准建设“国家级经济学创新型人才培养试验区”，2019年被教育部批准为国家一流本科专业建设点。刘诗白教授主编的《政治经济学》教材发行超20万册。本学科人才培养模式先后获国家级教学成果一、二等奖6次，获国家级项目支持18项、省级项目支持30余项。本学科近5年获国家级（二等，2019年）及省部级（一、二、三等，2018年）教学成果奖共6项，2人被评聘为“马工程”教材《马克思主义政治经济学概论》评审专家，1人参编“马工程”重点教材《中国经济史》。本学科形成了“学术大师+学科首席专家+青年拔尖人才+中青年学术骨干”的全新机制，包括“马工程”首席专家、国家万人计划青年拔尖人才，以及国家级创新团队（2017—2019年）、国家级教学团队（2009年至今）及省级教学团队（2008年至今）和创新团队（2013年至今）的师资队伍。本学科成立至今，培养了包括中央委员，中财办、全国政协、全国人大、证监会领导，省部级领导，银行行长，知名学者等一大批政商学界领袖和行业翘楚。2016年以来，本学科硕士、博士研究生在校期间发表论文100多篇，有20多篇获得校级优秀学位论文奖。本学科培养的学生有一部分相继入选国家级和省级人才计划、全国青年马克思主义者培养工程学员、当代马克思主义经济学家、影响中国未来30年中青年经济学家、国家社科重大项目首席专家、教育部重大攻关项目首席专家等。

（3）扎根大地，经世济民，以国家需要践行学科建设初心与使命。改革开放以来，刘诗白等老一代专家深入改革开放前沿，以国家需要为重，先后为国家提出并被采纳的建议包括国有企业体制改革、银行企业化改革、建立独立执行货币政策的中央银行、缓解市场疲软十策等重要政策建议。本学科继承了以国家需要践行学科建设的使命。一是为国家和地方发展战略服务。关于我国重装设备制造产业的研究报告获李克强总理批示；“依托枢纽机场建设内陆开放高地”建议获四川省委书记彭清华和省长尹力批示；“关于探索资源型城市转型发展经验及路径　助推四川经济高质量发展的建议”获四川省前常务副省长王宁批示；“构筑五道防线，政府、社会和市场协同精准治理农村‘因病致贫返贫’的政策建议”获四川省前副省长王铭晖批示。二是为西部贫困和少数民族地区发展服务。刘灿教授受聘新疆财经大学理论经济学学科“天山学者”，对口帮扶支援学科建设。咨询报告《关于科学构建四川农村精准扶贫机制的建议》获四川省人民政府尹力省长批示，提交了《关于创新体制机制　科学构建中国农村精准脱贫长效机制的建议》内参报告等。本学科承担西藏自治区党委、政府“中国援藏行为模式转型优化研究”“西藏山南易地扶贫搬迁模式研究”等重大研究项目研究；编制《四川甘孜州色达县十三五精准扶贫规划》，为四川甘孜藏族自治州1 000名乡镇书记、镇长、驻村第一书记进行精准扶贫战略培训等。三是为国家意识形态领域服务。本学科先后向中宣部提交“立足中国大地创新中国特色社会主义哲学社会科学”“共同富裕的含义与标准，共享和共富的关系，现阶段实现共同富裕的途径研究”“收入差距扩大的根本原因，缩小收入差距的具体途径，收入差距和财产差距的关系研究”和“＊国影响力下降研究”等政策建议报告，应中宣部需要编辑“习近平讲故事”等。四是为西部人才培养服务。本学科本硕博学生中有50%以上毕业后均留在了西部工作。2016 年以来本学科先后为西部地方各类企业和组织特别是贫困地区培训人才近万人次。

（4）与时俱进，孜孜以求，坚持科学创新的学科建设品格。本学科以服务国家和社会需要为使命导向，紧随国家发展需要，不断进行探索创新。一是围绕改革开放以来经济改革方面的理论创新。刘诗白教授探索我国企业产权改革的重要理论专著《产权新论》与《产权主体论》，被学术界称为中国三大产权理论流派之一；对当代财富生产机制和我国富民强国之路的理论思考体现在其专著《现代财富论》中。二是进入中国特色社会主义经济新时代方面的理论创新。本学科有中特中心、习近平新时代中国特色社会主义思想研究中心等重要研究平台，出版了刘灿的《中国特色社会主义收入分配制度研究》《中国收入分配体制改革》等，丁任重的《当代中国马克思主义政治经济学的品质》，李萍的《新中国经济制度变迁》等一批国家规划出版项目成果。三是在新时代新财经方面的学科交叉与融合理论创新。本学科鼓励教师投身新时代条件下新财经问题的研究和创新，拓展与其他学科的交叉融合。行为经济研究团队在经济学与生物学、心理学、神经科学的交叉融合方面取得了世界一流的研究成果，在经济学 Top5 期刊 *Journal of political Economics* 等顶级刊物上发表相关论文。本学科教师编写了《人工智能与中国经济改革发展》，参与了金融安全协同创新中心与中国社科院联合课题组课题“国际政治与金融安全”等。四是在发展经济学、环境生态、城乡问题和扶贫攻坚研究等领域的创新拓展。本学科出版了丁任重教授领著的《西部资源开发与生态补偿机制研究》，以及《社会资本视角下政府反贫困政策绩效管理研究：基于典型社区与村庄的调查数据》和《统筹城乡发展中的政府与市场关系研究》等一大批获奖著作；发展经济学团队主持“四川省‘十三五’绿色产业发展研究”，承接民政部重大招标课题“基层社会治理能力建设综合评估项目——乡镇政府服务能力综合评估（二次）”，连续多年推出《中国绿色发展指数报告》等。

第一章 历史沿革[①]

新中国成立70多年来，西南财经大学理论经济学发展始终紧密联系中国社会主义经济建设的伟大实践服务社会，又在实践中发展自身，经历了一个成长壮大的过程。本章根据时代背景、社会需求，梳理西南财经大学理论经济学在各个历史阶段的学术研究重点、学术研究成果、学术交流、学术领军人物、学术阵地、学科建设和人才培养等情况的发展脉络。

一、新中国成立后理论经济学的初步发展（1949—1977年）

（一）新中国成立初期指导思想的确立与学科布局的调整（1949—1955年）

我国1952—1953年“院系调整”，按照苏联的高等教育模式对综合性大学的系科加以调整，组建了一批新的专业学院。如以成华大学为主体，整合了当时西南地区17所院校的师资、专业组建了国家在全国四个布点之一的四川财经学院。1960年，学校设立了经济研究所。从研究力量的配备来看，四川财经学院是当时全川经济学的人才培养和科学研究的主要基地。

① 部分内容参考：刘方健，徐志向. 新中国成立70年来四川理论经济学发展脉络［J］. 西华大学学报（哲学社会科学版），2019，38（5）：23-33.

（二）理论经济学在曲折中发展（1956—1977 年）

1956 年，党和政府组织制定了国家 12 年（1956—1967 年）科学发展远景规划。在此期间，广大经济学者共同努力取得了一批重要的学术研究成果①。在这一历史阶段，经济学研究的重点和主要内容是社会主义改造和建设中的实践问题与理论问题。代表性的研究成果有：陈豹隐《我对社会主义制度下商品生产与价值规律的看法》；彭迪先、何高箸《货币信用论大纲》；王永锡、袁文平《关于社会主义经济效果的实质》。尤其是刘诗白著述甚丰：个人专著《原子能利用上的两条路线》《帝国主义殖民体系及其危机》，研究帝国主义理论的论文《论帝国主义与战争》《资本主义农业也是国民经济的基础吗?》，构建社会主义经济理论体系的论文《怎样理解劳动者的“积极性”与“创造性”》《论主观能动性与客观规律的关系》《再论劳动者的积极性》《略论按劳分配》《论马克思列宁主义政治经济学的对象》《关于社会主义基本经济规律的一点意见》《关于简单再生产和扩大再生产的几个问题的探讨》《关于社会主义经济效果两个理论问题的初步探讨》《论农业是国民经济的基础》《试论社会必要劳动——兼答寒苇同志》《论社会主义农业扩大再生产的形式》《以农业为基础的道路是社会主义工业发展的康庄大道》《试论社会主义制度下的个体私有制经济残余》等。

二、理论经济学的复苏与发展（1978—2012 年）

（一）理论经济学的复苏（1978—1985 年）

1978 年，中共十一届三中全会恢复和重新确立了解放思想、实

① 林成西. 成都社会科学发展概述［J］. 西南交通大学学报（社会科学版），2006（3）：82-86.

事求是的马克思主义思想路线，确定了以经济建设为中心，坚持四项基本原则，坚持改革开放的基本路线。我国社会主义事业进入了新的历史发展时期。在此期间，学科建设得到了空前发展。四川省各高校逐渐恢复工作，科研、教学逐步走上正轨。四川财经学院自1978年复校后，当年即招收政治经济学专业本科生83名，此后又相继取得政治经济学、中国经济史硕士学位、博士学位授权点资质，并于1981年开始招收硕士生、1984年开始招收博士生。

西南财经大学理论经济学工作者对改革面临的理论问题进行了大胆探索。如刘诗白的《社会主义所有制研究》等，从中国社会主义现阶段的特征出发，提出了新的理论见解，对排除经济体制改革的障碍具有积极作用。经济学研究为改革提供理论支撑的重要作用，已经开始鲜明地显现出来。到1985年，西南财经大学理论经济学已有一批高质量的学术成果问世。学术专著有刘诗白的《社会主义所有制研究》，论文有刘诗白的《论发展社会主义商品经济与利用市场》、袁文平的《试论社会主义计划经济同社会主义市场经济的结合问题》等。

（二）在改革与开放进程中发展（1986—1991年）

1984年，中共十二届三中全会做出了关于经济体制改革的决定，城市经济体制改革全面推进，对外开放进一步发展。城市经济体制改革面临的问题和难度远远超过农村经济体制改革。改革开放中大量的实践和理论问题需要社会科学给予回答。西南财经大学理论经济学工作者思想活跃、敢于探索，为推动四川经济改革发挥了重要作用。

以国有企业改革为例，四川国有企业改革一直是整个城市经济体制改革的中心环节和每次改革的突破口。计划经济时代尤其是“三线”建设时期，国家在四川布点的大中型国有企业数量众多，四川国有企业改革任务非常艰巨。西南财经大学理论经济学的学者加强与企业的联系，密切关注国有企业改革实践，做了大量深入的调查研究，进行了艰苦的理论探索。西南财经大学经济研究所等研究机构多次与企业或省内市县联合召开针对国有企业改革的专题研讨会，共同探讨改革路径。

（三）在改革与开放进程中走向繁荣（1992—1999年）

1992年年初，邓小平发表的“南方谈话”对一直困扰理论经济学界和改革实践者的部分争论做出正确判断，进一步解放了人们的思想，为中国改革开放注入了新的活力，成为经济学界攻坚、冲破僵化思维的强大动力。1992年，中共十四大提出建立社会主义市场经济体制改革目标。于是，探索改革路径，突破旧的体制机制束缚，推进各项改革事业深入发展，成为经济学界面临的最为紧迫的任务。理论攻坚成为这个时期西南财经大学理论经济学最显著的一个时代特征，为改革发展的大局服务，形成一大批高质量的研究成果。

1992年4月，《经济学家》杂志社等单位联合召开“深化改革经济理论座谈会”。会议达成共识，认为推进市场取向改革是近期深化改革的关键，市场取向是建立新经济体制的基础设施。西南财经大学等单位于1993年4月在温江召开“四川省社会主义市场经济理论讨论会”，把市场经济新体制的建立同解决当前经济建设和经济生活中的突出矛盾、突出问题结合起来进行研究，提出了建立社会主义经济体制亟待解决的若干问题的思路、途径和办法。

这个时期经济理论工作者对计划经济体制转变为社会市场经济体制的相关问题进行了深入的理论探索，形成了一大批有代表性的研究成果。

1992年年初，邓小平发表“南方谈话”，中国社会主义市场经济思想呼之欲出。刘诗白教授于1992年7月中国《资本论》学术年会上提交论文《社会主义市场经济之我见》。该文对社会主义市场经济概念的内涵做了五点具体阐述：①市场经济不排斥计划。实行社会主义市场经济，要更充分利用和发挥计划的功能，首先要调控好宏观经济，引导微观经济。②市场经济不排斥政府经济功能，也不排斥国家在某些领域组织兴办企业。市场经济还需要政府提供各种服务，社会主义市场经济更需要有效发挥政府的经济调节、规划、监督、服务的功能。③市场经济概念，前面有“社会主义”为定语，明确规定它是坚持以公有制为基础和主体的。④市场经济以市场机制为基本调节器，因而不可避免会有经济活动的自发性与盲目性。但人们可以借助于计划功能的发挥，对这种盲目活动进行限制和引导，并实现国民经济总体的有序运行，期望有一个不存在自发性的市场经济机制本身就是不现实的。⑤市场经济有盲目生产、经济波动、扩大收入差距等弊端。但是，有利无弊的体制只存在于人们的幻想之中。何况在社会主义条件下，人们借助于计划功能和政府调控，有着减少上述弊端的更大可能性。上述五点对其后中国社会主义市场经济的理论与实践做出了准确预言。

1993 年 11 月，中共十四届三中全会确定建立现代企业制度是我国国有企业改革的方向。1993 年，刘诗白教授出版了国内第一部系统研究产权基本理论的著述《产权新论》。《产权新论》运用马克思主义基本原理，从中国现阶段社会主义特征出发，提出了市场经济条件下两个“两权分离”的必然性、国有企业改革重点是法人财产权的建立等独创性观点，具有现实指导意义，在国内产生了重大影响，被学界同仁誉为“三大产权流派之一”。该书出版后，由作者亲手转呈时任国务院副总理朱镕基同志。

在专业建设和人才培养方面，1998 年西南财经大学获准建设首批“国家经济学基础人才培养基地”。当时教育部在全国 13 所知名高校经济学专业设立国家经济学基础人才培养基地（全国首批 11 家，共设 13 家）。

（四）新的历史发展时期（2000—2012 年）

2000 年 6 月，西南财经大学成立中国西部经济研究中心，以西部区域经济和人口、资源、环境协调可持续发展作为研究重点。该中心同时还具有培养资源与环境经济学等专业硕士和博士研究生的功能。

进入 21 世纪以来，《经济学家》和《财经科学》成为西南财经大学理论经济学学科发展的重要传播阵地。

2002 年 11 月召开的中共十六大，提出了全面建设小康社会，加快推进社会主义现代化，为开创中国特色社会主义事业新局面而奋斗的宏伟目标；中共十六届三中全会提出了坚持以人为本，树立全面、协调、可持续的发展观，促进经济社会和人的全面发展的科学发展观；2007 年 10 月，中共十七大对科学发展观的时代背景、科学内涵和精神实质进行了深刻阐述，对深入落实科学发展观提出了明确要求。西南财经大学理论经济学学科以此为指导进行学术研究、学科体系建设和学术思想创新，并紧密围绕四川经济建设中亟须解决的重大问题，组织开展形式多样的学术活动、学术交流活动，极大地活跃了学术氛围，使四川省理论经济学富于生机、充满活力。

在基础理论研究、学科建设方面，西南财经大学理论经济学学科取得了优秀成果。刘诗白 2005 年出版新著《现代财富论》，超越了传统分析模式，深入研究了现代社会财富的性质、结构、源泉和加快财富创造的经济机制及规律，特别是对基于当代发达市场经济和高科技经济条件下社会财富创造的新情况、新特点及其生产机制进行了全方位、深层次的理论思考与探寻。这一研究为发展中国理论经济学开拓了新的视野，填补了理论研究空白，对经济学理论建设做出了重大贡献，被誉为“立足于高科技时代的新国富论”。该书既坚持了马克思主义劳动价值论的基本原理，又体现了马克思主义劳动价值论与时俱进和理论创新的时代要求。该成果获得“四川省哲学社会科学优秀成果一等奖”和“教育部高校人文社科优秀成果二等奖”。

2010 年 9 月，西南财经大学成立马克思主义经济学研究院，是学校专门成立的“学科特区”。该研究院由学校直接领导，为开放式、非实体性学术研究机构。首任院长由刘灿教授担任，第二任院长由丁任重教授担任。研究院聘请了刘诗白、卫兴华、吴宣恭、何炼成、张卓元、赵人伟、黄范章、袁恩桢等国内著名经济学家出任高级学术顾问，并成立了由南开大学原副校长逄锦聚担任主任委员，由顾海良、洪银兴、刘伟、林岗、黄泰岩、张宇、刘灿、丁任重、杨继瑞、宋冬林、简新华、白永秀、史晋川、石磊、李萍、林木西、范从来、赵晓雷、黄少安等国内20位著名经济学家组成的学术委员会。学校专门建有“光华论坛”，联合有关单位在为陈豹隐、汤象龙、彭迪先、刘诗白等经济学家祝寿之时举行其学术思想研讨会，让这些知名经济学家严谨的学风、精深的学术思想，在经济学界乃至社会各界发扬光大，并向社会各界积极推荐优秀人才。1999—2005年，西南财经大学从事理论经济学研究的刘诗白、王叔云、丁任重、杨继瑞、刘灿、涂文涛、赵磊等被评为“四川省学术和技术带头人”。

三、新时期理论经济学的新发展（2013年至今）

2012年，中共十八提出了为全面建成小康社会而奋斗。2017年，中共十九大提出了决胜全面建成小康社会。这标志着中国特色社会主义进入新时代。

在这一历史时期，西南财经大学理论经济学科产出的高质量研究成果有刘灿的《完善社会主义市场经济体制与公民财产权利研究》。党的十八大明确提出：全面建成小康社会，全面深化改革开放。本项研究成果认为：要实现这“两个全面”的目标，关键是推动“两个加快”，即加快完善社会主义市场经济体制，加快转变经济发展方式。必须不失时机深化重要领域改革，坚决破除一切妨碍科学发展的思想观念和体制机制弊端，处理好政府和市场的关系，实施更加积极主动的开放战略，增强发展的动力与活力①。

① 刘灿．完善社会主义市场经济体制与公民财产权利研究［M］．北京：经济科学出版社，2014：1．

在2019年庆祝中华人民共和国成立七十周年之际，四川省人民政府第十八届哲学社会科学奖评审出的优秀成果有刘灿、王朝明、李萍、盖凯程等人的研究成果《中国特色社会主义收入分配制度研究》（专著），该著作同时荣获教育部第八届高等学校人文社科研究优秀成果二等奖。

2017年刘诗白荣获吴玉章人文社会科学终身成就奖。刘诗白教授长期致力于马克思主义政治经济学的理论探索，在社会主义产权理论、转型期经济运行机制、国有企业市场化改革、金融体制改革及现代财富理论等方面进行了大量卓有成效的研究。其研究成果和学术思想对中国社会主义市场经济体制的构建和完善起到了很大的推动作用，也对中国社会主义经济学理论发展做出了突出贡献。他是较早提出社会主义所有制多元性的学者之一和中国社会主义市场经济理论的先驱研究者。他发表了大量有关社会主义产权制度的论文和专著，其系列独到的见解被称为中国三大产权理论流派之一。1985年他在全国人大提出的建立货币委员会和1990年提出的“缓解市场疲软十策”等提案，引起决策部门的高度重视并被采纳；1988年他提出的银行企业化改革的设想已成为中国金融体制改革的现实。由刘诗白任主编之一的《评当代西方学者对马克思（资本论）的研究》获1990年孙冶方经济学奖和1992年吴玉章奖。刘诗白的专著《社会主义商品生产若干问题研究》《社会主义所有制研究》《产权新论》《现代财富论》曾分别获四川省1984年、1986年、1994年、2005年哲学社会科学优秀成果一等奖。其论文《改变中国命运的伟大战略决策——论中国构建社会主义市场经济的改革》获中央纪念党的十一届三中全会三十周年论文奖。刘诗白2008年被推选为四川省改革开放30年十大风云人物，2009年被推选列入“影响新中国60年经济建设的100位经济学家”，2017年荣获“四川省社会科学杰出贡献专家”荣誉称号。刘诗白也是一位优秀的教育家和党的忠诚的教育工作者。1984年他被国务院学位委员会批准为政治经济学博士研究生导师，1989 年他被评为全国教育系统劳动模范[①]。在从事高等教育工作的生涯里，他一直坚守在教学岗位，讲授政治经济学、外国经济史、当代资产阶级经济学说等课程，培养了一大批在各行各业表现优异的社会英才。他坚决贯彻党的教育方针，着力经济学基础学科建设，在培养学术梯队、开展国际学术交流、促进科学研究等方面取得了显著成绩。他作为一名教育家和教育工作者，对学校发展、对国家经济学学科建设和人才培养做出了重要贡献。2017 年，中共四川省委宣传部将编辑出版《刘诗白文集》13 卷 17 册，被列为四川省纪念改革开放 40 周年的重点出版图书，并于 2018 年 12 月 22 日在北京民族文化宫举行了隆重的出版发行仪式。该活动受到了中央电视台等权威媒体的报道。

在研究机构设置方面，2017 年 3 月，中共中央宣传部下发文件，批准西南财经大学经济学院承建“全国中国特色社会主义政治经济学研究中心”。全国仅有 7 家高校和研究单位获此资格，西南财经大学为中西部地区唯一一家。2018 年 3 月 13 日，为布局实验经济学、行为经济学、行为金融学这一世界前沿学科和交叉学科，西南财经大学成立中国行为经济与行为金融研究中心（以下简称“中心”）。该中心是校级中心和平台，组织人事关系挂靠在经济学院。

在学科建设方面，2013 年 1 月 29 日，教育部学位与研究生教育发展中心正式发布《2012 年学科评估结果》，西南财经大学理论经济学位于全国第 13 位。在 2017 年全国第四轮学科评估中，西南财经大学理论经济学获得 B+级；2019 年，西南财经大学“软科”学科排名全国第九名，进入前 10%。

---

① 参见：刘诗白获中国人文社科领域最高荣誉 100 万奖金全部捐赠西南财大［EB/OL］.［2019-01-11］. http://sc.people.com.cn/GB/n2/2017/1013/c379469-30829047.html.

第二章　学科建设[①]

新中国成立初期，西南财经大学对理论经济学专业人才培养的层次仅限于本科。1980 年，国家恢复学位制，西南财经大学开始培养具有研究能力的学士、硕士、博士，推动着经济学学科建设的发展与研究力量的壮大。

一、学科方向与人才培养层次

在中国，经济学是一门以马克思主义经济学为指导，研究经济的社会形态的发展规律的学科。该学科论述经济学的基本概念、基本原理及经济运行和发展的一般规律，探索人类社会经济发展的历史及其相应的经济思想的发展历史，通过对经验现实的抽象分析和整体综合实现对经济规律及其基本性质的探索，以为对经济体制和经济运行进行具体的、实际的分析和解释提供理论基础和理论体系。该学科包括政治经济学、经济思想史、经济史、西方经济学、世界经济及人口、资源与环境经济学等研究方向。

---

① 本章参考资料包括：国务院学位委员会第六届学科评议组《学位授予和人才培养一级学科简介》，国务院学位委员会办公室《中国学位授予单位名册》以及《四川省统计年鉴（1987—2018）》，学位与研究生教育者中心、四川省教育厅相关文件，《西南财经大学志 1952—2002》。

经济学的人才培养分为学士、硕士、博士三个层次。无论哪个层次的人才培养，其总体要求皆是培养德、智、体、美全面发展的经济学方面的基础人才，这些人才要具有坚定正确的政治方向，拥护党的基本路线和方针政策，热爱祖国，遵纪守法，具有正确的世界观、人生观和价值观；具有科学严谨的学习态度和基本的学术修养。但其具体目标有层次上的差异性。

学士学位。本科生的具体培养目标包括：理解和掌握马克思主义经济学理论和中国特色社会主义经济理论体系中的基本观点、基本方法和基本理论；全面掌握西方经济学的基础理论知识，了解本学科的基本研究方法，能够阅读本学科的研究成果和资料；至少掌握一门外语，能够阅读本专业外文资料；具有良好的心理素质和道德修养，具有较强的创新和实践能力。

硕士学位。在硕士学位培养层面，要培养具有较为扎实的经济学理论基础和基本功底，知识面宽、结构合理，具有一定的独立研究和实践能力的中等层次的专门人才。其具体培养目标包括：系统掌握马克思主义经济学理论，具有扎实的专业理论知识；较为完整地理解并把握经济思想发展的历史脉络，理解经济学发展历史上形成的重要理论观点，较为全面地掌握西方经济学理论和其他经济学知识，了解经济学发展的前沿及其趋势；对于国内外经济理论和经济实践中的重大问题有较清楚的了解；了解本学科国内外学术动态，有从事学术研究的基本能力，能够独立进行科学研究；能够运用现代经济分析方法和技术研究理论和现实问题；至少较为熟练地掌握一门外语，能够熟练地阅读本学科的外文资料；具有良好的科学文化素质和道德心理素质以及良好的身体素质，具有创新精神和实践能力。

博士学位。在博士培养层面，要培养基础扎实、素质全面、理论和实践能力强，具有较强的创新意识和创新能力的理论经济学相关学科的高级专门人才。博士学位获得者应具有独立的科研能力，能胜任和理论经济学相关学科的教学、科研和实际工作。其具体培养目标包括：具有坚实的马克思主义经济学理论基础，深刻理解并系统掌握中国特色社会主义经济理论体系；能正确运用马克思主义的立场、观点和方法分析、评价和学习西方经济学理论；全面完整地理解经济学思想发展的历史与现状，通晓西方经济学、前沿和发展趋势，熟悉当代西方经济学主要流派的理论和政策主张，系统、深入地掌握西方经济学理论；熟悉国内外经济理论的新发展和新问题，清楚地了解国内外经济发展和经济运行的进展和趋势，特别是对国内外经济理论和经济实践中的重大问题有深入的理解；能够熟练运用经济理论和现代经济分析方法，独立地、创造性地研究经济问题；具有较好的高等数学基础和计算机操作能力；至少熟练掌握一门外语，能够阅读与本学科相关的外文资料，具有独立进行国际学术交流的能力；具有良好的科研素质和独立研究能力，能够理论联系实践，解决与社会经济相关的理论与实践问题，能够熟练地撰写本学科的科研论文和报告。

二、理论经济学学科建设概况

（一）本科生层次

1953 年经过两次院系调整组建的四川财经学院，设有国民经济计划与统计系、工业经济学系、农业经济学系、财政系、银行系等。学院成立有政治经济学教研室，承担全校各专业政治经济学公共课程的教学任务并积极培养干部和师资力量。1956 年，四川财经学院成立经济史教研室，承担全校各专业中国革命史和中外经济史等公共课程的教学任务。1959 年四川财经学院成立政治经济学系，设立政治经济学专业，在全国财经院校中率先招收政治经济学专业的本科生，当年招收 5 年制本科生 39 人和 2 年制政治教育专修科学生 200 余人。1960 年，四川财经学院财政系政治经济学专业与直属教务处的经济史教研室、直属学院党委的马列主义教研室合并，成立政治经济学专业和政治教育专修科，当年招收政治经济学专业5年制本科生121人。

1998年，教育部批准在西南财经大学设立“国家经济学基础人才培养基地”，为全国布点设立的13个基地之一。国家经济学人才培养基地的主要任务是培养一批以马克思主义为指导，经济学基础理论功底深厚，专业知识丰富，掌握并能熟练运用现代经济学研究方法，熟悉中国经济运行与改革实践，具有国际视野、创新意识、社会责任感和应用实践能力，适应21世纪经济社会发展需要的经济学拔尖创新人才①。2020年，西南财经大学获批首批国家经济学一流本科专业建设点。

（二）硕士研究生层次

硕士研究生教育是在本科生教育的基础之上对理论经济学更深层次的研究，是对本科学习的基础理论经济学知识的延伸与探索。

1985年，西南财经大学政治经济学专业硕士学位授权点增设外国经济思想史研究方向。为了提高青年教师的学术水平，各研究方向开始招收两年制在职硕士研究生。

1986年，西南财经大学增设中国经济史专业的硕士学位授权点，包括古代经济史和中国近代经济史两个研究方向。

1990年，西南财经大学增设经济思想史专业的硕士学位授权点，并于当年成立系所合一的经济改革与发展研究所。

1995年，西南财经大学增设西方经济学专业的硕士学位授权点。

1998年，西南财经大学新增人口资源与环境经济学硕士学位授权点。

2000年，西南财经大学增设世界经济学专业的硕士学位授权点。

截至2019年12月底，西南财经大学设有政治经济学、西方经

---

① 刘灿. 中国经济学教育教学改革与拔尖创新人才培养［J］. 中国大学教学，2012（1）：30-32.

济学、经济史、世界经济学、发展经济学、人口资源与环境经济学等理论经济学硕士点。

（三）博士研究生层次

1984年，四川财经学院被批准成为全国第二批、全国财经类院校第一批政治经济学博士学位授权点。1985年，刘诗白教授开始招收博士生，共两人（丁任重、李建勇）。2003年，西南财经大学增设西方经济学、经济史、经济思想史、世界经济学、人口资源与环境经济学博士学位授权点，理论经济学被国务院学位委员会批准为一级学科博士学位授权点。

截至2019年12月底，西南财经大学设有政治经济学、西方经济学、经济史、世界经济学、发展经济学、人口资源与环境等理论经济学博士专业。

（四）博士后流动站

1995年，西南财经大学政治经济学学科所在的经济系建立了中国西部地区第一个博士后流动站。

三、学术研究平台

2010年9月，西南财经大学成立马克思主义经济学研究院，为学校专门成立的“学科特区”。研究院由学校直接领导，为开放式、非实体性学术研究机构。研究院聘请了刘诗白、卫兴华、吴宣恭、何炼成、张卓元、赵人伟、黄范章、袁恩桢等著名经济学家出任高级学术顾问，并成立了由南开大学原副校长逄锦聚担任主任委员，由顾海良、洪银兴、刘伟、林岗、黄泰岩、张宇、刘灿、丁任重、杨继瑞、宋冬林、简新华、白永秀、史晋川、石磊、李萍、林木西、范从来、赵晓雷、黄少安等国内20位著名经济学家组成的研究院学术委员会。

2017年3月，中共中央宣传部下发文件，批准西南财经大学经济学院承建“全国中国特色社会主义政治经济学研究中心”。全国仅有7家高校和研究单位获此资格，西南财经大学为中西部地区唯一一家。

2018年3月13日，为布局实验经济学、行为经济学、行为金融学这一世界前沿学科和交叉学科，西南财经大学成立中国行为经济与行为金融研究中心，该中心是校级中心和平台，组织人事关系挂靠在经济学院。

四、重点学科与专业建设

1997年，西南财经大学理论经济学被列为学校“211工程”重点学科进行建设。2003年，西南财经大学“国家经济学基础人才培养基地”被教育部评为优秀基地。

2002年，西南财经大学政治经济学专业被批准成为国家重点学科，成为当时全国财经院校和西部高校中唯一的一个政治经济学国家级重点学科。2007年，西南财经大学经济学专业被评为国家高等学校“第一类特色专业建设点”和“四川省高校本科特色专业”，并于当年开始选拔一部分基地学生以本硕博连读模式打造理论经济学拔尖创新人才培养平台。2008年，西南财经大学以基地建设为基础，被教育部批准建设“国家级经济学创新型人才培养试验区”，经济学专业被评为国家级特色专业。西南财经大学国家经济学基础人才培养基地建设2009年获国家教学成果二等奖，2010年获省级教学成果一等奖；西南财经大学经济学专业2013年获省级教学成果一等奖，2014年获国家教学成果一等奖；2020年获批首批国家经济学一流本科专业建设点。

第三章　学术研究[①]

新中国成立70多年来西南财经大学在理论经济学方面所进行的学术研究以及取得的学术成果，着重体现在两个方面：一是科研立项情况，二是科研获奖情况。

一、科研立项情况

（一）国家社科基金项目

1991—2018年，西南财经大学理论经济学领域获批国家社科基金项目取得了重点项目5个、一般项目75个、西部项目35个、青年项目39个、后期资助项目5个，共计159项的显著成绩。本章分别从项目类别、研究类型及预期成果类型、项目负责人及机构等角度对西南财经大学理论经济学领域获批的国家社科基金项目做统计分析。

1. 年度项目

国家社科基金重大专项、重点项目及一般项目，主要资助对推

① 本章参考资料包括：全国哲学社会科学工作办公室 http://fz.people.com.cn/skygb/sk/index.php/Index/index；西华大学图书馆吕先竞馆长提供的资料；四川省地方志编纂委员会《四川省志：哲学社会科学志》《四川省志（1986—2005）：哲学社会科学志》；四川省社会科学联合会 http://www.scskl.cn/；四川社会科学在线 http://www.sss.net.cn/；孙冶方经济科学基金会 http://sunyefang.cssn.cn/zwzd/pjhd/ljhjmd/；吴玉章基金 http://wuyuzhangprize.ruc.edu.cn/。

进理论创新和学术创新具有支撑作用的一般性基础研究，以及对推动经济社会发展实践具有指导意义的专题性应用研究①。1991—2018年，在理论经济学领域，西南财经大学共获批国家社科基金重大和重点项目5个（见表3-1）。

表3-1　1991—2018年理论经济学领域获批国家社科基金年度重点项目

序号	项目批准号	项目类别	项目名称	立项时间	负责人	工作单位	成果名称
1	96AJL009	重点项目	社会主义产权理论研究	1996-07-01	刘诗白	西南财经大学	主体产权论
2	05AJL002	重点项目	建立健全社会信用体系的基础理论研究——兼论社会资本在现代信用社会建设中的作用	2005-05-18	程民选	西南财经大学国际商学院	信用的经济学分析
3	10AJL002	重点项目	完善社会主义市场经济体制与公民财产权利研究	2010-06-17	刘灿	西南财经大学	完善社会主义市场经济体制与公民财产权利研究
4	10AKS002	重点项目	马克思主义经济学中国化研究	2010-06-17	蒋南平	西南财经大学	马克思主义经济学中国化研究
5	18VSJ070	研究阐释党的十九大精神国家社科基金重大专项项目	完善促进人民美好生活消费需要的体制机制创新研究	2018年2月	邹红	西南财经大学	完善促进人民美好生活消费需要的体制机制创新研究

① 国家社会科学基金管理办法［EB/OL］.［2019-01-14］. http://www.npopss-cn.gov.cn/n/2013/0520/c219644-21542088.html.

2. 一般项目

1986—2018 年，在经济学领域，西南财经大学理论经济学共获批国家社科基金年度一般项目 23 个（见表 3-2）。

表 3-2　1986—2018 年理论经济学领域获批国家社科基金年度一般项目

序号	项目批准号	项目类别	项目名称	立项时间	负责人	工作单位	成果名称
1	91BJL005	一般项目	社会主义国有资产经营方式和管理体制	1991-12-31	刘诗白	西南财经大学	社会主义国有资产经营方式和管理体制
2	94BJL032	一般项目	1368—1978 年中国市场结构的发展	1994-07-01	刘方健	西南财经大学图书馆	1368—1978 年中国社会经济中市场因素的发展与变迁研究
3	98BJL040	一般项目	清代至民国时期中国工商企业股份制发展研究	1998-05-01	刘方健	西南财经大学图书馆	清代至民国时期中国工商企业股份制发展研究
4	98BJL014	一般项目	按劳分配和按生产要素分配相结合的问题研究	1998-05-01	李萍	西南财经大学经济学院	按劳分配和按生产要素分配相结合的问题研究
5	98BJL008	一般项目	中国西部贫困地区扶贫攻坚难点问题与战略选择研究	1998-05-01	赵曦	西南财经大学经济研究所	中国西部贫困地区扶贫攻坚难点问题与战略选择研究

表3-2(续)

序号	项目批准号	项目类别	项目名称	立项时间	负责人	工作单位	成果名称
6	99BJL012	一般项目	投资区位优化理论的构建与应用研究	1999-07-01	武一	西南财经大学博士后流动站	投资区位论
7	00BJL013	一般项目	我国转型期有效需求不足的出现及其治理研究	2000-07-01	刘诗白	西南财经大学	中国转型期有效需求不足及其治理研究
8	01BJL037	一般项目	西部经济发展与资源承载力研究	2001-07-01	丁任重	西南财经大学	西部经济发展与资源承载能力研究
9	02BJL029	一般项目	我国自然垄断行业改革研究：放松管制的制度均衡分析	2002-07-01	刘灿	西南财经大学	我国自然垄断行业改革研究：管制与放松管制的理论与实践
10	04BJL030	一般项目	我国大型国有经济主体股份制与增强控制力研究	2004-05-09	纪尽善	西南财经大学	大型国有经济主体股份制与增强控制力研究
11	04BJL006	一般项目	统筹城乡发展中的政府与市场关系研究	2004-05-09	李萍	西南财经大学经济学院	统筹城乡发展中的政府与市场关系研究

表3-2(续)

序号	项目批准号	项目类别	项目名称	立项时间	负责人	工作单位	成果名称
12	06BJL035	一般项目	我国城乡一体化进程中的土地集约与合理利用机制研究	2006-07-01	杨继瑞	西南财经大学经济学院	我国城乡一体化进程中的土地集约与合理利用机制研究
13	06BJL004	一般项目	我国自然资源产权制度构建研究	2006-07-01	刘灿	西南财经大学	我国自然资源产权制度构建研究
14	08BJL045	一般项目	促进国际收支基本平衡对策研究	2008-06-04	姜凌	西南财经大学经济学院	促进国际收支基本平衡对策研究
15	09BJL029	一般项目	国家粮食安全战略的新思路——基于专业布局的粮食安全供给体系研究	2009-06-04	刘成玉	西南财经大学宏观经济研究中心	国家粮食安全战略的新思路——基于专业布局的粮食安全供给体系研究
16	11BJL061	一般项目	西部地区低碳经济发展模式与机制研究	2011-07-01	徐承红	西南财经大学经济学院	西部地区低碳经济发展模式与机制研究
17	14BJL072	一般项目	基于农村集体经营性建设用地入市的土地利益协调机制研究	2014-06-15	盖凯程	西南财经大学	基于农村集体经营性建设用地入市的土地利益协调机制研究

表3-2(续)

序号	项目批准号	项目类别	项目名称	立项时间	负责人	工作单位	成果名称
18	14BJL022	一般项目	信息与法律双重局限下的市场交易治理研究	2014-06-15	袁正	西南财经大学	信息与法律双重局限下的市场交易治理研究
19	15BJL070	一般项目	区域经济一体化与南北经济关系研究	2015-06-16	姜凌	西南财经大学	区域经济一体化与南北经济关系研究
20	16BJL008	一般项目	马克思主义金融不稳定性理论研究	2016-06-30	杨慧玲	西南财经大学	马克思主义金融不稳定性理论研究
21	17BJL003	一般项目	有偏技术进步、全要素生产率与供给侧结构性改革路径研究	2017-06-30	蔡晓陈	西南财经大学	有偏技术进步、全要素生产率与供给侧结构性改革路径研究
22	17BJL035	一般项目	基于不完全契约的金融市场化改革对经济增长的影响效应及机制研究	2017-06-30	吕朝凤	西南财经大学	基于不完全契约的金融市场化改革对经济增长的影响效应及机制研究
23	18BJL046	一般项目	基于异质性偏好的集体腐败内在机制及治理对策实验与行为研究	2018-06-21	雷震	西南财经大学	基于异质性偏好的集体腐败内在机制及治理对策实验与行为研究

3. 青年项目

青年项目主要用于资助培养哲学社会科学青年人才。1986—2018年，西南财经大学在经济学领域共获国家社科基金青年项目11个（见表3-3）。

表3-3 1986—2018年理论经济学领域获批国家社科基金青年项目

序号	项目批准号	项目类别	项目名称	立项时间	负责人	工作单位	成果名称
1	09CJL019	青年项目	体制转型背景下的中国民间公共组织发展——公共物品的第三种供给主体研究	2009-06-04	杨海涛	西南财经大学经济学院	体制转型背景下的中国民间公共组织发展——公共物品的第三种供给主体研究
2	10CJL028	青年项目	农村产权制度变革与乡村治理研究	2010-06-17	黄韬	西南财经大学经济学院	农村产权制度变革与乡村治理研究
3	10CJL002	青年项目	经济转型期公共权利规范运行问题研究	2010-06-17	邢祖礼	西南财经大学经济学院	威权体制、租金机制与经济增长——经济转型期公共权利规范的理论基础研究
4	11CJL013	青年项目	收入与制度视阈下提高居民实际与潜在消费能力的长效机制研究	2011-07-01	邹红	西南财经大学经济学院	收入与制度视阈下提高居民实际与潜在消费能力的长效机制研究

表3-3(续)

序号	项目批准号	项目类别	项目名称	立项时间	负责人	工作单位	成果名称
5	14CJY023	青年项目	跨越刘易斯拐点：中国新型城镇化道路的理论、模式与政策研究	2014 年 6 月	吴垠	西南财经大学	跨越刘易斯拐点：中国新型城镇化道路的理论、模式与政策研究
6	16CJL009	青年项目	运用土地出让金为保障房建设融资的可行性和最优策略研究	2016-06-30	刘璐	西南财经大学	运用土地出让金为保障房建设融资的可行性和最优策略研究
7	16CJL004	青年项目	农民市民化过程中农地财产权的实现机制创新研究	2016-06-30	韩文龙	西南财经大学	农民市民化过程中农地财产权的实现机制创新研究
8	17CJL002	青年项目	马克思经济学视角下振兴中国实体经济的资本积累结构研究	2017-06-30	李怡乐	西南财经大学	马克思经济学视角下振兴中国实体经济的资本积累结构研究
9	17CJY014	青年项目	最低工资制定、调整机制及其对劳动参与、流动的影响与反贫困效应研究	2017-06-30	马双	西南财经大学	最低工资制定、调整机制及其对劳动参与、流动的影响与反贫困效应研究

表3-3(续)

序号	项目批准号	项目类别	项目名称	立项时间	负责人	工作单位	成果名称
10	18CJL046	青年项目	城市流动人口隐性贫困的生成逻辑与治理机制创新研究	2018-06-21	李梦凡	西南财经大学	城市流动人口隐性贫困的生成逻辑与治理机制创新研究
11	18CGL041	青年项目	新时代引导社会资本参与公共高等教育供给的分类发展及治理机制	2018-06-21	陈涛	西南财经大学	新时代引导社会资本参与公共高等教育供给的分类发展及治理机制

4. 西部项目

1986—2018 年，西南财经大学在经济学领域共获批国家社科基金西部项目 4 个（见表 3-4）。

表 3-4 1986—2018 年经济学领域获批国家社科基金西部项目

序号	项目批准号	项目类别	项目名称	立项时间	负责人	工作单位	成果名称
1	06XJL012	西部项目	西部农村扶贫开发模式研究	2006-06-20	赵曦	西南财经大学经济学院	中国西部农村反贫困战略模式研究
2	11XJL012	西部项目	近代中国投资者保护机制研究	2011-07-01	赵劲松	西南财经大学经济学院	近代中国投资者保护机制研究

表3-4(续)

序号	项目批准号	项目类别	项目名称	立项时间	负责人	工作单位	成果名称
3	14XJL005	西部项目	体制转型背景下的中国劳资关系变化与工会组织发展路径研究	2014-06-15	杨海涛	西南财经大学经济学院	体制转型背景下的中国劳资关系变化与工会组织发展路径研究
4	17XJY015	西部项目	基于农村集体资产股权量化改革的农民财产性收入增长机制研究	2017-07-05	李萍	西南财经大学经济学院	基于农村集体资产股权量化改革的农民财产性收入增长机制研究

（二）教育部人文社会科学研究项目[①]

2003—2019 年，西南财经大学理论经济学获批一般项目 48 个。其中，在经济学领域获批的教育部人文社会科学研究一般项目见表 3-8。

表 3-8　2003—2019 年经济学领域获批教育部人文社会科学研究一般项目

立项年份	项目类别	项目名称	负责人	工作单位
2006	规划基金项目	经济全球化条件下的国际货币体系改革——基于区域国际货币合作视角的研究	姜凌	西南财经大学
2012	规划基金项目	中国经济与世界分工体系的冲突——中国社会主义市场经济模式创新研究	杨慧玲	西南财经大学
2015	规划基金项目	退休年龄选择影响因素及延迟退休的社会经济效应评估	邹红	西南财经大学

① 该部分资料来源于中国高校人文社会科学信息网。

表3-8(续)

立项年份	项目类别	项目名称	负责人	工作单位
2015	规划基金项目	风险共享型社会网络建构与演化的经济机理研究	张彤	西南财经大学
2016	规划基金项目	集体腐败行为理论与实验研究：基于组织结构和偏好合成的视角	雷震	西南财经大学
2009	青年基金项目	基于择校背景下的义务教育资源均衡配置研究	宋光辉	西南财经大学
2010	青年基金项目	生产函数视角下地区差距扩大的动因及政策选择	贾男	西南财经大学
2011	青年基金项目	金融模型拟合优度的检验	杜在超	西南财经大学
2012	青年基金项目	代理成本、外部联系与家族企业转型	吴应军	西南财经大学
2013	青年基金项目	中国家庭财富的代际转移与代间转移研究	贾男	西南财经大学
2013	青年基金项目	要素替代弹性和有偏技术进步对碳税政策效应的影响研究	陈晓玲	西南财经大学
2013	青年基金项目	企业养老保险缴费对雇员工资、就业的影响研究	马双	西南财经大学
2013	青年基金项目	中国西部民营企业政治关联：“扶持之手”还是“掠夺之手”？	刘金石	西南财经大学
2016	青年基金项目	劳动力市场正选匹配对家庭收入差距及储蓄行为的影响研究	徐舒	西南财经大学
2018	青年基金项目	二孩生育与家庭资产组合选择——基于“全面两孩”政策的研究	贾男	西南财经大学
2019	青年基金项目	新能源汽车激励政策的评估与协同设计：基于消费和投资行为特征的研究	郑雪梅	西南财经大学

表3-8(续)

立项年份	项目类别	项目名称	负责人	工作单位
2019	青年基金项目	行为经济学视角下的信任品市场的声誉机制研究	田森	西南财经大学
2019	青年基金项目	宗族历史、文化规范与中国家庭的资产选择：理论与实证研究	何石军	西南财经大学

（三）四川省哲学社会科学规划项目

1. 年度项目

2002—2018 年，四川省社科规划年度项目中，西南财经大学理论经济学领域的立项情况包括青年项目、一般项目、重点项目和自筹项目分别见表 3-10、表 3-11、表 3-12 和表 3-13。

表 3-10 2002—2018 年经济学领域四川省社科规划年度青年项目

编号	立项年度	项目类别	课题名称	负责人	单位
SC10C014	2010	青年项目	经济转型期四川投资与消费的不平衡及其对经济增长的影响研究	李雪莲	西南财经大学
SC10C015	2010	青年项目	四川统筹城乡发展中居民收入分配与消费需求的实证研究	邹红	西南财经大学
SC10C016	2010	青年项目	四川省农村土地流转配套制度的完善与创新研究	赵峰	西南财经大学
SC16C045	2016	青年项目	基于市场潜力的市场化改革对经济增长的影响效应及机制研究	吕朝凤	西南财经大学

表 3-11　2002—2018 年经济学领域四川省社科规划年度一般项目

编号	立项年度	项目类别	课题名称	负责人	单位
SC02B015	2002	一般项目	推进四川农业产业化与发展特色农业问题研究	刘成玉	西南财经大学
SC05B056	2005	一般项目	人民币汇率机制的改革与四川对外开放	姜凌	西南财经大学
SC05B061	2005	一般项目	四川新型工业化道路与重点产业集群建设研究	赵曦	西南财经大学
SC06B039	2006	一般项目	基于可持续发展的四川农村能源发展战略	方行明	西南财经大学
SC10B021	2010	一般项目	四川省农地承包经营权流转的管理机制创新研究	刘志文	西南财经大学

表 3-12　2002—2018 年经济学领域四川省社科规划年度重点项目

编号	立项年度	项目类别	课题名称	负责人	单位
SC02A028	2002	重点项目	四川经济跨越式发展研究	赵曦	西南财经大学
SC05A021	2005	重点项目	四川省推进新型农村合作医疗制度试点面临的问题与对策研究	陈健生	西南财经大学
SC05A022	2005	重点项目	四川高载能产业发展问题与出路	方行明	西南财经大学
SC06A008	2006	重点项目	社会资本视角下的四川城市贫困问题理论与实证研究	王朝明	西南财经大学
SC06A009	2006	重点项目	西部地区资源开发的补偿机制研究	丁任重	西南财经大学
SC08A08	2008	重点项目	我省生态文明建设的发展战略及路径选择	刘成玉	西南财经大学

表3-12(续)

编号	立项年度	项目类别	课题名称	负责人	单位
SC10A008	2010	重点项目	我国职业教育的适度规模研究——基于经济增长的视角	宋光辉	西南财经大学

表 3-13　2002—2018 年经济学领域四川省社科规划年度自筹项目

编号	立项年度	项目类别	课题名称	负责人	单位
SC02Z007	2002	自筹项目	加快西部发展开发论——加快西部发展推进西部开发重点战略问题研究	纪尽善	西南财经大学
SC03Z021	2003	自筹项目	四川农村土地使用权流转与适度规模经营研究	胡小平	西南财经大学
SC03Z054	2003	自筹项目	今后五年四川城乡居民住房需求取向与对策研究	杨成钢	西南财经大学

2. 重大项目与基地重大项目

2002—2018 年，在四川省社科规划经济学领域，西南财经大学理论经济学基地重大项目立项有 35 个，委托项目有 57 个。其中的代表性项目见表 3-14。

表 3—14　2002—2018 年经济学领域四川省社科规划重大项目

编号	立项年度	项目类别	课题名称	负责人	单位
SC13ZD09	2013	重大项目	四川农村土地产权制度改革研究	刘灿	西南财经大学
SC13ZD10	2013	重大项目	四川食品安全监管体系的创新与激励研究	龚强	西南财经大学

二、学术成果及获奖情况

学术成果的价值，反映为同行专家以及社会对它的评判；自1978年国家决定开始表彰哲学社会科学优秀成果之后，又主要体现在该项成果获奖和获奖的等级方面。

（一）部分有影响力的学术研究成果

1. 1978年前西南财经大学理论经济学学科较有影响力的学术研究成果①

彭迪先《世界经济史纲》（1949），陈豹隐《我对社会主义制度下商品生产与价值规律的看法》（1959），刘诗白《试论社会主义制度下的个体私有制经济残余》（1964），彭迪先、何高箸《货币信用论大纲》（1955），王叔云《中国社会主义农业经济学》（1960），王永锡、袁文平《关于社会主义经济效果的实质》（1962），刘诗白《农业为基础的道路是我国社会主义的康庄大道》（1963），等等。

2. 1978—1985年西南财经大学理论经济学学科较有影响力的学术研究成果②

刘诗白《社会主义所有制研究》（1985）。这是我国较早的研究社会主义所有制发展规律的学术专著。本书针对我国经济体制改革中提出的有关理论问题、实际问题和学术界关于社会主义所有制问题的争论，系统地研究了社会主义所有制的内涵与现阶段特征，提出了社会主义所有制的多样性、多层次特征，阐述了现阶段不完全

① 这部分参考：四川省地方志编纂委员会. 四川省志：哲学社会科学志［M］. 成都：四川科学技术出版社，1998.

② 这部分参考：四川省地方志编纂委员会. 四川省志：哲学社会科学志［M］. 成都：四川科学技术出版社，1998.

的社会主义公有制概念和全民所有企业的相对稳立性。该书为所有制关系的改革提供了有重要参考价值的思想理论。

刘诗白《论发展社会主义商品经济与利用市场》（1979）。该文把社会主义经济的属性规定为社会主义商品经济，突破了计划经济是社会主义本质特征的传统观念。该文的主旨是，我国经济改革的方向和中心课题是充分利用市场。这也是党的十一届三中全会后中国经济学界开始持有的新观点，尽管这种观点远未成为主流，当时只允许提“发展商品生产”。这种提法的公开在当时的理论环境下实属不易。

刘诗白《试论社会主义计划管理与利用市场机制》（1979）。该文明确地提出了社会主义市场经济的概念并加以论述，从而触及了经济体制改革最核心的问题。该文提出市场经济具有一般经济范畴性质。其特征是：①它不是为了满足生产者自身或他人的消费需要而生产，而是以市场交换为目的的生产；②它的生产状况（如生产什么、生产规模的扩大或缩小等），决定于市场供求状况与价格的涨跌，受商品经济的基本规律——价值规律的调节。市场经济既然是为市场而生产的商品经济，它就不是一种独立的生产方式，也不是资本主义社会特有的经济范畴，而是自原始公社解体时就开始萌芽、几乎存在于人类社会各个不同经济形态中的一般性的经济范畴。

袁文平《试论社会主义计划经济同社会主义市场经济的结合问题》（1979）。该文首先论述社会主义计划经济同市场经济相结合的客观必要性，认为社会主义全体劳动者在根本利益上的一致决定了计划经济客观存在，而社会主义公有制的不成熟性、各不同经济单位与个人利益的差别，决定了社会主义市场经济必然存在，故二者必须结合。其次该文论述了社会主义市场经济的特点及作用，特点有五：以公有制为基础，以满足人民需要为目的，有计划的指导，交换对象只涉及产品，竞争目的是提高劳动生产率。两者结合的意义在于能使供求见面，双方满意，促进经济核算，调动各方的积极性，等等。最后该文认为社会主义计划经济和市场经济的相互关系是，两者应服从统一计划的指导，都按社会主义规律体系办事，在完善法制、合同等条件下结合运转。

3. 1986—2005 年较有影响力的学术研究成果①

刘诗白《产权新论》，由西南财经大学出版社 1993 年出版。本书是国内第一部系统研究产权基本理论的著述。该书以马克思主义为指导，吸取西方经济学产权理论的合理内容，以财产权为中心，对现代公司产权制度和国有企业产权制度进行全方位、多层面的综合分析研究，全面论述了建立社会主义市场经济产权制度的基本途径，提出了市场经济条件下两个“两权分离”的必然性，国企改革重点是法人财产权的建立等独创性观点，对我国全方位推进企业制度的改革具有重大的现实指导意义②。1998 年刘诗白又出版了《主体产权论》，该书是对社会主义市场经济体制下的财产权进行的系统化的理论阐述。该书采取由抽象范畴上升到更为具体的范畴的理论阐述方法和对产权结构变迁的历史分析方法，着眼于对我国新的社会主义产权制度的构架进行分析。这一研究力求以马克思主义产权学说为指导，适当汲取西方产权研究的成果，从中国实际出发，进行大胆的理论创新，由此构造一个马克思主义的产权经济学理论框架。产权是刘诗白有关经济体制改革研究中着力最多的论题之一。

刘诗白《我国转轨期经济过剩运行研究》（2000）和《中国转型期有效需求不足及其治理研究》（2005）。如何在理论上认识社会主义经济紧缩中出现的种种负效应和应该如何缓解与调节这些负效应，以及 20 世纪 90 年代中后期我国由计划到市场转型中的体制与机制变革中出现的有效需求不足和经济过剩运行等新情况，是刘诗白长期以来关注的重大理论与实践课题，也是其对于宏观经济运行理论思考和着墨较多的学术领域之一。刘诗白相继出版了《我国转

① 这部分内容参考：四川省地方志编纂委员会．四川省志：哲学社会科学志［M］．成都：四川科学技术出版社，1998.

② 刘诗白．产权新论［M］．成都：西南财经大学出版社，1993.

轨期经济过剩运行研究》和《中国转型期有效需求不足及其治理研究》两本专著，运用马克思再生产理论，提出了“经济过剩运行”的概念，对我国经济转轨中的有效需求不足、有效供给不足等问题进行了系统性思考。在今天国家供给侧结构性改革的时代背景下来看，这一理论分析框架和基本观点经受住了时代的检验，并对其后中国宏观经济运行与发展做出了相对具有前瞻性的理论探索。

何高箸、曾康霖、曹廷贵、喻天康《马克思货币金融学说原论》，由西南财经大学出版社 1989 年出版。本书是作者在通读马克思《资本论》等经典著作的基础上整理编撰而成的，使马克思的货币金融学说较为全面和完整地展现出来，有利于推动马克思主义的货币金融理论在我国的深入普及。该书的一个显著特点是按照马克思原著的思路和层次，从历史和逻辑的角度较为准确、完整地阐述马克思的货币银行理论，并以此来编排和构建内容结构，使读者能够比较清晰、准确地把握住马克思货币金融学说的脉搏和体系[①]。

李善明、杨致恒《论〈剩余价值理论〉的研究起点》，载于《经济科学》1987 年 3 期。马克思《资本论》第四卷，又名《剩余价值理论》，是《资本论》的历史部分或“历史批判部分”“历史文献部分”。该文就《剩余价值理论》的研究起点进行了考察和分析，提出以下观点：①《剩余价值理论》的起点应当与《资本论》（前三卷，理论部分）的起点相区别。②《剩余价值理论》不是一部狭义的剩余价值理论史，而是一部政治经济学史。③《剩余价值理论》的起点不应是詹姆斯·斯图亚特，而应当是也必须是威廉·配第。④詹姆斯·斯图亚特不是重商主义者，而是古典经济学家。⑤卡尔·考茨基编辑出版《剩余价值学说史》的功过、得失，应当进行科学的评价[②]。

---

① 何高箸，曾康霖，曹廷贵，等. 马克思货币金融学说原论［M］. 成都：西南财经大学出版社，1989.

② 李善明，杨致恒. 论《剩余价值理论》的研究起点［J］. 经济科学，1987（3）：69-75.

刘灿《现代公司制的产权关系和治理结构研究》，由西南财经大学出版社 1997 年出版。该书主张从马克思主义的基本立场、方法入手，充分借鉴西方经济学的产权理论，构建适应社会主义市场经济体制的中国特色产权制度。该书对企业与市场的关系、现代公司治理结构及效率以及国有企业的股份制改革实践等皆给出了马克思主义产权理论的阐释，具有严谨的逻辑性、鲜明的现实性和独特的创新性①。

丁任重《经济体制改革中的企业分析》，由四川科技出版社 1994 年出版。该书从研究企业的产生、机体构造等一般理论开始，探讨国有企业改革的动因、出发点、形式、内容等问题，分析企业改革的外部条件如转换产业组织、建立宏观调控体系等②。

其他代表性成果：丁任重、李萍、程民选《转型与发展：中国市场经济进程分析》，姜凌《当代国际货币体系与南北货币金融关系》，胡小平、刘岸东《关于中国西部地区农村工业化问题的思考》，朱明熙《我国财税支农政策调整思路》，王朝明《转型期中国贫困问题的再认识》，姜凌、傅泽平、龙德灿《现代市场经济的基本运作与社会主义市场经济体制的构建》，丁任重《经济体制改革新思路》，丁任重、易敏利、刘灿《国有经营性资产的经营方式和管理体制》，等等。

4. 2005 年以后较有影响力的学术研究成果

刘诗白《现代财富论》，由生活·读书·新知三联书店出版发行，全书 40 万字。该书问世后，在学术界引起较大反响。这部学术专著坚持与时俱进、理论创新的精神，以理论经济学家广阔的历史与现实的视野以及深厚的学术功底，抓住“财富”这一基本经济范畴作为出发点，以“财富创造”这一人类基本的社会实践活动为主

① 刘灿. 现代公司制的产权关系和治理结构研究 [M]. 成都：西南财经大学出版社，1997.

② 丁任重. 经济体制改革中的企业分析 [M]. 成都：四川科学技术出版社，1994.

体，以推进人民财富丰裕化、实现我国全面建设小康社会奋斗目标为基本宗旨，对现代财富的性质、结构、源泉和加快财富创造的经济机制和规律，特别是发达市场经济和高科技经济条件下社会财富创造的新情况、新特点，进行了全方位、深层次的经济学、社会学的理论思考与分析①。

刘灿《完善社会主义市场经济体制与公民财产权利研究》。该书提出：党的十八大明确提出全面建成小康社会，全面深化改革开放，要实现这“两个全面”的目标，关键是推动“两个加快”，即加快完善社会主义市场经济体制，加快转变经济发展方式。必须不失时机深化重要领域改革，坚决破除一切妨碍科学发展的思想观念和体制机制弊端，处理好政府和市场的关系，实施更加积极主动的开放战略，增强发展的动力与活力②。

刘灿等《中国特色社会主义收入分配制度研究》。该书依托2015年中央马克思主义理论研究和建设工程重大项目、国家社科基金重大项目“中国特色社会主义政治经济学研究”，入选“十三五”国家重点出版物规划项目。该书以习近平新时代中国特色社会主义思想为指导，立足于推动构建中国特色社会主义政治经济学理论体系和话语体系，系统地研究中国特色社会主义收入分配制度的理论与实践问题：①从经济思想史上系统梳理收入分配理论的演进，着重研究马克思主义收入分配理论和按劳分配思想及其在实践中的发展；②系统地总结和研究中国特色社会主义收入分配制度形成、演进与改革创新；③研究我国转型期收入分配结构的突出矛盾和深层原因，对此进行马克思主义政治经济学的分析；④提出一个与市场经济相适应的、中国特色社会主义收入分配制度的指导思想、价值取向

① 刘诗白. 现代财富论［M］. 北京：生活·读书·新知三联书店，2005.

② 刘灿. 完善社会主义市场经济体制与公民财产权利研究［M］. 北京：经济科学出版社，2014.

和整体架构，研究深化收入分配制度改革的路径和破解难题的关键问题[①]。

丁任重《新时期中国经济发展道路研究》。该书从九个方面阐述了改革开放30多年我国的经济发展历程，以及取得的成就和未来的发展目标。具体内容有：中国经济发展基础、中国经济发展目标、中国经济发展机制、中国经济发展动力、中国经济发展路径、中国经济发展方式、中国经济发展空间、中国经济发展区位、中国经济发展方位。该书对中国经济发展的独特而成功的道路进行了深入而系统的研究，对指导探寻未来我国的科学发展之路，具有十分重要的理论价值和实践意义[②]。

李萍《统筹城乡发展中的政府与市场关系研究》。该书通过对经济学理论中有关城乡发展、政府与市场关系的论述的系统回顾和检视，以及对世界主要国家城乡经济社会发展实践中政府与市场关系的历史流变进行深入比较分析，创新性地构建了一个关于我国统筹城乡过程中政府与市场关系研究的新理论模型，包括三个理论假说和一个互补共生模式，并据此提出了一个重构和优化政府与市场关系的“三阶段论”，以期赋予“政府与市场”这一经济学古老命题以新的内涵，为我国实施城乡统筹发展的重大战略举措提供具有普遍意义的理论支撑[③]。

赵曦《中国西藏区域经济发展研究》。该书提出了一系列总的战略措施，首先是制度创新与社会主义市场经济制度建设，产业结构的调整与发展，地区布局调整与重点地区开发，特别强调人力资本投资与教育事业发展，认为这是西藏社会经济发展的关键所在。除此以外，人口发展与城镇化建设、生态环境与经济社会可持续发展也是不可或缺的战略措施。可见，作者是从西藏社会经济发展的现

① 刘灿，王朝明，李萍，等. 中国特色社会主义收入分配制度研究［M］. 北京：经济科学出版社，2017.

② 丁任重. 新时期中国经济发展道路研究［M］. 成都：西南财经大学出版社，2013.

③ 李萍. 统筹城乡发展中的政府与市场关系研究［M］. 北京：经济科学出版社，2011.

实条件出发，理清西藏未来发展的战略思路，抓住西藏未来发展多方面的战略措施来展开论证的，而没有陷入烦琐的具体事件的叙述，这构成了本书的特色[①]。

（二）1978 年以后的国家级社会科学成果及奖项

1978 年以后，国家重视人文社会科学研究成果的社会价值，开展了各类评奖活动。在人文社科领域，最高的奖项是以吴玉章命名的人文社会科学奖和人文社会科学终身成就奖。在经济学界，最高奖项为以孙冶方命名的孙冶方经济科学奖。此外，凡入选国家社会科学基金《成果要报》并入库的亦视作国家级的优秀成果奖。同时还有教育部面向全国高校评选的人文社会科学奖和四川省人民政府面向四川评选出来的哲学社会科学年度奖。

1. 吴玉章人文社会科学终身成就奖

吴玉章人文社会科学终身成就奖以中国人民大学首任校长吴玉章的名字命名，自 2012 年设立以来，每年都面向全国进行评选，被视为中国人文社会科学领域最高奖项。2012—2017 年，全国人文社会科学领域共有 14 位吴玉章终身成就奖获得者，刘诗白教授作为西南财经大学理论经济学的领军人物，是四川学者中的首位获奖者。

2. 吴玉章人文社会科学奖

吴玉章人文社会科学奖设立于 1991 年，每年评选一届，用以表彰当年在人文社会科学领域做出卓越贡献的专家学者，旨在促进和推动中国人文社会科学的繁荣发展。四川理论经济学成果历年获奖情况如下：

1992 年第二届：一等奖《评当代西方学者对马克思〈资本论〉的研究》，胡代光、魏埙、宋承先、刘诗白主编。评委会认为："本书是国内第一部系统评介当代西方学者对《资本论》研究的专著，是一本坚持和发展马克思主义政治经济学的作品。该书对百年来，

---

① 赵曦. 中国西藏区域经济发展研究［M］. 北京：中国社会科学出版社，2005.

特别是当代西方学者对《资本论》的总体评介以及对《资本论》的理论体系和方法、劳动价值论、剩余价值论、价值转形理论、贫困化理论、再生产理论、危机理论等的研究做了实事求是、全面深刻和充分的理论评介，边叙边评，具有较强的说服力。这部专著对坚持以马克思主义为指导来评介当代西方经济学，正确认识当代资本主义，具有重要的理论意义和现实意义。”这本专著后来多次获得重大奖项：1992 年被评为“第二届吴玉章人文社会科学奖”一等奖，1995 年获国家教委“首届全国高等学校人文社会科学研究优秀成果奖”一等奖，1999 年获“国家社会科学基金项目优秀成果”二等奖。

3. 孙冶方经济科学奖

孙冶方经济科学奖是为纪念中国卓越的经济学家孙冶方同志对经济科学的重大贡献，表彰和奖励对经济科学做出突出贡献的集体和个人，推动中国经济科学的繁荣和发展而设立的。孙冶方经济科学奖于 1985 年开始设立和评选，每两年评选、颁发一次，是迄今为止中国经济学界的最高奖。该奖由孙冶方经济科学基金会组织评选，其获奖成果基本反映了中国经济科学发展前沿的最新成果，代表了中国经济学研究各领域的最高水平。西南财经大学理论经济学领域获奖情况如下：

一九九〇年度（第四届）：

胡代光、刘诗白等主编《评当代西方学者对马克思〈资本论〉的研究》，由中国经济出版社 1990 年 7 月出版。全书共分为十二章。在第一章，作者将 100 年来西方资产阶级经济学界如何看待《资本论》的态度归纳为三个重要变化。在第二章，作者分别评介了布朗芬布伦纳用 14 个方程式所表述的马克思理论体系，并指出布朗芬布伦纳在对马克思理论体系的理解上存在片面性。在第三章，作者评介了米克、久南卡和霍兰德等人对马克思经济学的分析方法的态度和看法。在第四章，作者就《资本论》问世后 100 多年来，西方经济学者在对马克思的劳动价值论的争论中所出现的三次大浪潮分别进行了深入的评介。在第五章，作者评介了巴兰、斯威齐的经济剩余论，伊特韦尔与戴布伦奥夫对剩余价值理论的争辩，以及霍吉森对剩余价值理论的曲解。在第六、七章，作者较全面、系统地评介了西方著名经济学者关于马克思的“狭义转形问题”和“广义转形问题”的争论。在第八章，作者评介了经济学者关于马克思无产阶级贫困化理论的种种争论的评析。在第九章，作者评介了西方经济学者对马克思的社会资本再生产理论的研究。在第十章，作者评介了西方经济学者围绕马克思的利润下降趋势规律的理论论战情况。在第十一章，作者详细地评介了西方经济学者对马克思的经济危机理论的解说。在第十二章，作者评介了当代西方学者根据和使用《资本论》的理论模式解释当代资本主义经济运行的问题①。

（三）中国高校人文社会科学研究优秀成果奖

中国高校人文社会科学研究优秀成果评奖工作，是教育部为表彰全国高校哲学社会科学工作者所取得的突出成绩，鼓励和引导广大科研人员积极探索，勇于创新，进一步推动高校哲学社会科学研究事业繁荣发展而进行的一项重要工作。按照《中国高校人文社会科学研究优秀成果奖励暂行办法》，该奖每三年评审一次，自 1995 年以来已经成功评选了八届。该奖对调动广大哲学社会科学工作者的积极性和创造性，促进高校哲学社会科学的繁荣发展起到了重要的推动作用。

第五届著作类获奖成果为西南财经大学刘诗白教授所著的《现代财富论》。第八届著作类获奖成果为西南财经大学刘灿教授等著的《中国特色社会主义收入分配制度研究》。

（四）四川省社会科学优秀成果奖

四川省社会科学优秀成果奖设立于 1984 年，每两年评选一次，迄今已评选 18 届。

① 胡代光，魏埙，宋承先，等. 评当代西方学者对马克思《资本论》的研究［M］. 北京：中国经济出版社，1990.

1. 四川省社会科学杰出贡献奖

2017年四川省设立“四川省社会科学杰出贡献奖”，主要授予在四川长期从事社会科学研究工作，对推动四川社会科学发展做出了突出、特殊贡献，在国内外具有较强影响力和较高学术地位的社会科学研究人员。经各单位推荐和专家严格遴选，包括刘诗白教授在内的4位重量级专家获“四川省社会科学杰出专家”荣誉称号。其学术研究在本学术领域具有很高的学术地位，在国内外有较强影响力，成绩卓著，德高望重，代表了四川省社会科学领域最高水平。

2. 荣誉奖

西南财经大学汤象龙编著《中国近代海关税收和分配统计》，由中华书局1992年出版。该书研究和分析中国近代海关税务司制度建立后1861—1910年50年的税收和分配统计，主要取材于清政府军机处档案中海关监督的6 000件报销册（四柱清册）。该书从大量的统计数字中揭示出帝国主义掠夺中国海关行政自主权后怎样控制中国的关税和财政，同时揭露了清朝统治者的“财政的魔术后台”（见列宁：《评国家预算》）很大一部分内幕，可以看到中国如何从一个独立自主的封建帝国变成一个半殖民地半封建国家，为研究中国近代史、近代经济史和近代财政史提供了重要资料。为了便于科研工作者利用这些统计资料和对这些统计资料做进一步的分析研究，作者对半殖民地半封建社会的关税制度和税收以及税收分配的种种项目做了精简扼要的叙述，也提出了一些看法。该书的内容分为三部分：第一部分为绪论；第二部分为全国海关历年税收和历年税收分配的综合统计，有统计表46个；第三部分为全国各海关历年税收和各海关历年税收分配的关别统计，有统计表72个①。

3. 其他奖项

其他获奖情况见表3-16至表3-33。

① 汤象龙. 中国近代海关税收和分配统计［M］. 北京：中华书局，1992.

表 3-16　第一届四川省社会科学优秀成果奖（1978—1984 年）

级别	作者	作者单位	成果名称	成果发表刊物或出版单位	成果发表年份
三等奖	李达昌	四川财经学院	《〈资本论〉的经济危机理论与当代资本主义现实》	《社会科学研究》	1983
三等奖	季耘岗	四川财经学院	《试论半殖民地半封建社会的经济结构》	《中国经济史论文集》	1998
三等奖	林大辉	四川财经学院	《资本主义国家经济周期进程的同期规律在战后的曲折和复归》	《世界经济》	1983
三等奖	何高箸	四川财经学院	《全民所有制企业的劳动耗费是直接的社会劳动吗》	《社会科学研究》	1980
三等奖	沈元瀚	四川财经学院	《农业生产结构的形成和调整》	《农业经济论丛》	1982
三等奖	李运元	四川财经学院	《抗日战争时期陕甘宁边区的公营工业》	《经济科学》	1980
三等奖	柴詠	四川财经学院	《试论马克思主义劳动价值论的形成》	《经济科学》	1983
三等奖	王永锡	四川财经学院	《〈资本论〉第三卷对社会主义经济的现实意义》	《社会科学研究》	1983

表 3-17　第二届四川省社会科学优秀成果奖（1986 年）

级别	作者	作者单位	成果名称	成果发表刊物或出版单位	成果发表年份
二等奖	李善明	西南财经大学	《马克思主义政治经济学的产生》	上海人民出版社	1985
三等奖	刘诗白	西南财经大学	《〈资本论〉难句解》	四川大学出版社	1990
优秀奖	王叔云	西南财经大学	《加速发展四川农村商品经济的建议——发展我省农村商品经济的研究报告》	—	—

表 3-18　第三届四川省社会科学优秀成果奖（1988 年）

级别	作者	作者单位	成果名称	成果发表刊物或出版单位	成果发表年份
三等奖	李善明	西南财经大学	《论〈剩余价值理论〉的研究起点》	《经济科学》《马克思主义研究》	1987、1987
优秀奖	刘诗白	西南财经大学	《论产权自主转让》	全国纪念党的十一届三中全会十周年理论讨论会	1988

表 3-19　第四届四川省社会科学优秀成果奖（1988—1989 年）

级别	作者	作者单位	成果名称	成果发表刊物或出版单位	成果发表年份
二等奖	何高箸	西南财经大学	《马克思货币金融学说原论》	西南财经大学出版社	1989
二等奖	许廷星	西南财经大学	《财政信贷与宏观经济调节》	中国财政经济出版社	1989

表 3-20　第五届四川省社会科学优秀成果奖（1990—1991 年）

级别	作者	作者单位	成果名称	成果发表刊物或出版单位	成果发表年份
三等奖	刘秋篁 崔国华 刘方健	西南财经大学	《抗日战争时期国民政府财经战略措施研究》	西南财经大学出版社	1988

表 3-21　第六届四川省社会科学优秀成果奖（1992—1993 年）

级别	作者	作者单位	成果名称	成果发表刊物或出版单位	成果发表年份
一等奖	刘诗白	西南财经大学	《产权新论》	西南财经大学出版社	1993
三等奖	丁任重	西南财经大学	《经济体制改革新思路》	西南财经大学出版社	1992

表3-21(续)

级别	作者	作者单位	成果名称	成果发表刊物或出版单位	成果发表年份
三等奖	陶武先	成都市委	《社会主义市场经济研究》	四川人民出版社	1992
	李健勇	西南财经大学			
三等奖	王永锡	西南财经大学	《当代中国经济大辞库(经济卷)》	中国经济出版社	1993
	李达昌	四川省财政厅			
	甘本佑	西南财经大学			
	过杰	西南财经大学			
	涂文涛	西南财经大学			

表3-22 第七届四川省社会科学优秀成果奖(1994—1995年)

级别	作者	作者单位	成果名称	成果发表刊物或出版单位	成果发表年份
三等奖	袁文平	西南财经大学	《主体经济论》	人民出版社	1995
	涂文涛	西南财经大学			
	张智勇	西南财经大学			
三等奖	袁文平	西南财经大学	《社会主义市场经济分析——理论政策运用》	西南财经大学出版社	1994
	杨伯华	西南财经大学			
	刘灿	西南财经大学			
	程民选	西南财经大学			
	杨晓维	西南财经大学			

表3-22(续)

级别	作者	作者单位	成果名称	成果发表刊物或出版单位	成果发表年份
三等奖	李善明	西南财经大学	《剩余价值理论研究》	西南财经大学出版社	1994
	柴泳	西南财经大学			
	吴忠观	西南财经大学			
	杨致恒	西南财经大学			
三等奖	丁任重	西南财经大学	《经济体制改革中的企业分析》	四川科学技术出版社	1994
三等奖	刘崇仪	西南财经大学	《不平衡发展规律在当代》	《世界经济》	1995
三等奖	丁任重	西南财经大学	《国有经营性资产的经营方式和管理体制》	四川人民出版社	1994

表 3-23 第八届四川省社会科学优秀成果奖（1996—1997 年）

级别	作者	作者单位	成果名称	成果发表刊物或出版单位	成果发表年份
二等奖	刘灿	西南财经大学	《现代公司制的产权关系和治理结构研究》	西南财经大学出版社	1997
三等奖	程民选	西南财经大学	《产权与市场》	西南财经大学出版社	1996
三等奖	王永锡	西南财经大学	《集约化与经济增长》	《管理世界》	1996
	丁任重	西南财经大学			

表 3-24 第九届四川省社会科学优秀成果奖（1998—1999 年）

级别	作者	作者单位	成果名称	成果发表刊物或出版单位	成果发表年份
三等奖	尹庆双	西南财经大学	《理顺个人收入分配关系的对策研究——一个以公平为取向的政策周期的到来》	《财经科学》	1999

表3-24(续)

级别	作者	作者单位	成果名称	成果发表刊物或出版单位	成果发表年份
三等奖	刘成玉	西南财经大学	《论中国农产品流通体系建设》	西南财经大学出版社	1999
三等奖	赵曦	西南财经大学	《中国西部地区经济发展研究》	四川人民出版社	1999

表 3-25　第十届四川省社会科学优秀成果奖（2001 年）

<table>
<tr><th>级别</th><th>作者</th><th>作者单位</th><th>成果名称</th><th>成果发表刊物或出版单位</th><th>成果发表年份</th></tr>
<tr><td rowspan="5">二等奖</td><td>袁文平</td><td>西南财经大学</td><td rowspan="5">《经济增长方式转变机制论》</td><td rowspan="5">西南财经大学出版社</td><td rowspan="5">2000</td></tr>
<tr><td>赵磊</td><td>西南财经大学</td></tr>
<tr><td>李萍</td><td>西南财经大学</td></tr>
<tr><td>欧兵</td><td>西南财经大学</td></tr>
<tr><td>高晋康</td><td>西南财经大学</td></tr>
<tr><td rowspan="3">三等奖</td><td>郑景骥</td><td>西南财经大学</td><td rowspan="3">《总结与探索：中国农村改革问题研究》</td><td rowspan="3">四川人民出版社</td><td rowspan="3">2001</td></tr>
<tr><td>刘成玉</td><td>西南财经大学</td></tr>
<tr><td>程治中</td><td>西南财经大学</td></tr>
<tr><td>三等奖</td><td>李萍</td><td>西南财经大学</td><td>《经济增长方式转变的制度分析》</td><td>西南财经大学出版社</td><td>2001</td></tr>
<tr><td>三等奖</td><td>史继刚</td><td>西南财经大学</td><td>《宋代军用物资保障研究》</td><td>西南财经大学出版社</td><td>2000</td></tr>
<tr><td>三等奖</td><td>赵曦</td><td>西南财经大学</td><td>《中国西部农村反贫战略研究》</td><td>人民出版社</td><td>2000</td></tr>
<tr><td rowspan="6">三等奖</td><td>郑邦才</td><td>西南财经大学</td><td rowspan="6">《西南城市居民最低生活保障研究》</td><td rowspan="6">西南财经大学出版社</td><td rowspan="6">2000</td></tr>
<tr><td>王朝明</td><td>西南财经大学</td></tr>
<tr><td>申晓梅</td><td>西南财经大学</td></tr>
<tr><td>王卉</td><td>西南财经大学</td></tr>
<tr><td>李秋红</td><td>西南财经大学</td></tr>
<tr><td>朱明熙</td><td>西南财经大学</td></tr>
</table>

表 3-26　第十一届四川省社会科学优秀成果奖（2002—2003 年）

级别	作者	作者单位	成果名称	成果发表刊物或出版单位	成果发表年份
二等奖	丁任重	西南财经大学	《转型与发展：中国市场经济进程分析》	中国经济出版社	2003
	李萍	西南财经大学			
	程民选	西南财经大学			
	戴歌新	西南财经大学			
	刘恒	西南财经大学			
三等奖	姜凌	西南财经大学	《当代国际货币体系与南北货币金融关系》	西南财经大学出版社	2003
三等奖	胡小平	西南财经大学	《中美两国小麦市场竞争力比较分析》	《管理世界》	2003
	涂文涛	西南财经大学			
优秀奖	纪尽善	西南财经大学	《中国知识经济发展战略》	经济科学出版社	2002
优秀奖	刘成玉	西南财经大学	《对特色农业、产业化经营与农业竞争力的理论分析》	《农业技术经济》	2003

表 3-27　第十二届四川省社会科学优秀成果奖（2004—2005 年）

级别	作者	作者单位	成果名称	成果发表刊物或出版单位	成果发表年份
一等奖	刘诗白	西南财经大学	《现代财富论》	生活·读书·新知三联书店	2005
一等奖	赵曦	西南财经大学	《中国西藏区域经济发展研究》	中国社会科学出版社	2005
二等奖	刘灿	西南财经大学	《我国自然垄断行业改革研究：管制与放松管制的理论与实践》	西南财经大学出版社	2005
	张树民	西南财经大学			
	宋光辉	西南财经大学			

表3-27(续)

级别	作者	作者单位	成果名称	成果发表刊物或出版单位	成果发表年份
二等奖	丁任重	西南财经大学	《西部经济发展与资源承载力研究》	人民出版社	2005
	侯荔江	西南财经大学			
	顾文军	西南财经大学			
	蔡竞	四川省政府办公厅			
三等奖	王朝明	西南财经大学	《中国转型期城镇反贫困理论与实践研究》	西南财经大学出版社	2004
三等奖	姜凌	西南财经大学	《汇率目标区理论与人民币汇率机制的改革》	*Applied Economics Letters*	2003
	韩璐	深圳平安保险公司			
优秀奖	杨慧玲	西南财经大学	《从政治经济学研究对象到中国政治经济学的创新》	《当代经济研究》	2005
优秀奖	纪尽善	西南财经大学	《加快西部发展开发论》	天地出版社	2005

表3-28 第十三届四川省社会科学优秀成果奖(2006—2007年)

级别	作者	作者单位	成果名称	成果发表刊物或出版单位	成果发表年份
三等奖	赵国良	西南财经大学	《构建四川和谐社会若干问题研究》	西南财经大学出版社	2006
	杨岐	核动力研究院			
	丁任重	西南财经大学			
	张义正	四川大学			
	王小刚	四川省经济发展研究院			

表3-28(续)

级别	作者	作者单位	成果名称	成果发表刊物或出版单位	成果发表年份
三等奖	李萍	西南财经大学	《反思与创新：转型期中国政治经济学发展研究》	经济科学出版社	2006
	武建奇	河北经贸大学			
	杨慧玲	西南财经大学			
	杜漪	绵阳师范学院			
	冯新力	西南财经大学			
三等奖	丁任重	西南财经大学	《中国大香格里拉经济圈研究》	西南财经大学出版社	2006
	徐承红	西南财经大学			
	蓝定香	四川省社科院			
	张克俊	四川省社科院			
	任啸	西南财经大学			
三等奖	程民选	西南财经大学	《信誉与产权制度》	西南财经大学出版社	2006
	严海波	中宣部理论局			
	黄载曦	西南财经大学			
	李晓红	西南财经大学			
	赵吉林	西南财经大学			
三等奖	杨继瑞	西南财经大学	《文化经济论——基于成都市文化产业及文化事业对社会经济发展贡献的研究》	西南财经大学出版社	2007
	郝康理	四川省统计局			
三等奖	徐承红	西南财经大学	《产业集群与西部区域经济竞争力研究》	西南财经大学出版社	2006
优秀成果奖	方行明	西南财经大学	《我国高载能产业面临的问题及出路》	《改革》	2006

表 3-29 第十四届四川省社会科学优秀成果奖（2008—2009 年）

级别	作者	作者单位	成果名称	成果发表刊物或出版单位	成果发表年份
一等奖	杨继瑞	西南财经大学	《汶川抗震救灾与灾后重建的思路与对策》	《高校理论战线》	2008—2009

表3-29(续)

级别	作者	作者单位	成果名称	成果发表刊物或出版单位	成果发表年份
二等奖	山立威	西南财经大学	《公司捐款与经济动机——基于汶川地震后中国上市公司捐款的实证研究》	《经济研究》	2008
	甘犁	西南财经大学			
	郑涛	西南财经大学			
二等奖	丁任重	西南财经大学	《西部资源开发与生态补偿机制研究》	西南财经大学出版社	2009
	张景华	扬州税务学院			
	黄世	西南财经大学			
	王娟	四川省社科院			
	宋一淼	中央财经大学			
二等奖	赵曦	西南财经大学	《中国西部农村反贫困模式研究》	商务印书馆	2009
二等奖	杨成钢	西南财经大学	《失业属性与中国失业问题研究》	西南财经大学出版社	2008
三等奖	陈健生	西南财经大学	《地区农村慢性贫困研究——基于600个国家扶贫重点县的监测证据》	经济科学出版社	2009
三等奖	刘灿	西南财经大学	《我国自然资源产权制度构建研究》	西南财经大学出版社	2009
	张树民	西南财经大学			
	王雪苓	西南财经大学			
	吴垠	西南财经大学			
	张毓峰	西南财经大学			
三等奖	王朝明	西南财经大学	《社会资本与城市贫困问题研究——一个理论框架及四川城市社区经验证据的检验》	西南财经大学出版社	2009
	孙蓉	西南财经大学			
	聂富强	西南财经大学			
	胡棋智	西南财经大学			
	徐惠丹	西南财经大学			

表3-29(续)

级别	作者	作者单位	成果名称	成果发表刊物或出版单位	成果发表年份
三等奖	刘成玉	西南财经大学	《中国优质农业发展与农产品质量安全控制》	西南财经大学出版社	2009
	郑景骥	西南财经大学			
	孙小燕	山东经济学院			
	余珉露	四川音乐学院			
	张磊	安徽省委政研室			

表 3-30　第十五届四川省社会科学优秀成果奖（2010—2011 年）

级别	作者	作者单位	成果名称	成果发表刊物或出版单位	成果发表年份
一等奖	李萍	西南财经大学	《统筹城乡发展中的政府与市场关系研究》	经济科学出版社	2011
	陈志舟	西南财经大学			
	胡雯	中共四川省委党校			
	戴歌新	西南财经大学			
	刘金石	西南财经大学			
二等奖	丁任重	西南财经大学	《中国房地产业的调控效应与走势分析》	《经济学家》	2010
二等奖	程民选	西南财经大学	《信用的经济学分析》	中国社会科学出版社	2010
	李晓红	西南财经大学			
	龙游宇	西南财经大学			
	黄载曦	西南财经大学			
	孙磊	西南财经大学			
三等奖	姜凌	西南财经大学	《经济全球化条件下的国际货币体系改革——基于区域国际货币合作视角的研究》	经济科学出版社	2011
	谢洪燕	西南财经大学			
	牟新焱	深圳证券交易所			
	周丽莉	南昌大学			
	马先仙	成都信息工程学院			
	李洁	四川省经济信息中心			

表3-30（续）

级别	作者	作者单位	成果名称	成果发表刊物或出版单位	成果发表年份
三等奖	吴垠	西南财经大学	《天府新区试点后工业化的理论与政策探索》	《中国工业经济》	2010
三等奖	方行明	西南财经大学	《中国重化工业发展研究》	西南财经大学出版社	2011
	何永芳	西南财经大学			
	刘天伦	西南财经大学			
	方堃	北京交通大学			
	星焱	西南财经大学			
优秀奖	杨继瑞	西南财经大学	《房产税征收对区域经济的影响——以新都区为例》	西南财经大学出版社	2011
	马永坤	重庆警察学院			
	刘蓉	西南财经大学			
	周敏	西南财经大学			
	毛一新	新都区国土局			

表3-31　第十六届四川省社会科学优秀成果奖（2012—2013年）

级别	作者	作者单位	成果名称	成果发表刊物或出版单位	成果发表年份
二等奖	王朝明	西南财经大学	《社会资本视角下政府反贫困政策绩效管理研究——基于典型社区与村庄的调查数据》	经济科学出版社	2013
	孙蓉	西南财经大学			
	聂富强	西南财经大学			
	王建忠	西南财经大学			
	庞楷	兰州商学院			
二等奖	丁任重	西南财经大学	《新时期中国经济发展道路研究》	西南财经大学出版社	2013
	侯荔江	西南财经大学			
	黄世坤	西南财经大学			
	王娟	四川省社会科学院			
	刘攀	成都市科技局			

表3-31(续)

级别	作者	作者单位	成果名称	成果发表刊物或出版单位	成果发表年份
二等奖	邹红	西南财经大学	《消费不平等的度量、出生组分解和形成机制——兼与收入不平等比较》	《经济学》	2013
	李奥蕾	西南财经大学			
	喻开志	西南财经大学			
三等奖	姜凌	西南财经大学	《经济全球化条件下的中国国际收支失衡及其应对研究》	西南财经大学出版社	2013
	吴建强	四川省社会科学院			
	谢洪燕	西南财经大学			
	李婷婷	—			
	曾珠	成都学院			
三等奖	李雪莲	西南财经大学	《货币错配的宏观经济影响及对策研究》	中国经济出版社	2013

表 3-32　第十七届四川省社会科学优秀成果奖（2014—2015 年）

级别	作者	作者单位	成果名称	成果发表刊物或出版单位	成果发表年份
一等奖	刘灿	西南财经大学	《完善社会主义市场经济体制与公民财产权利研究》	经济科学出版社	2014
	程民选	西南财经大学			
	吴垠	西南财经大学			
	盖凯程	西南财经大学			
	唐清利	西南财经大学			
二等奖	丁任重	四川师范大学	《四川“两化”互动、城乡统筹机制体制创新研究》	省、部级以上领导批示或党政机关采用	2014
	邓玲	四川大学			
	刘世庆	四川省社会科学院			
	王芳	—			
	李标	西南财经大学			

表3-32(续)

级别	作者	作者单位	成果名称	成果发表刊物或出版单位	成果发表年份
二等奖	邹红	西南财经大学	《退休与城镇家庭消费：基于新点回归设计的经验证据》	《经济研究》	2015
	喻开志	西南财经大学			

表 3-33　第十八届四川省社会科学优秀成果奖（2016—2017 年）

级别	作者	作者单位	成果名称	成果发表刊物或出版单位	成果发表年份
一等奖	刘灿	西南财经大学	《中国特色社会主义收入分配制度研究》	经济科学出版社	2017
	王朝明	西南财经大学			
	李萍	西南财经大学			
	盖凯程	西南财经大学			
	韩文龙	西南财经大学			
二等奖	马双	西南财经大学	《劳动力成本上涨及外贸受阻背景下最低工资研究》	《经济研究》	2016
	李雪莲	西南财经大学			
	甘犁	西南财经大学			
	蔡栋梁	西南财经大学			
	邱光前	西南财经大学			
三等奖	黄俊兵	西南财经大学	《技术进步对中国能源强度影响机理研究》	*Energy Policy*	2017
	杜丹	西南财经大学			
	陶启智	西南财经大学			
三等奖	尹庆双	西南财经大学	《中国特色社会主义政治经济学的理论品质及其在新时代的最新发展》	《马克思主义与现实》	2017
	肖磊	西南财经大学			
三等奖	雷震	西南财经大学	《股市谣言与股价波动：来自行为实验的证据》	《经济研究》	2016
	杨明高	西南财经大学			
	田森	西南财经大学			
	张安全	西南财经大学			

第四章　学术活动

新中国成立70多年以来，西南财经大学理论经济学学科举行的学术活动可分为境内、境内外学术交流研讨会以及专家学者的学术讲座三大类。

一、境内会议

1978年以前，从事经济学教学研究的工作者数量较少，加之在社会主义过渡时期的“一化三改造”以及计划经济历史背景下，经济学研究的对象、所涉及的问题多是全局性、全国性的，因而，学术研讨和学术交流的组织者多为中央相关部门，相关会议多在北京举行。自1978年改革开放以来，随着中央权力的下放，地方面临的局部问题日渐增多，研究队伍的扩大以及研究的日益深入透彻，由地方倡导并组织的经济学学术会议也日益频繁。

（一）1977—1992年

1986年9月27日，由西南财经大学、四川省《资本论》研究会主办了陈豹隐教授100周年诞辰纪念会。出席大会的有来自全国的著名经济学家关梦觉、宋涛、胡代光、林凌、谭崇台、谷书堂、张友仁、曾启贤、肖灼基等，有时任四川省政协、民主党派和有关部门负责人潘大逵、刘元瑄、郭景璞等，有新闻出版单位的代表，有陈豹隐教授的亲属，以及西南财经大学、四川省《资本论》研究会和其他各界人士代表共100多人。时任四川省社会科学学会联合会主席杨超给大会的来信中说："陈豹隐是一位值得纪念的历史人物。"重庆大学张洪沅教授、四川省原副省长张秀熟也分别题词、赋诗纪念。民革中央委员会发来了纪念电文。

1990年5月10日，西南财经大学和四川大学共同承办了中国经济思想史第五届年会。来自全国60多所大专院校、科研机构的70余名专家学者聚集一堂，围绕"总结开拓经验，把中国经济管理思想史的学科建设推向新阶段"这一主题进行了讨论。1977—1992年四川省召开的理论经济学境内会议见表4-1。

表4-1　1977—1992年四川省召开的理论经济学境内会议

时间	会议名称	主办单位	召开地点
1983-08-01	全国高等财经院校《资本论》研究会、社会主义研究会成立大会暨学术交流大会	西南财经大学主办	成都
1984-09-01	加速农村商品经济理论讨论会	西南财经大学与四川省委宣传部、四川省科协、四川省社会科学联合会、四川省社会科学研究院联合举办	成都
1986-09-27	陈豹隐教授诞辰100周年纪念会	西南财经大学、四川省《资本论》研究会主办	成都
1986-10-01	全国高等财经院校首次社会主义经济理论与实践研讨会	西南财经大学主办	成都
1986-11-29	成都地区首届研究生经济理论讨论会	西南财经大学主办	成都
1987-06-07	成都市高校所有制问题研讨会	西南财经大学主办	成都
1987-06-27	全省高校校报首届学术研讨会	西南财经大学主办	成都
1988-12-01	四川省外国经济学说研究会学术讨论会	西南财经大学主办	成都

表4-1(续)

时间	会议名称	主办单位	召开地点
1989-03-05	改革形势座谈会	《经济学家》杂志主办	成都
1989-04-15	资金体外循环问题研讨会	西南财经大学主办	成都
1989-10-30	四川省高校研究生马列主义理论研讨会	西南财经大学主办	成都
1990-05-01	中国经济思想史第五届年会	西南财经大学和四川大学共同承办	成都
1990-05-10	西方经济学研究的回顾与展望学术讨论会	西南财经大学主办	成都
1990-06-01	中国经济思想史第五届学术年会	西南财经大学主办	成都
1990-10-05	全国《资本论》第五次学术讨论会	西南财经大学主办	成都
1990-12-01	四川省外国经济学说研究会学术讨论会	西南财经大学主办	成都
1991-10-22	“90年代国营大中型企业面临的挑战和对策”研讨会	西南财经大学与省政府经济研究中心联合举办	成都
1992-04-03	经济学家理论座谈会	《经济学家》杂志主办	北京
1992-12-20	四川省外国经济学说史研究会及学术讨论会	西南财经大学主办	成都

（二）1993—2002年

1993—2002年四川省召开的理论经济学境内会议见表4-2。

表4-2　1993—2002年四川省召开的理论经济学境内会议

时间	会议名称	主办单位	召开地点
1993-12-14	纪念毛泽东同志诞辰100周年暨社会主义经济理论与实践学术讨论会	西南财经大学主办	西南财经大学
1994-04-13	四川省进一步扩大建立现代企业制度试点研讨会	西南财经大学主办	西南财经大学

表4-2(续)

时间	会议名称	主办单位	召开地点
1994-10-26	“市场经济与现代企业制度”专题研讨会	西南财经大学主办	西南财经大学
1995-05-03	金融体系的现代化与经济增长问题研讨会	西南财经大学主办	西南财经大学
1995-12-27	实现经济增长方式转变理论座谈会	西南财经大学主办	西南财经大学
1996-10-12	全国高校社会主义经济理论与实践研讨会第十次会议	西南财经大学主办	西南财经大学
1996-10-23	全国现代企业制度建设与国有资产保值增值研讨会	西南财经大学主办	西南财经大学
1997-07-20	全国高等财经院校政治经济学研究会 1997 年年会	西南财经大学主办	西南财经大学
1997-11-04	全国马列主义经济学说史学会第六次学术研讨会	西南财经大学主办	西南财经大学
1999-03-20	《经济学家》创刊 10 周年座谈会	西南财经大学主办	西南财经大学
2000-04-22	加入 WTO（世界贸易组织）后中国货币市场与外汇市场发展高级研讨会	西南财经大学与中国外汇交易总中心、全国银行同业拆借市场交易中心联合主办	成都
2000-05-20	中华外国经济学说研究会第八届学术讨论会	西南财经大学与中华外国经济学说研究会联合举办	成都
2000-05-24	全国政治经济研究会第三次年会	西南财经大学主办	西南财经大学
2000-11-07	西部大开发与市场经济发展研讨会	西南财经大学主办	西南财经大学

（三）2003—2012 年

部分会议情况如下：

（1）四川加快民营经济发展，推进小康社会进程研讨会。举办时间：2003 年 7 月 25 日。会议主要内容：本次会议由西南财经大学、四川省经济学会主办，四川朗博西部中小企业研究院承办。时任四川省社科联主席、西南财经大学名誉校长刘诗白教授，时任西南财经大学校长王裕国教授、副校长刘灿教授，时任四川大学副校长杨继瑞教授等省内专家学者近百人参加会议。研讨会以“三个代表”重要思想为指导，以党的“十六大”精神和省委、省政府《关于进一步加快民营经济发展的决定》为依据，通过“加快民营经济发展”的专题研讨，对加快四川跨越式发展，推进小康社会进程进言献策，为省委、省政府提供智力支持。

（2）全国高等财经院校《资本论》研究会 2003 年学术年会暨成立 20 周年纪念会。举办时间：2003 年 7 月 29 日。会议主要内容：本次会议由西南财经大学主办、西南财经大学经济学院承办。来自中南财经政法大学、东北财经大学、暨南大学、山西财经大学、江西财经大学等全国 20 多所高校以及中国社会科学院的 50 多位代表参加了此次会议，著名经济学家、北京大学经济学院胡代光教授出席会议。会议收到学术论文近 50 篇、学术专著 2 部。会议围绕《资本论》研究与我国全面建设小康社会的主题展开了广泛深入的研讨。代表们就劳动价值理论、按劳分配与按生产要素分配、收入差距、全面建设小康社会、经济与社会的可持续发展、《资本论》的研究和教学等问题展开了热烈讨论，代表们发言踊跃、讨论深入。会议还进行了学会理事的改选，时任西南财经大学名誉校长刘诗白教授再次当选为全国高等财经院校《资本论》研究会会长，时任西南财经大学副校长刘灿教授当选为研究会副会长，西南财经大学海宇东教授当选为研究会副秘书长，西南财经大学王永锡教授、李萍教授等当选为研究会常务理事，西南财经大学纪尽善教授等当选为研究会理事。这次会议的召开促进了西南财经大学与兄弟院校的学术交流，扩大了学校的学术影响，有力地促进了我国高等财经院校的理论经济学的学科建设。

（3）纪念邓小平诞辰100周年理论讨论会暨2004年度科学讨论。举办时间：2004年6月18日。会议主要内容：本次会议在西南财经大学举行，来自邓小平思想研究会（北京）、中国社科院、四川省社科院、四川省委党校、中国人民大学、四川大学、电子科技大学、西南交通大学等研究机构和高校的知名学者、专家会聚一堂，参加了研讨。据悉，该讨论会从1982年开始举行，每两年召开一次。

（4）中国经济史学会2004年年会。举办时间：2004年8月16日。会议主要内容：本次会议由中国社会科学院经济研究所与西南财经大学联合主办。时任中国社科院副院长王洛林，时任四川省副省长柯尊平出席会议并讲话，时任四川省委宣传部副部长郑晓幸，时任四川省社科联主席、西南财经大学名誉校长刘诗白，时任四川省社科院院长侯水平，时任西南财经大学党委书记涂文涛、校长王裕国、副校长丁任重出席会议，来自社会科学院、高校、党校、国家部委机关研究室等系统的130余名专家学者出席了会议。与会代表围绕“中国历史上的经济增长问题”的会议主题，从古今中外、理论与实践等不同角度探讨了中国在全面建设小康社会的进程中，如何树立科学的发展观，保持人口与资源、环境，经济与社会、政治、文化全面协调发展等学术问题，并提交了近百篇论文。

（5）统筹城乡经济社会发展研讨会（见图4-1）。举办时间：2004年9月1日。会议主要内容：本次会议由《中国农村经济》杂志社、西南财经大学和四川师范大学联合举办。我国著名农业问题专家、时任中央财经领导小组办公室副主任、中央农村工作领导小组办公室副主任陈锡文，时任西南财经大学名誉校长刘诗白，时任中央财经领导小组办公室农村组巡视员唐仁健，时任四川省委农村工作领导小组办公室主任张宁，时任西南财经大学党委书记涂文涛、校长王裕国，时任四川师范大学党委书记高林远，时任《中国农村经济》常务副主编陈劲松，以及来自全国各地科研院所、高等院校的 40 余位专家学者参加了会议。与会专家学者围绕大会主题，深入探讨统筹城乡经济社会发展的内涵、具体实现方式和面临的主要困难，交流各地经验，为解决“三农”问题提供了不少新的思路和创新性的政策建议。

图 4-1　统筹城乡经济社会发展研讨会

（6）《现代财富论》学术研讨会（见图 4-2）。举办时间：2005 年 5 月 9 日。会议主要内容：本次研讨会由四川省社科联与西南财经大学联合举办，应邀参加本次研讨会的有原四川省政协主席廖伯康，原四川省政协主席聂荣贵，原四川省政协副主席辛文，原四川省政协副主席章玉钧，中央党校原教育长王瑞璞，时任四川省委宣传部副部长郑晓幸，原四川省委副秘书长、四川省政协文体医卫委员会主任龚炤祥，时任四川省社科联党组书记、副主席梁守勋，时任四川省社科联党组副书记、副主席张家鎏，时任四川省社科联副主席、原西南民族大学校长陈玉屏，时任四川省委讲师团团长、四川省委宣传部理论处处长王素以及王永锡、林凌、姜凌、钟历国、宋玉鹏、隗瀛涛、赵昌文、杜肯堂、周春、廖君沛、曹顺庆、李天德、李义平、贾志勇、杜受祜、谭继和、赵国良、袁文平、唐永进、谢世廉等领导和知名专家学者。时任西南财经大学学校领导王裕国、封希德、朱世宏、赵德武、欧兵、刘灿、马骁、卓志、丁任重参加了本次研讨会。与会的专家学者，相继在研讨会上做了发言，对刘诗白教授新著中的理论创新予以高度评价。专家们认为，《现代财富论》回答了什么是现代财富这一重要问题；作者提出的财富多样性的命题，认为由物质生产、服务生产和知识、精神生产三大部门组成的三维产业结构已成为现代产业结构的特征；作者对财富的概括远远超越了物质财富的范畴，是当代财富状况既鲜活又生动的真实写照；物质财富生产和知识财富生产并举并以知识生产促进物质生产，成为当代经济发展的大趋势，形成了知识经济的基本特征；正是现代知识和科技的企业化、市场化生产，才使得现代知识和科技得以迅猛发展；作者对既构成财富的重要内容，又渗透于并且促进当代经济蓬勃发展的文化产业及其生产，进行了深刻的经济学分析。

图 4-2　《现代财富论》学术研讨会

（7）汤象龙百年诞辰纪念暨学术研究会议（见图4-3）。举办时间：2009年3月6日。会议主要内容：会议由中国经济史会和西南财经大学联合主办。时任四川省社科联主席、西南财经大学名誉校长刘诗白教授，时任中国经济史学会会长董志凯、原会长经君健，《中国经济史研究》原主编李根蟠及汤象龙先生的亲属出席会议。来自中国社科院、财政部财科所、清华大学、南开大学、中南财经政法大学、中央财经大学、天津财经大学、四川大学、四川师范大学、四川省地方志等经济史学界的专家及西南财经大学的师生代表近200人参加了此次会议。经济史学界的专家学者在会上相继做了专题报告，进行热烈的讨论和交流，共同追思先辈的伟绩，并表示将以实际行动承继先生的事业与精神，以告慰先生在天之灵。汤象龙先生亲属捐赠的资料包括先生毕生所藏的史书典籍及字词典700多本，期刊资料3 000多册，卡片12 000多张，关于清代财政史线索的资料文件4 000多份、论著34本，以及部分研究手稿和书信稿等。

图4-3　汤象龙百年诞辰纪念暨学术研究会议

（8）全国资本论年会。举办时间：2010年10月28日。会议主要内容：会议由西南财经大学主办。著名经济学家卫兴华、黄范章、逄锦聚、林岗、胡钧、李其庆、王振中及北京大学、中国人民大学、清华大学、南开大学、复旦大学等80多所高校的160多位专家学者参加了大会。与会专家围绕国际金融危机背景下的《资本论》研究及中国经济发展问题进行了广泛而深入的研讨，着重以《资本论》基本原理、马克思主义危机理论与当前经济危机、中国改革发展理论与对策、国际视野下的马克思主义经济理论四个主题，进行分组讨论和大会学术交流。《经济学动态》《当代经济研究》《经济学家》《人民日报》《光明日报》等十多家媒体的编辑、记者参加会议，对会议学术研讨情况进行了追踪报道。

（9）2010年全国马克思主义经济学发展与创新论坛（见图4-4）。举办时间：2010年12月3日。会议主要内容：会议由中国社会科学院经济研究所、《经济研究》编辑部、西南财经大学经济学院和西南财经大学马克思主义经济学研究院共同主办。时任西南财经大学名誉校长刘诗白教授，中国人民大学卫兴华教授，厦门大学吴宣恭教授，中国人民大学胡钧教授，时任南京大学党委书记洪银兴教授，中国社科院经济研究所原所长刘树成研究员，时任西南财经大学校长赵德武教授，时任《经济研究》杂志社社长、编辑部主任王诚研究员，时任西南财经大学副校长、马克思主义经济学研究院院长刘灿教授，时任四川省社科联副主席唐永进研究员，时任西南财经大学副校长马骁教授等出席了开幕式。近80余名与会代表来自中国社会科学院、中国人民大学、南京大学、南开大学、厦门大学、吉林大学、武汉大学、四川大学、西南财经大学等国内知名高校，共计向论坛提交高质量学术论文50余篇，就马克思主义经济学领域的诸多问题进行了深入探讨。与会代表就“马克思主义经济学的继承、创新与发展”“《资本论》与当代中国经济发展研究”“马克思主义全球化理论与当前世界经济发展”“马克思主义经济学与中国模式研究”“马克思危机理论与当前金融和经济危机”等议题进行了主题发言和分场讨论。在各分会场的专题讨论中，专家学者们对马克思主义经济学相关问题各抒己见，在智慧交锋中寻求理论共识。

图 4-4　2010 年全国马克思主义经济学发展与创新论坛

（10）马克思主义中国化与政治经济学课程建设研讨会（见图 4-5）。举办时间：2011 年 11 月 25 日。会议主要内容：本次会议由西南财经大学经济学院承办，中国人民大学荣誉教授、博士生导师卫兴华，时任中国人民大学经济学院党委书记、中国《资本论》研究会副会长张宇教授，南开大学政治经济学教授、博士生导师逄锦聚参加了本次座谈会并致辞。其中，卫兴华教授认为劳动价值理论是一个具有时代性的话题，应该不断发展这个理论，才能与实际相结合，指导实践；张宇教授主要结合自己多年参与教学的经验，介绍了中国人民大学课程建设情况；逄锦聚教授指出西方经济学片面强调数理计量，不能成为中国现代化建设的指导思想，没有基础理论，没有文化，没有思想的民族是没有前途的，而中国政治经济学的研究将影响中国的未来；刘灿教授认为政治经济学的研究学者有能力，也有信心与西方经济学学者竞争，为社会主义建设培养优秀人才。

图 4-5 马克思主义中国化与政治经济学课程建设座谈会

（11）第四次人的发展经济学年会（见图 4-6）。举办时间：2012 年 8 月 4 日。会议主要内容：会议由《改革与战略》杂志社、西南财经大学马克思主义经济学研究院和光明日报网联合主办，西南财经大学经济学院、广西人的发展经济学研究会协办。来自国家发展和改革委员会经济研究所、北京大学、清华大学、中国人民大学、南开大学、南京大学、西南财经大学、中南财经政法大学、中央民族大学、西北大学、天津师范大学、中共江苏省委党校、光明日报光明网等 30 余家单位的近 50 名专家学者参加了研讨会。

图 4-6 第四次人的发展经济学研讨会

（12）彭迪先、袁文平、杨致恒学术思想讨论会。举办时间：2012 年 10 月 19 日。会议主要内容：会议由西南财经大学马克思主义经济学研究院、经济学院主办。会议举行了《彭迪先全集》《袁文平文集》《杨致恒文集》出版发行仪式，并对其学术思想进行了研讨。

2003—2012 年召开的理论经济学境内会议见表 4-3。

表 4-3　2003—2012 年召开的理论经济学境内会议

时间	会议名称	主办单位	召开地点
2003-07-24	四川省经济学会 2003 年年会暨换届改选大会	西南财经大学主办	西南财经大学
2003-07-25	四川加快民营经济发展，推进小康社会进程研讨会	西南财经大学、四川省经济学会主办，四川朗博西部中小企业研究院承办	西南财经大学
2003-07-29	全国高等财经院校《资本论》研究会 2003 年学术年会暨成立 20 周年纪念会	西南财经大学主办、西南财经大学经济学院承办	西南财经大学
2004-06-18	纪念邓小平诞辰 100 周年理论讨论会暨 2004 年度科学讨论	西南财经大学主办	西南财经大学
2004-08-16	中国经济史学会 2004 年年会	中国社会科学院经济研究所与西南财经大学联合主办	西南财经大学
2004-09-01	统筹城乡经济社会发展研讨会	《中国农村经济》杂志社、西南财经大学和四川师范大学联合举办	西南财经大学
2005-05-09	《现代财富论》学术研讨会	四川省社科联与西南财经大学联合举办	西南财经大学
2009-03-06	汤象龙百年诞辰纪念暨学术研究会议	中国经济史会和西南财经大学联合主办	西南财经大学
2009-12-19	四川省经济史学会 2009 年年会暨四川省钱币学会	西南财经大学主办	西南财经大学
2010-10-28	全国《资本论》年会	西南财经大学主办	西南财经大学

表4-3(续)

时间	会议名称	主办单位	召开地点
2010-12-03	2010年全国马克思主义经济学发展与创新论坛	中国社会科学院经济研究所、《经济研究》编辑部、西南财经大学经济学院和西南财经大学马克思主义经济学研究院共同主办	西南财经大学
2011-11-25	马克思主义中国化与政治经济学课程建设研讨会	西南财经大学经济学院承办	西南财经大学
2012-08-04	第四次人的发展经济学年会	《改革与战略》杂志社、西南财经大学马克思主义经济学研究院和光明日报光明网联合主办，西南财经大学经济学院、广西人的发展经济学研究会协办	西南财经大学
2012-10-19	彭迪先、袁文平、杨致恒学术思想讨论会	西南财经大学马克思主义经济学研究院、经济学院主办	西南财经大学

（四）2013—2019年

部分会议情况如下：

（1）《陈豹隐全集》出版发行及陈豹隐铜像揭幕仪式暨陈豹隐学术思想研讨会（见图4-7和图4-8）。举办时间：2013年5月5日。会议主要内容：会议由西南财经大学主办、经济学院承办。时任西南财经大学名誉校长、著名经济学家刘诗白教授，时任四川省人大常委会副主任、民革四川省委主委刘家强，时任四川省人大教科文卫委员会主任委员涂文涛，西南财经大学党委书记赵德武出席活动并讲话。时任西南财经大学校长张宗益主持了出版发行仪式。来自南开大学、中国人民大学、武汉大学、山东大学、中山大学、重庆工商大学等的高校代表，农民运动讲习所纪念馆、陈豹隐家乡中江县政府代表，时任西南财经大学副校长卓志、杨丹、尹庆双，学校老领导和老教师代表、校友代表等齐聚一堂，共襄盛举。会议回顾了陈豹隐教授对我国的教育事业做出的突出贡献，刘诗白、林岗、李胜兰、钱津、简新华、黄少安、杨俊等教授和广州农民运动讲习所旧址纪念馆卜穗文馆长、陈豹隐家乡中江县副县长伏霖先等分别做主题发言。

图 4-7 《陈豹隐全集》出版发行仪式暨陈豹隐学术思想研讨会

图 4-8 陈豹隐铜像揭幕仪式

（2）第十三届中国经济学年会（见图 4-9）。举办时间：2013 年 11 月 15 日。会议主要内容：会议由中国经济学年会秘书处与西南财经大学主办，西南财经大学经济学院承办，中国农业银行协办。此次大会以“深化体制改革，促进全面发展”为主题，来自国内各大科研院所的 700 余名专家学者齐聚一堂，就体制改革与全面发展进行深入探讨。本届年会共收到论文 600 余篇，经过两轮专家匿名评审，最终选出 320 篇。来自中国经济学年会理事单位、国内 80 多所大学的经济学院院长（系主任）、全国各大机构的专家学者以及特邀嘉宾共 700 余人，就宏观经济、金融证券、企业管理、国际经济、农业经济以及制度经济学、卫生经济学、国防经济学等 25 个领域相关的入选论文，分 80 多个专题分会展开深入的交流和讨论。

图 4-9　第十三届中国经济学年会

（3）完善农村基本经营制度和农村土地产权制度改革研讨会。举办时间：2014 年 11 月 22 日。会议主要内容：会议由西南财经大学马克思主义经济学研究院、西南财经大学经济学院与《经济学家》《财经科学》和《当代经济研究》编辑部联合主办。来自中国社会科学院、中国人民大学、南京大学、吉林财经大学、重庆工商大学、贵州大学、华南农业大学、安徽大学、四川省社会科学院、西南财经大学等国内研究机构和高校的 50 余位专家学者参加了本次研讨会。与会专家学者围绕“完善农村基本经营制度和农村土地产权制度改革”这一主题，分别就“农地产权制度变迁与改革方向”“农地产权的流转与抵押”，以及“新型农业经营组织的创新和发展”等进行了热烈讨论。

（4）新常态下马克思主义政治经济学创新研讨会。举办时间：2015年6月2日。会议主要内容：此次研讨会由西南财经大学马克思主义经济学研究院、西南财经大学经济学院与《经济学家》《财经科学》编辑部联合主办。原南京大学党委书记洪银兴教授、武汉大学简新华教授、中国人民大学李义平教授、时任西北大学经济管理学院院长任保平教授、原重庆工商大学校长杨继瑞教授、时任西南财经大学马克思主义学院院长刘灿教授、时任四川师范大学校长丁任重教授，西南财经大学经济学院院长易敏利教授、经济学院分党委书记文洪毅教授，经济学院王朝明教授、程民选教授等国内重要研究机构和高校的40余位专家学者、老师和同学，以及来自《经济学家》和《财经科学》编辑部的主编和编辑们参加了本次研讨会。历时半天的研讨会，与会专家学者围绕主题深入研讨、热烈交锋，畅所欲言、各抒己见，就如何推进新常态下政治经济学的创新和发展这一重要问题提出了许多有价值和具前瞻性的建议。例如，在新常态下要实现马克思主义政治经济学的创新和发展就需要继承马克思主义经济学的基本原理，同时应该结合实际情况进行理论创新；重视和熟悉《资本论》等经典著作是学好和用好政治经济学理论的重要基础；政治经济学必须对新常态等现实问题做出回答，并通过理论和现实相结合的方式使得实践经验能够升华为理论，使得理论更好地指导实践；对于新常态的判断，专家们提出产业结构会由中低端向中高端演进，经济增长速度会由高速转变为中高速是其重要的表现；在新常态下需要解决财产占用差距过大问题，处理好环境污染问题，处理好政府与市场的关系，构建新型的国家和居民财富观念。

（5）第九届中国政治经济学年会（2015）。举办时间：2015年10月17日。会议主要内容：本届会议由中国政治经济学年会各理事单位共同主办，西南财经大学马克思主义经济学研究院、西南财经大学经济学院共同承办。本届年会共收到投稿论文200多篇，入选论文115篇，组委会从中选取了80多篇在主会场进行大会报告、在8个分会场进行专题讨论。来自北京大学、中国人民大学、南开大学、中国社会科学院、日本早稻田大学、《中国社会科学》等国内外60多所高校与科研机构，以及14家学术期刊和出版单位的150名代表参加会议。会议在我国全面深化改革、制定“十三五”社会经济发展规划之际召开，有着重要和特殊的意义。研讨主题包括《资本论》与政治经济学基本理论、当代马克思主义经济学创新与发展、制度与演化经济学分析、经济思想史与方法论研究、中国经济的历史与实证分析、中国经济改革与发展方式研究、农村经济与收入分配专题研究、“新常态”下中国经济前沿问题研究等。

（6）中华外国经济学说研究会第二十三次学术年会会议。举办时间：2015年11月14日。会议主要内容：会议由中华外国经济学说研究会与西南财经大学经济学院、马克思主义经济学研究院联合举办。会议主要议题如下：①马克思主义经济学与西方经济学的比较研究；②外国经济思想史研究；③西方经济学前沿问题研究；④中国经济新常态与经济转型；⑤“一带一路”与对外开放新格局；⑥再工业化与全球经济发展。

（7）2016年成都经济学术研讨会。举办时间：2016年4月25日。会议主要内容：本次会议由西南财经大学经济学院及其下属的实验与行为经济研究中心（CEBER）组织筹办，四川大学经济学院协助。会议邀请牛津大学和加州大学著名经济学家，当今世界最有影响力的经济学家之一的Vincent Crawford教授担任会议嘉宾。Vincent Crawford教授同时是美国科学与艺术院院士，英国科学院院士和欧洲科学院院士，他主要在机制设计理论、实验与行为经济学方面做出了杰出贡献。会议期间，Vincent Crawford教授进行了两场精彩纷呈的主题演讲。会议内容涵盖机制设计、实验与行为研究等当前经济学前沿研究领域，来自该领域的知名教授、学者Zaifu Yang、Jiahua Che、Wing Sue、Juanjuan Meng、Kim-Sau Chung、Jaimie Lie、Jie Zhen、Steve Chin、Ning Sun、Chunlei Yang、Steve Ching、Nanyang Bu、Huanhuan Zhen、雷震、凌晨、刘定、刘璐、张吉鹏、冯宏、王湛等为会议带来了20场精彩的学术报告。

（8）全国高校社会主义经济理论与实践研讨会审稿会。举办时间：2016 年 7 月 25 日。会议主要内容：此次审稿会由西南财经大学马克思主义经济学研究院和经济学院承办。厦门大学原党委书记吴宣恭教授，南京大学原党委书记、教育部社会科学委员会副主任委员、研讨会领导小组组长洪银兴教授，中国人民大学原副校长林岗教授，中央民族大学校长、国务院学位委员会学科评议组成员、研讨会秘书长黄泰岩教授，厦门大学原校长助理、现厦门大学世界经济研究中心主任庄宗明教授，武汉大学经济发展研究中心副主任简新华教授，时任北京师范大学学术委员会副主任李晓西教授，以及时任中国人民大学经济学院院长张宇教授，时任南京大学商学院党委书记张二震教授和院长沈坤荣教授，时任复旦大学经济学系主任李慧中教授，时任辽宁大学经济学院党委书记林木西教授和院长谢地教授，时任福建师范大学经济学院院长黄茂兴教授等经济学领域的专家学者出席了会议。时任西南财经大学马克思主义经济学研究院院长刘灿教授，副院长李萍教授，院长助理盖凯程教授，以及韩文龙和李梦凡老师等参加了此次审稿会。全国高校社会主义经济理论与实践研讨会是在原国家教委的倡导下，由北京大学、中国人民大学、南开大学、西南财经大学等 8 所高校的老一辈经济学家宋涛、胡代光、刘诗白等组织发起的。研讨会于 1985 年举行筹备会议，1986 年举行第一次会议，目前已经举办了 29 届年会。此次是第 30 届年会，具有很强的纪念意义。

（9）全国青年马克思主义经济学者研讨会（2017 年）。举办时间：2017 年 4 月 22 日。会议主要内容：此次研讨会由西南财经大学马克思主义经济学研究院和经济学院共同主办。来自中国人民大学、浙江大学、南开大学、厦门大学、四川大学、西南财经大学、中国政法大学、云南大学、西南大学、山西大学、重庆工商大学、河北经贸大学、四川师范大学和南京财经大学等高校的 30 多位青年马克思主义经济学者，以及来自《中国社会科学》《求是》《政治经济学评论》《经济研究参考》《财经科学》等杂志社的编辑参加了此次研讨会。本次研讨会的主题为“新常态下中国特色社会主义政治经济学的创新与发展”。

在研讨会上，青年学者们重点围绕“马克思主义政治经济学基本原理”“当代资本主义经济发展趋势研究”“《资本论》与中国经济新常态问题研究”和“新常态下完善农村基本经营制度与土地产权制度改革研究”等议题展开了热烈讨论。“实践是检验真理的唯一标准”。2017 年 4 月 23 日上午，青年学者们一行来到成都市郫都区唐昌镇战旗村，实地调研了农村集体经济发展、农地经营权流转和农村集体经营性建设用地入市的情况，现场对农地问题展开了热烈的讨论。

（10）第五届香樟经济论坛——成都 Seminar（见图 4-10）。举办时间：2017 年 9 月 23 日。会议主要内容：来自电子科技大学、西南财经大学、四川大学、四川农业大学和西南交通大学的 40 多位师生出席了此次活动。本次论坛为川内高校师生搭建了一个高起点、多领域的展示研究成果和交流学术经验的平台，开阔了视野，启迪了思维，加强了专业的沟通与协作，为今后川内各高校相关领域的学术创新合作奠定了良好的基础。

图 4-10　第五届香樟经济论坛

（11）新时代中国特色社会主义政治经济学重大理论问题研讨会（见图 4-11）。举办时间：2017 年 11 月 25 日。会议主要内容：此次研讨会由西南财经大学全国中国特色社会主义政治经济学研究中心、南京大学全国中国特色社会主义政治经济学研究中心、南开大学中国特色社会主义经济建设协同创新中心共同主办，西南财经大学经济学院承办，《经济学家》杂志社协办。西南财经大学名誉校长刘诗白教授，南京大学原党委书记、南京大学全国中国特色社会主义政治经济学研究中心主任洪银兴教授，南开大学原副校长、南开大学中国特色社会主义经济建设协同创新中心主任逄锦聚教授，时任中共四川省委宣传部副部长向宝云同志，时任南京大学校长助理范从来教授，时任四川师范大学党委书记丁任重教授，时任成都市社科联主席杨继瑞教授，以及来自复旦大学、南京大学、厦门大学、四川大学、西北大学、辽宁大学、福建师范大学、山西财经大学等十余所高校的专家学者参加研讨会。西南财经大学党委书记赵德武教授、副校长尹庆双教授、校学术委员会主任刘灿教授，来自经济学院、财税学院、马克思主义学院、中国西部经济研究中心的领导专家，以及学校党办、校办、科研处、宣传统战部、组织人事部等部门的领导共同出席会议。此外，《中国社会科学》《马克思主义与现实》等国内顶级期刊负责人也参加了研讨会。与会学者分别围绕中国特色社会主义政治经济学理论创新体系、基本理论问题、基本经济制度、经济发展异质性、现代经济体系问题等做了主题发言。

图 4-11　新时代中国特色社会主义政治经济学重大理论问题研讨会

（12）中国特色社会主义政治经济学本硕博（西部）论坛（2017年）——新时代中国特色社会主义政治经济学的创新与发展（见图4-12）。举办时间：2017年12月9日。会议主要内容：此次论坛由西南财经大学全国中国特色社会主义政治经济学研究中心主办，马克思主义经济学研究院、经济学院和《经济学家》编辑部承办。西南财经大学副校长、全国中国特色社会主义政治经济学研究中心（以下简称"中特中心"）主任尹庆双教授，经济学院领导、老师，来自厦门大学、四川大学的专家学者，以及来自日本一乔大学、欧洲经济思想史学会、中国人民大学、清华大学、中国社会科学院等国内外高校和研究机构的50多名青年政治经济学学子出席了论坛。自2017年9月全国征稿以来，海内外青年经济学子积极投稿，共收到204篇投稿作品，其中本科组38篇、硕士组93篇、博士组73篇。经过匿名评审和评审委员会充分遴选，会议评选出本科组一等奖作品1篇，二等奖作品1篇，三等奖作品1篇，优秀论文奖作品3篇；硕士组一等奖作品1篇，二等奖作品1篇，三等奖作品2篇，优秀论文奖作品6篇；博士组二等奖作品2篇，三等奖作品4篇，优秀论文奖作品6篇。参会专家围绕乡村振兴战略、供给侧结构性改革、主要矛盾变迁、互联网与政治经济学、工资—利润率倒"U"关系等主题做了精彩的主题报告。

图4-12　中国特色社会主义政治经济学本硕博（西部）论坛（2017年）

（13）首届微观经济数据与经济学理论创新论坛（见图 4-13）。举办时间：2018 年 3 月 24 日。会议主要内容：此次论坛由中国社会科学院经济研究所《经济研究》杂志社和中国高校数据调查共享平台主办，西南财经大学中国家庭金融调查与研究中心承办。《经济研究》编辑部主任刘霞辉研究员，杂志社社长张永山，西南财经大学副校长张邦富教授，高校数据调查共享平台发起人、中国家庭金融调查与研究中心主任甘犁教授，高校数据调查共享平台成员单位的相关负责人以及来自全国 25 所高校和科研院所的专家、学者参与了本次论坛。2018 年 3 月 24 日上午，刘霞辉研究员就“中等收入跨越与供给侧结构性改革”，甘犁教授就“中国自有住房空置率之谜”，北京大学王蓉教授就“微观经济数据与宏观教育政策”进行了精彩的主题演讲。下午，会议由“住房与家庭行为研究”“家庭消费与储蓄研究”“中国农村经济与代际流动”“教育与发展研究”“中国基层治理与中国经济发展”“家庭的劳动情况与就业研究”“真实进步、经济发展与企业行为”“家庭资产配置与普惠金融”八个分论坛组成。来自多位高校的学者报告了自己的论文，各个分论坛的作者交叉评阅，进行了高质量的讨论。本次会议将遴选优秀论文进入《经济研究》匿名评审。

图 4-13　首届微观经济数据与经济学理论创新论坛

（14）“历史和证据：清代以来的中国经济增长”学术研讨会（见图 4-14）。举办时间：2018 年 4 月 21 日。会议主要内容：本次会议由西南财经大学经济学院经济历史与文化研究所主办。会议邀请到了来自南开大学、复旦大学、上海财经大学、中央民族大学、清华大学、山西大学、广州外语外贸大学及本校十余名专家学者和优秀博士生做专题报告。研讨会围绕“清代以来的中国经济增长”这一主题报告了九篇论文，分别就近代中国政府统计调查制度、清代各省土地面积历史统计方法、晚清广州口岸子口税制、伪满洲国鸦片专卖制度、近代中国城市体系发展的历史衡量、近代中国的多层货币体系、厘金征收的通货等问题进行深入讨论。

图 4-14　“历史和证据：清代以来的中国经济增长”学术研讨会

（15）全国中国特色社会主义政治经济学研究中心等举办纪念马克思诞辰 200 周年专家学者座谈会（见图 4-15）。举办时间：2018 年 5 月 7 日。会议主要内容：本次会议由西南财经大学全国中国特色社会主义政治经济学研究中心、马克思主义学院、《经济学家》编辑部等共同主办。来自成都市社会科学界联合会和四川大学、西南交通大学、西南民族大学、四川师范大学、贵州财经大学、成都师范学院等川内外高校的专家学者，西南财经大学副校长尹庆双教授、校学术委员会主任刘灿教授，学校宣传统战部、科研处负责人，以及经济学院、马克思主义学院的老师与学生代表 50 余人出席座谈会。在专家发言环节，刘灿、杨继瑞、李萍、曾令秋、赵磊、刘明国、周铭山、何雄浪、刘世强、杨慧玲、甘路有等十余位专家及学生代表紧紧围绕习近平总书记在纪念马克思诞辰200周年大会上的重要讲话精神，就坚定马克思主义信仰、创新发展当代中国马克思主义和21世纪马克思主义、构建新时代中国特色社会主义政治经济学理论体系和话语体系，自觉运用马克思主义基本原理分析中国特色社会主义的伟大实践等重大理论和实践命题进行了广泛而深入的交流。

图4-15　马克思诞辰200周年专家学者座谈会

（16）纪念马克思诞辰200周年学术研讨会暨青年政治经济学学者年会（见图4-16）。举办时间：2018年5月19日。会议主要内容：本次会议由四川大学马克思主义学院、经济学院、公共管理学院、文学与新闻学院共同承办。中国中共党史学会副会长、中共中央党史研究室原副主任李忠杰，中央新疆工作协调小组办公室副主任、教育部原副部长鲁昕，南开大学原副校长、讲席教授逄锦聚，中国人民大学荣誉一级教授、校务委员陈力丹，省委宣传部、省委党史研究室、四川省社会科学界联合会、四川省社会科学院有关领导，以及来自清华大学、中国人民大学、复旦大学、浙江大学、中央党校、中国社科院等国内高校和科研机构的200余名专家学者参加了研讨会及相关活动。李忠杰、鲁昕、逄锦聚、陈力丹分别以“像马克思一样对待马克思主义”“马克思主义经济理论始终绽放思想光芒”“开辟21世纪马克思主义政治经济学新境界”和“继承和发展马克思的新闻传播思想”为题，做了精彩的主题报告。其他与会嘉宾分别围绕构建现代化经济体系、中国现实问题的数理马克思主义政治经济学分析和新时代与改革开放40周年等主题，进行了多维度、宽领域、深层次的学术探讨与交流。

图4-16 纪念马克思诞辰200周年学术研讨会开幕式

（17）西南财经大学政治经济学青年工作坊（见图4-17和图4-18）。举办时间：2018年7月1日。会议主要内容：工作坊由复旦大学、西南财经大学特聘教授孟捷作为点评专家，听取了西南财经大学经济学院李梦凡老师、四川大学经济学院李亚伟副教授的工作论文汇报。西南政治经济学研究所全体青年教师、兄弟院校青年教师和在读博士生共同参与了研讨。工作坊首先由李梦凡老师做了题为“内生性限制，技术进步与一般利润率趋势蕴涵”的报告，报告建立在扎实的文献综述基础上，侧重对一般利润率趋势的理论和模型研讨；四川大学的李亚伟老师汇报的题目是“利润率的经验界定与中国经济增长——利润率与资本积累的双向因果”，全文着重对我国利润率变化的合理计算，以及对利润率、积累率经验关系的分析。孟捷教授对两篇文章的贡献与不足进行了总结，强调论文选题应具备敏锐的问题意识，鼓励青年学者就政经领域的前沿问题展开深入对话和合作研究，并就《资本论》经典理论如何构建中国特色社会主义政治经济学的理论基础，为青年学者上了一课。

图 4-17　西南财经大学政治经济学青年工作坊（一）

图 4-18　西南财经大学政治经济学青年工作坊（二）

（18）西南财经大学马克思主义经济学研究院学术委员会暨理论经济学学科建设座谈会（见图 4-19）。举办时间：2018 年 7 月 18 日。会议主要内容：本次会议由西南财经大学主办。南京大学原党委书记洪银兴教授、南开大学原副校长逄锦聚教授、中央民族大学校长黄泰岩教授、厦门大学庄宗明教授、浙江大学史晋川教授、辽宁大学林木西教授、上海财经大学赵晓雷教授、西北大学任保平教授、重庆工商大学原校长杨继瑞教授等知名专家学者应邀参加座谈会。西南财经大学副校长尹庆双教授、西南财经大学校学术委员会主任刘灿教授，科研处、研究生院、发展规划处等职能部门负责人，经济学院、马克思主义经济学研究院、马克思主义学院、中国金融研究中心的领导及中特中心全体研究人员出席座谈会。西南财经大学马克思主义经济学研究院，作为西南财经大学国家重点学科——政治经济学学科建设与创新平台的一个新的“学科特区”，成立于 2010 年 9 月。研究院由学校批准特设，由学校直接领导，是一个开放式、非实体性的学术研究机构。研究院聘请了刘诗白、卫兴华、吴宣恭、何炼成、张卓元、赵人伟、黄范章、袁恩桢等著名经济学家出任高级学术顾问，并成立了由南开大学原副校长逄锦聚担任主任委员，由顾海良、洪银兴、刘伟、林岗、黄泰岩、张宇、刘灿、丁任重、杨继瑞、宋冬林、简新华、白永秀、史晋川、石磊、李萍、林木西、范从来、赵晓雷、黄少安等国内 20 位著名经济学家组成的院学术委员会。研究院每年召开 1～2 次学术委员会，为学科建设特别是政治经济学的发展提供咨询和指导。

图 4-19　西南财经大学马克思主义经济学研究院学术委员会暨理论经济学学科建设座谈会

（19）理论经济学学科建设专家座谈会（见图 4-20）。举办时间：2018 年 8 月 31 日。会议主要内容：本次会议由西南财经大学全国中国特色社会主义政治经济学研究中心主办。厦门大学庄宗明教授、山东大学黄黄少安教授、中国人民大学陈彦斌教授、上海财经大学赵晓雷教授等校外知名专家与会。西南财经大学经济学院执行院长易敏利，分党委书记文洪毅，副院长盖凯程、邹红以及中特中心部分研究人员参加会议。与会校外专家听取了西南财经大学理论经济学学科建设的经验、做法，充分肯定了西南财经大学理论经济学学科建设的成绩和特色，诚恳指出了其在理论经济学学科建设过程中存在的短板和问题，并结合各自学校学科建设的经验做法提出了很多有益的意见和建议。与会专家老师就学科建设中的热点问题进行了深入而热烈的讨论。

图 4-20 理论经济学学科建设专家座谈会

（20）中国特色社会主义政治经济学本硕博（西部）论坛（2018 年）。举办时间：2018 年 9 月 20 日。会议主要内容：会议由西南财经大学全国中国特色社会主义政治经济学研究中心、马克思主义经济学研究院和《经济学家》编辑部共同承办。本次会议自 2018 年 5 月征稿以来，海内外青年经济学爱好者积极投稿，共收到 150 篇校内外投稿作品，其中本科组 6 篇、硕士组 91 篇、博士组 53 篇。来自中国人民大学、中国社会科学院、南开大学、国防大学、北京师范大学、厦门大学、中山大学等国内外高校和研究机构的专家和青年学子参加了会议。会议最终评选出了 67 篇获奖论文，其中校外一等奖 3 名、二等奖 6 名、三等奖 8 名、入围奖 28 名；校内一等奖 5 名、二等奖 8 名、三等奖 10 名。

（21）“习近平新时代中国特色社会主义经济思想暨改革开放 40 年理论与实践”研讨会（见图 4-21、图 4-22、图 4-23 和图 4-24）。举办时间：2018 年 11 月 2 日。会议主要内容：本次会议由西南财经大学《财经科学》编辑部、全国中国特色社会主义政治经济学研究中心、西南财经大学马克思主义学院联合主办。著名经济学家、西南财经大学名誉校长刘诗白教授，逄锦聚、简新华、黄少安、任保平、刘灿、杨继瑞、蒋永穆、张衔、韩源等专家教授出席会议并做主题发言。本次研讨会立足习近平新时代中国特色社会主义经济思想，深刻回顾改革开放40年的实践经验，是一次高规格、高层次的思想盛宴，与会代表们围绕改革开放与中国特色社会主义政治经济学创新发展、经济体制改革、经济高质量发展与共享发展、农业基本经营制度以及社会主义本质等重大理论和实践问题展开精彩主题报告。

图4-21 “习近平新时代中国特色社会主义经济思想暨改革开放40年理论与实践”研讨会（一）

图4-22 “习近平新时代中国特色社会主义经济思想暨改革开放40年理论与实践”研讨会（二）

图4-23 “习近平新时代中国特色社会主义经济思想暨改革开放40年理论与实践”研讨会（三）

图 4-24　"习近平新时代中国特色社会主义经济思想暨改革开放 40 年理论与实践"研讨会（四）

（22）光华世界经济与开放宏观经济学中青年学者论坛——如何积极推进"一带一路"建设，如何深入扩大对外开放以及如何深度融入世界经济等相关话题的研究。举办时间：2018 年 11 月 17 日。会议主要内容：会议由西南财经大学世界经济研究所、西南财经大学科研处主办。此次会议旨在为全国年轻学者提供了解和把握世界经济的学术发展动态和最新研究成果的机会，拓宽中青年学者的国际学术视野和提高创新研究能力，以促进世界经济和开放宏观经济学研究人才的成长。

（23）数量政治经济学成都工坊（见图 4-25）。举办时间：2018 年 11 月 24 日。会议主要内容：本次会议由西南财经大学全国中国特色社会主义政治经济学研究中心、西南财经大学经济学院和马克思主义经济学研究院联合主办，西南财经大学《经济学家》编辑部、西南财经大学《财经科学》编辑部协办。来自北京大学、清华大学、中国人民大学、复旦大学、南开大学、上海财经大学、厦门大学、四川大学等高等院校的专家学者和博士生出席了此次会议，对研究成果进行了汇报并开展了深入的交流讨论。此次会议旨在汇聚政治经济学领域高水平的专家对数量政治经济学相关研究开展交流讨论，推动传统马克思主义经济学的演绎和辩证分析与现代数量分析方法的充分结合，这对扩展中国特色社会主义政治经济学的研究内容，提升马克思主义政治经济学研究的新方法、新领域有重要价值。

图 4-25　数量政治经济学成都工坊

（24）全国青年马克思主义经济学者研讨会（2019 年）（见图 4-26 和图 4-27）。举办时间：2019 年 4 月 20 日。会议主要内容：本次会议由西南财经大学全国中国特色社会主义政治经济学研究中心、经济学院、马克思主义经济学研究院共同主办，《经济学家》编辑部和《财经科学》编辑部协办。来自中国社会科学院、中国人民大学、南京大学、复旦大学、南开大学、武汉大学、厦门大学、四川大学、西安交通大学、辽宁大学、西北大学等全国知名高校和研究机构中青年专家代表，以及《马克思主义与现实》《政治经济学评论》《当代经济研究》《经济纵横》等知名期刊和出版社负责人等 80 余人参加了本次研讨会。河北经贸大学武建奇、四川大学蒋永穆、复旦大学周文、南京大学葛扬、西南财经大学杨慧玲、四川大学张衔、西北大学吴振磊、北京理工大学宋宪萍和复旦大学高帆等专家分别就“竞争中性”、中国特色社会主义政治经济学体系构建、经济学新时代历史使命、基本经济制度、扶贫问题、中美贸易摩擦和农地产权制度变革等问题做了主题发言。全国青年马克思主义经济学者研讨会是西南财经大学的全国中国特色社会主义政治经济学研究中心面向海内外青年马克思经济学者重点打造的全国性学术交流平台和学术品牌。研讨会每 1~2 年召开一次，迄今已举办两届。本次研讨会是为庆祝新中国成立 70 周年，深入学习贯彻党的十九大报告精神，大力推进新时代中国特色社会主义政治经济学的发展和创新，运用马克思主义基本理论分析西南财经大学经济社会发展过程中面临的重大理论和现实问题的一次思想和知识的盛宴。

图 4-26　全国青年马克思主义经济学者研讨会（2019 年）（一）

图 4-27　全国青年马克思主义经济学者研讨会（2019 年）（二）

（25）中国特色社会主义政治经济学本硕博论坛（见图 4-28 和图 4-29）。举办时间：2019 年 5 月 24 日。会议主要内容：论坛由西南财经大学全国中国特色社会主义政治经济学研究中心主办、马克思主义经济学研究院等协办。西南财经大学党委常委、副校长尹庆双教授，著名马克思主义经济学家大卫·科茨教授，以及来自清华大学、北京大学、中国人民大学、中国社会科学院、南开大学、复旦大学、厦门大学、武汉大学、中山大学、美国马萨诸塞大学、日本一桥大学等国内外知名高校和研究机构的 100 多位青年学子参加了论坛。中国特色社会主义政治经济学本硕博论坛是由西南财经大学全国中国特色社会主义政治经济学研究中心发起的、面向海内外政治经济学优秀学子的全国性大学生学术论坛，旨在搭建平台、奖掖后学、发掘才俊。论坛每年举办一届，迄今已举办 3 届，产生了良好的学术品牌效应。本届论坛自 2019 年 1 月开始征稿以来，共收到海内外青年学子 204 篇投稿作品，其中本科组 59 篇、硕士组 75 篇、博士组 70 篇。为保障论文评审的客观公正，本论坛邀请了《中国社会科学》《求是》《马克思主义与现实》《政治经济学评论》《红旗文稿》等期刊编辑等进行双向匿名评审，最终评选出 88 篇获奖论文。

图 4-28　中国特色社会主义政治经济学本硕博论坛（一）

图 4-29　中国特色社会主义政治经济学本硕博论坛（二）

表 4-4 2012—2019 年召开的经济学国内会议

时间	会议名称	主办单位	召开地点
2013-05-05	《陈豹隐全集》出版发行及陈豹隐铜像揭幕仪式暨陈豹隐学术思想研讨会	西南财经大学主办，经济学院承办	西南财经大学
2013-11-16	第十三届中国经济学年会	中国经济学年会秘书处与西南财经大学主办，西南财经大学经济学院承办，中国农业银行协办	西南财经大学
2014-11-22	完善农村基本经营制度和农村土地产权制度改革研讨会	西南财经大学马克思主义经济学研究院、经济学院与《经济学家》《财经科学》和《当代经济研究》编辑部联合主办	西南财经大学
2015-06-02	新常态下马克思主义政治经济学创新研讨会	西南财经大学马克思主义经济学研究院、经济学院与《经济学家》《财经科学》编辑部联合主办	西南财经大学
2015-10-17	第九届中国政治经济学年会（2015）	中国政治经济学年会各理事单位共同主办，西南财经大学马克思主义经济学研究院、经济学院共同承办	西南财经大学
2015-11-14	中华外国经济学说研究会第二十三次学术年会会议	中华外国经济学说研究会与西南财经大学经济学院、马克思主义经济学研究院联合举办	西南财经大学
2016-04-25	2016 年成都经济学术研讨会	西南财经大学经济学院及其下属的实验与行为经济研究中心（CEBER）组织筹办，四川大学经济学院协办	西南财经大学

表4-4(续)

时间	会议名称	主办单位	召开地点
2016-07-25	全国高校社会主义经济理论与实践研讨会审稿会	西南财经大学马克思主义经济学研究院和经济学院承办	西南财经大学
2017-04-22	全国青年马克思主义经济学者研讨会（2017年）	西南财经大学马克思主义经济学研究院和经济学院共同主办	西南财经大学
2017-11-25	新时代中国特色社会主义政治经济学重大理论问题研讨会	西南财经大学全国中国特色社会主义政治经济学研究中心、南京大学全国中国特色社会主义政治经济学研究中心、南开大学中国特色社会主义经济建设协同创新中心共同主办，西南财经大学经济学院承办，《经济学家》编辑部协办	西南财经大学
2017-12-09	中国特色社会主义政治经济学本硕博（西部）论坛（2017年）	西南财经大学全国中国特色社会主义政治经济学研究中心主办，马克思主义经济学研究院、经济学院和《经济学家》编辑部承办	西南财经大学
2018-03-24	首届微观经济数据与经济学理论创新论坛	中国社会科学院经济研究所《经济研究》编辑部和中国高校数据调查共享平台主办，西南财经大学中国家庭金融调查与研究中心承办	西南财经大学
2018-04-21	“历史和证据：清代以来的中国经济增长”学术研讨会	西南财经大学经济学院经济历史与文化研究所主办	西南财经大学

表4-4(续)

时间	会议名称	主办单位	召开地点
2018-05-07	全国中国特色社会主义政治经济学研究中心等举办纪念马克思诞辰 200 周年专家学者座谈会	西南财经大学全国中国特色社会主义政治经济学研究中心、马克思主义学院、《经济学家》编辑部等共同主办	西南财经大学
2018-07-01	西南财经大学政治经济学青年工作坊	西南财经大学主办	西南财经大学
2018-07-18	西南财经大学马克思主义经济学研究院学术委员会暨理论经济学学科建设座谈会	西南财经大学主办	西南财经大学
2018-08-25	纪念改革开放 40 周年暨反贫困高峰论坛	四川大学经济学院、成渝经济区发展研究院及凉山州甘洛县等单位联合主办	四川凉山州甘洛县
2018-08-31	理论经济学学科建设专家座谈会	西南财经大学全国中国特色社会主义政治经济学研究中心主办	西南财经大学
2018-09-20	中国特色社会主义政治经济学本硕博（西部）论坛（2018 年）	西南财经大学全国中国特色社会主义政治经济学研究中心、马克思主义经济学研究院和《经济学家》编辑部共同承办	西南财经大学
2018-11-02	“习近平新时代中国特色社会主义经济思想暨改革开放 40 年理论与实践”研讨会	《财经科学》编辑部、全国中国特色社会主义政治经济学研究中心、西南财经大学马克思主义学院联合主办	西南财经大学
2018-11-17	光华世界经济与开放宏观经济学中青年学者论坛	西南财经大学世界经济研究所、科研处主办	西南财经大学

表4-4(续)

时间	会议名称	主办单位	召开地点
2018-11-24	数量政治经济学成都工坊	西南财经大学全国中国特色社会主义政治经济学研究中心、经济学院和马克思主义经济学研究院联合主办,《经济学家》《财经科学》编辑部协办	西南财经大学
2019-04-20	全国青年马克思主义经济学者研讨会（2019 年）	西南财经大学全国中国特色社会主义政治经济学研究中心、经济学院、马克思主义经济学研究院共同主办,《经济学家》《财经科学》协办	西南财经大学
2019-05-24	中国特色社会主义政治经济学本硕博论坛（2019 年）	西南财经大学全国中国特色社会主义政治经济学研究中心、马克思主义经济学研究院和《经济学家》编辑部共同承办	西南财经大学

二、境内外学术交流会议

自改革开放以来，随着境内外交往的广度和深度日益加深，境内外交流也日益频繁。尤其是 1992 年邓小平“南方谈话”解决了关于“姓资”“姓社”的问题，解放了思想，扫除了理论研讨的禁区。1992 年党的十四大提出中国经济体制改革的目标是建立社会主义经济体制，这更需要我们向境外学习，自 20 世纪 90 年代以来，在四川召开的境内外经济学学术交流研讨会日益增多。

（一）1992—2002 年

这一阶段召开的理论经济学交流会议见表 4-5。

表 4-5　1992—2002 年召开的理论经济学交流会议

时间	会议名称	主办单位	召开地点
1994-09-11	海峡两岸“中国经济之前途”研讨会	西南财经大学主办	西南财经大学
1995-09-11	海峡两岸“迈向二十一世纪的中国经济”学术研讨会	西南财经大学主办	海口
1996-09-09	面向 21 世纪财经教育国际学术研讨会	西南财经大学主办	西南财经大学
1997 年	“亚洲金融危机及其对中国的影响”国际研讨会	西南财经大学主办	西南财经大学
1998-05-25	面向 21 世纪全球金融发展研讨会	西南财经大学主办	西南财经大学
1998—2000 年	“住友海上——西南财经大学”科学研讨会（连续三届）	由西南财经大学主办	西南财经大学
1998—2000 年	“德国中央银行——柏林经济学院——西南财经大学”研讨年会（连续三届）	西南财经大学、德国柏林经济学院主办	西南财经大学
2000 年 7 月	中国劳动力市场与再就业国际学术研讨会	西南财经大学主办	西南财经大学

（二）2003—2012 年

这一阶段召开的理论经济学交流会议见表 4-6。

表 4-6　2003—2012 年召开的理论经济学交流会议

时间	会议名称	主办单位	召开地点
2009-06-29	海峡两岸公共经济与经济一体化论坛	西南财经大学经济学院和台湾淡江大学商学院经济系联合主办，《经济学家》杂志社协办	西南财经大学

表4-6(续)

时间	会议名称	主办单位	召开地点
2010-10-04	2010 淡江经济论坛	西南财经大学经济学院与台湾淡江大学兰阳校园联合举办	台湾淡江大学
2012 年	第十三届中德货币政策研讨会	西南财经大学主办	西南财经大学
2012-04-26	中日马克思经济学的现代发展与运用研讨会	西南财经大学主办	西南财经大学
2012-06-08	2012 应用微观经济学研讨会	西南财经大学主办	西南财经大学
2012-09-26	中日资本论研究国际研讨会	西南财经大学主办	西南财经大学
2012-10-13	全球化进程国际学术大会	西南财经大学、莫斯科罗蒙诺索夫国立大学、中国世界经济学会主办	西南财经大学

（三）2013—2019 年

（1）海峡两岸学术研讨会（2014）——经济转型与市场化。举办时间：2014 年 10 月 10 日。会议主要内容：会议由西南财经大学经济学院和淡江大学国际企业学系共同举办，每年一次，由双方轮流主办。两岸经济学研究生学术交流会邀请淡江大学和西南财经大学的研究生，就经济转型与市场化、利率自由化、农地产权和新型城市化等相关领域中的前沿学术问题进行研讨和交流，由相关领域知名教授学者进行点评指导。

（2）2018 年经济理论与应用国际研讨会（见图 4-30）。举办时间：2018 年 7 月 18 日。会议主要内容：大会由西南财经大学经济学院和 the Society for Promotion of Mechanism and Institution Design 共同筹办。来自中国、美国、英国、法国、以色列、奥地利、德国、加拿大、印度、日本、新加坡、韩国等国家和地区的 140 多名学者相聚一堂，就经济理论和应用问题展开研讨。会议举办了微观经济学、宏观经济学、计量经济学、劳动经济学、机制与市场设计、博弈论、实验经济学、经济史、货币经济学、金融经济学、国际贸易、政治经济学、公共政策评估等分论坛。

图 4-30　2018 年经济理论与应用国际研讨会

2013—2017 年召开的理论经济学交流会议见表 4-7。

表 4-7　2013—2019 年召开的理论经济学交流会议

时间	会议名称	主办单位	召开地点
2013	中国留美经济学会 2013 年国际学术会	西南财经大学主办	西南财经大学
2013	家庭金融调查国际研讨会	西南财经大学主办	西南财经大学
2014	海峡两岸学术研讨会（2014）——经济转型与市场化	西南财经大学经济学院和淡江大学国际企业学系共同举办，每年一次，由双方轮流主办	西南财经大学

表4-7(续)

时间	会议名称	主办单位	召开地点
2016	中国美国经济学年会暨“中美经贸关系与世界经济格局演变”学术研讨会	西南财经大学主办	西南财经大学
2018	2018年经济理论与应用国际研讨会	西南财经大学经济学院和机制与制度设计促进协会共同筹办	西南财经大学

三、高端学术讲座及学术报告

（一）1978—1992年

这一阶段召开的高端理论经济学讲座及学术报告见表4-8。

表4-8　1978—1992年高端理论经济学讲座及学术报告

时间	学术讲座名称	主讲人	主办单位和召开地点
1986-06-07	关于农村商品经济的几个问题	中国农业经济学会副理事长兼秘书长严瑞珍教授	西南财经大学
1986-10-31	政治经济体制改革	中共中央顾问委员会委员、著名经济学家于光远	西南财经大学
1987-05-19	当前经济体制改革的若干难题	国务院经济技术社会发展研究中心《管理世界》总编何沼化	西南财经大学
1987-05-20	中苏经济体制改革比较	中国社会科学院情报研究中心研究员段合珊	西南财经大学
1987-06-01	宏观经济学和计量经济学	美国华盛顿州立大学怀恩·吉尔丁教授	西南财经大学
1987-11-12	当前国际经济的现状与发展	联邦德国西柏林自由大学经济系喻钟烈教授	西南财经大学
1988-09-02	我的经济思想	中共中央顾问委员会委员、著名经济学家于光远	西南财经大学

表4-8(续)

时间	学术讲座名称	主讲人	主办单位和召开地点
1988-09-09	经济体制改革	国务院发展研究中心高级研究员吴敬琏	西南财经大学
1989-02-23	当前农业经济理论的有关问题	四川省委宣传部理论部副处长、副研究员达凤全	西南财经大学
1990-12-06	当代西方经济学与我国经济体制改革	北京大学胡代光教授	西南财经大学
1991-04-15	四川当前农村经济形势、任务和对策研究	四川省委农业研究室主任赵文欣	西南财经大学
1991-04-15	农业银行体制改革的现状和问题	农业银行总行体改办主任、高级经济师郑良芳	西南财经大学
1991-05-02	亚当·斯密的道德学思想	日本名城大学水田洋教授	西南财经大学
1991-10-18	国内外经济发展趋势	中国国际信托投资公司总会计师熊崇义	西南财经大学
1991-10-18	大转变时期的香港经济	香港《经济导报》总编陈可昆教授	西南财经大学
1992 年	消费分析、货币供应理论及历史和稳定政策复杂性	诺贝尔经济学奖得主米尔顿·弗里德曼教授	西南财经大学
1992-05-12	改革开放和利用外资	成都正大公司董事长	西南财经大学
1992-11-11	社会主义市场经济体制的财政及若干问题	著名经济学家原中国人民建设银行行长许毅	西南财经大学

（二）1993—2002 年

这一阶段召开的高端理论经济学讲座及学术报告见表 4-9。

表 4-9　1993—2002 年高端理论经济学讲座及学术报告

时间	学术讲座名称	主讲人	主办单位和召开地点
1993-03-03	成都股份制的现状及展望	成都市经济体制改革委员会主任康天才	西南财经大学
1994-03-02	经济热点讲座	北京大学博士后李义平	西南财经大学

表4-9(续)

时间	学术讲座名称	主讲人	主办单位和召开地点
1994-05-17	四川省当前经济形势和对策	四川省委常委、副省长蒲海清	西南财经大学
1995-03-27	现代企业问题研究	四川联合大学（现四川大学）杨继瑞教授	西南财经大学
1995-04-18	商业银行的实践和理论若干问题	上海浦东发展银行副行长陈伟恕	西南财经大学
1995-04-19	当前人民币汇率走势	中国人民银行总行政策研究室景学成教授	西南财经大学
1996-04-17	三场讲座：西方经济学和中国金融体系改革；通货膨胀成因及治理对策；国有企业改革思路	国家计委经济研究中心罗精奋研究员	西南财经大学
1997-04-28	当前宏观经济的若干问题	北京大学博士生导师肖灼基教授	西南财经大学
1997-11-04	十五大对股份制问题的重大突破	北京大学博士生导师肖灼基教授	西南财经大学
1998-04-15	关于国有企业改革对策评析	中国人民大学李义平教授	西南财经大学
1998-09-24	学习邓小平理论	四川省委常委、成都市委书记陶武先	西南财经大学
1998-10-20	关于经济形势的几个问题	四川省副省长邹广严	西南财经大学
1998-10-27	亚洲金融风暴对两岸三地之冲击及因应	中国台湾中华经济研究院顾问、台湾大学经济系叶万安教授	西南财经大学
1998-10-29	税收与经济增长	四川省国税局长丁力	西南财经大学
1998-12-15	关于改革和发展的几个问题	国务院发展研究中心高级研究员吴敬琏	西南财经大学
1999-07-02	美国社保与就业状况	诺贝尔经济学奖获得者福格尔教授	西南财经大学
1999-10-14	从曼昆的《经济学原理》看当前经济学发展新趋势	北京大学梁小民教授	西南财经大学

表4-9(续)

时间	学术讲座名称	主讲人	主办单位和召开地点
1999-10-28	从宏观经济学的观点来看东南亚金融危机对我国经济发展的影响	澳大利亚莫纳什大学经济学教授，社科院院士黄有光教授	西南财经大学
1999-11-04	国有企业改革	中国社会科学院研究员王振中	西南财经大学
1999-11-06	当前经济及利率走势与债券市场的发展	国家开发银行资金局局长高坚博士	西南财经大学
1999-11-08	四川经济的发展方向	四川省政策研究室吴兆华博士	西南财经大学
1999-12-09	当前我国经济次高增长阶段及其政策选择	中国社科院科研局副局长刘迎秋博士	西南财经大学
2000-04-06	加入 WTO 对中国经济的影响	中国社科院经研所杨帆博士	西南财经大学
2000-05-05	对经济学和经济学家的研究	浙江大学史晋川教授	西南财经大学
2000-05-16	中国加入 WTO	北京大学博士生导师厉以宁教授	西南财经大学
2000-05-19	关于西方经济学和发展经济学	武汉大学博士生导师谭崇教授	西南财经大学
2000-05-20	国有经济战略布局的调整	北京师范大学沈越教授	西南财经大学
2000-05-21	经济全球化与中国的应对策略	中国人民大学方福前教授	西南财经大学
2000-10-11	企业生命周期及全球战略	法国蒙彼利埃第三大学经济学院苏珊娜・莎维教授	西南财经大学
2000-10-21	数码时代给银行带来的商机与挑战	香港恒生银行副董事长兼行政总裁、汇丰集团执行董事郑海泉	西南财经大学
2001-02-19	世界经济一体化格局下的中国经济走向	美国加州大学伯克利分校文森特・米勒教授	西南财经大学
2001-02-20	俄罗斯的经济改革、现状与前景	俄罗斯圣彼得堡财经大学 Selishchev 教授	西南财经大学

表4-9(续)

时间	学术讲座名称	主讲人	主办单位和召开地点
2001-03-19	入世对中国经济的影响和对策	中国社科院财贸物资经济研究所杨圣明研究员	西南财经大学
2001-03-31	中国资本市场的改革问题	国家开发银行副行长王益博士	西南财经大学
2001-05-24	资本市场与创业投资	全国人大财经委员会周道炯先生	西南财经大学
2001-05-25	关于国际接轨的几点思考	中国人民大学博士生导师吴易风教授	西南财经大学
2001-05-28	中国改革进程中的三次理论突破	中国社科院政治经济学研究室副主任钱津博士	西南财经大学
2001-09-17	中外国民经济核算体系改革与发展	国家统计局国民经济核算司司长许宪春博士	西南财经大学
2001-09-21	加入 WTO 的若干问题	美国威斯康星大学法学博士、台湾淡江大学林江涛教授	西南财经大学
2001-09-24	世界银行和国际货币基金组织最新反贫宏观经济战略	柏林经济学院赫尔教授和柏林应用科技大学普利维教授	西南财经大学
2001-11-04	经济学与科学精神	中南财经政法大学副校长、博士生导师赵凌云	西南财经大学
2001-11-05	家庭、道德在经济发展中的作用	美国华盛顿大学 Poznanski 教授	西南财经大学
2001-11-15	新经济，大调整，大发展	理论经济学家、西南财经大学经济学院刘诗白教授	西南财经大学
2001-11-20	全球经济化理论与现实若干问题	中国世界经济学会常务理事、西南财经大学经济学院姜凌教授	西南财经大学
2001-11-21	怎样看待中国实施的积极财政政策	财政金融学家、西南财经大学财税学院刘邦驰教授	西南财经大学
2001-11-29	如何认识当代的“中产阶级”	西南财经大学经济学院赵磊教授	西南财经大学

表4-9(续)

时间	学术讲座名称	主讲人	主办单位和召开地点
2002-02-08	经济学的学习方法	美国马瑞塔大学陈文蔚教授	西南财经大学
2002-03-14	新经济与比较优势革命	西南财经大学国际商学院刘崇仪教授	西南财经大学
2002-03-19	三个世纪伟人对西部开发的理论与实践比较研究	四川省政协委员会副秘书长、民革中央委员沈元瀚教授	西南财经大学
2002-04-01	经济学合约理论的核心与发展	香港经济学家张五常教授	西南财经大学
2002-04-01	美国 201 钢铁限制案与 WTO 相关协议	中国加入 WTO 谈判首席顾问王磊博士	西南财经大学
2002-04-22	经济学合约理论的核心及发展	经济学家、原香港大学经济学院院长张五常教授	西南财经大学
2002-04-22	中国市场化改革和当前宏观经济运行中的问题	国务院发展研究中心吴敬琏研究员	西南财经大学
2002-05-23	经济学科在美国和理解现代经济学	美国伯克利加州大学钱颖一教授	西南财经大学
2002-06-14	世界经济学前沿——健康经济学	美国北卡罗莱州立大学刘国恩教授	西南财经大学

（三）2003—2012 年

这一阶段召开的高端理论经济学讲座及学术报告见表 4-10。

表 4-10　2003—2012 年高端理论经济学讲座及学术报告

时间	学术讲座名称	主讲人	主办单位和召开地点
2003-11-04	经济全球化与人民币汇率问题	经济学家、诺贝尔经济学奖获得者蒙代尔教授	西南财经大学
2004-03-10	转轨经济：激进与渐进	波兰前副总理哥哲哥·科勒德克	西南财经大学

表4-10(续)

时间	学术讲座名称	主讲人	主办单位和召开地点
2005-08-25	中美宏观经济政策与经济增长理论	经济学家、美国西部经济学会主席、哈佛大学罗伯特·巴罗教授	西南财经大学
2006-05-30	寻找“一只手”的经济学家	西南财经大学甘犁教授	西南财经大学
2006-11-10	中国加工企业的产权结构与谈判过程	澳大利亚莫纳什大学经济学博士张居衍	西南财经大学
2007-03-30	中国物价指数趋同研究	伯明翰大学经济学博士、香港岭南大学经济系魏向东教授	西南财经大学
2007-03-30	感知不同的共享行为：一般博弈论	加拿大麦基尔大学副研究员罗晓	西南财经大学
2010-05-11	中国经济的短期波动与长期增长	北京大学副校长海闻教授	西南财经大学
2010-05-23	非合作博弈理论中开创性的均衡分析	诺贝尔经济学奖获得者莱茵哈德·泽尔腾教授	西南财经大学
2010-06	制度变革与经济增长	诺贝尔经济学奖获得者奥利弗·威廉姆森教授	西南财经大学
2011-09-24	全球经济波动前景	诺贝尔经济学奖获得者罗伯特·恩格尔	西南财经大学
2012-05-20	全球工厂	欧洲国际商务学会主席彼得·巴克利	西南财经大学
2012-07-06	中国资本市场发展与改革	中国证监会研究中心主任祁斌	西南财经大学
2012-10-25	新政治经济学批判	清华大学李萍教授	西南财经大学
2012-11-02	经济全球化与中国开放型经济构建	四川大学蒋国庆教授	西南财经大学
2012-11-12	世界经济形势与中国经济增长方式转变	中南财经政法大学副校长杨灿明教授	西南财经大学
2012-11-19	欧债危机的动态演变及其应对	柏林经济学院 Hansjörg Herr 教授	西南财经大学

表4-10(续)

时间	学术讲座名称	主讲人	主办单位和召开地点
2012-12-05	泛市场化批判—对当代中国经济体制改革的理性反思	汕头大学商学院田广教授	西南财经大学
2012-12-17	人力资本与经济增长：东亚国家研究	奥克兰大学哈吉教授	西南财经大学

（四）2013—2019 年

这一阶段召开的高端理论经济学讲座及学术报告见表 4-11。

表 4-11　2013—2019 年高端理论经济学讲座及学术报告

时间	学术讲座名称	主讲人	主办单位和召开地点
2013-03-13	失业同步波动?	明尼苏达大学查涛教授	西南财经大学
2013-04-02	马克思经济学与西方经济学的比较研究	中国人民大学李义平教授	西南财经大学
2013-04-10	马克思主义经济学与西方经济学的方法论比较——兼谈中国经济学时代的到来	中国人民大学杨瑞龙教授	西南财经大学
2013-04-26	商品房价格研究	香港城市大学梁嘉锐副教授	西南财经大学
2013-05-31	离岸价格、关系——特殊性和汇率	波士顿大学 Ben Li 教授	西南财经大学
2013-06-05	中美经济的比较研究	美国加州州立大学长滩分校侯维忠教授	西南财经大学
2013-06-08	人民币在国际货币体系中的未来	经济学家、诺贝尔经济学奖获得者蒙代尔教授	西南财经大学
2013-06-08	世界经济合作与发展组织在经济衰退期间的失业情况	经济学家、诺贝尔经济学奖获得者克里斯托弗·皮萨里德斯教授	西南财经大学
2013-09-27	马克思的劳动平等理论	安徽大学经济学院荣兆梓教授	西南财经大学

表4-11（续）

时间	学术讲座名称	主讲人	主办单位和召开地点
2013-10-11	中国反垄断法实施前的横向并购	美国肯塔基大学经济学 Frank A. Scott 教授	西南财经大学
2013-10-13	有关改革的若干思考	国务院发展研究中心研究员魏加宁	西南财经大学
2013-10-16	重工业优先发展与计划经济体制的内生形成	厦门大学经济学院廖谋华副教授	西南财经大学
2013-10-16	欧债危机：欧洲一体化异化的噩梦	四川大学马克思主义学院院长蒋永穆教授	西南财经大学
2013-10-18	中国人对大城市的偏好：来自城乡移民的证据	克拉克大学张俊富教授	西南财经大学
2013-10-19	当前我国发展的阶段性特征及未来发展趋势	中共中央党校李兴山教授	西南财经大学
2013-10-19	中国经济第二季的挑战与机会	法国巴黎银行（中国）董事总经理兼首席经济学家陈兴动	西南财经大学
2013-11-08	贬值之谜、格雷欣定律和货币理论	香港科技大学朱涛副教授	西南财经大学
2013-12-24	政治经济学的创新与中国的前途	中国人民大学邱海平教授	西南财经大学
2015-03-25	马克思主义经济学研究院双周论坛——调节理论及其在中国经济中的应用	蒙特利尔魁北克大学研究员 Sylvain Gauthier	西南财经大学
2015-04-29	“博弈论与动态宏观经济学”小型研讨会	宁波诺丁汉大学经济学院 Shravan Luckraz 副教授；西南财经大学龚强副教授；西南财经大学张岚副教授；宁波诺丁汉大学经济学院助理教授杨毅柏；西南财经大学彭涛副教授；西南财经大学黄千佑副教授	西南财经大学

表4-11(续)

时间	学术讲座名称	主讲人	主办单位和召开地点
2015-06-02	新常态下的经济发展	经济学家、原南京大学党委书记洪银兴教授	西南财经大学
2015-06-11	中国经济应该如何快速发展	诺贝尔经济学奖获得者詹姆斯·莫里斯教授	西南财经大学
2015-11-14	演化经济学的发展与前沿	中国人民大学经济学院贾根良教授	西南财经大学
2015-12-01	历史文化研究所经济史 Seminar——从清代的案件概念开始谈比较史和法律学的关系	加州理工学院助理教授戴史翠	西南财经大学
2017-04-07	美国银行业开放史——从权利限制到权利开放	中央财经大学经济学院讲师、马里兰大学经济学博士路乾	西南财经大学
2017-04-20	贸易信贷与出口：来自中国的证据	北京大学杨汝岱副教授	西南财经大学
2017-04-21	从资源配置方式看当代资本主义变化趋势	浙江大学卢江副教授	西南财经大学
2017-04-22	如何写作和发表经济学论文?	《中国社会科学》杂志社编辑陈凤仙;《政治经济学评论》杂志社编辑张晨;《求是》杂志社编辑吴晓迪;《光明日报》理论版编辑张胜;《经济研究参考》杂志社编辑宋艳波;《财经科学》杂志社编辑刘宇浩	西南财经大学
2017-10-12	中国经济学的现状和未来的创新发展——与有关论著商榷	武汉大学简新华教授	西南财经大学
2017-10-16	医生的决策疲劳	新加坡国立大学经济系助理教授易君健	西南财经大学
2017-11-24	博弈论—模糊混合策略的全面实施	首都经济贸易大学刘知微副教授	西南财经大学

表4-11(续)

时间	学术讲座名称	主讲人	主办单位和召开地点
2017-12-22	矢量值简约式分配规则对于一般社会选择问题的可执行性（市场机制设计，微观经济理论）	西南财经大学郎旭副教授	西南财经大学
2018-04-16	资产泡沫与货币政策	上海交通大学助理教授董丰	西南财经大学
2018-04-17	第三期经济历史与发展研讨会	西南财经大学史继刚教授郭岩伟教授赵劲松教授	西南财经大学
2018-04-18	英国住房市场机制	约克大学教授、学术委员会主席、早稻田大学和首尔国立大学访问学者鞠源教授	西南财经大学
2018-05-07	马克思利润率下降规律的不确定性和未来研究方向	马萨诸塞大学阿默斯特分校梁俊尚教授	西南财经大学
2018-05-11	拍卖报价中的个人决策方法	哈尔滨工业大学吴航副教授	西南财经大学
2018-05-15	创新与增长：拉丁美洲国家的证据	墨西哥下加利福尼亚自治大学 Luis Alfreda Avila Lopez 副教授	西南财经大学
2018-05-15	经济全球化真的逆转了吗？——基于马克思主义经济全球化理论的探索	南开大学博士研究生葛浩阳	西南财经大学
2018-05-16	墨西哥经济史：一个系统的调查	墨西哥下加利福尼亚自治大学 Somtos Lopez-Leyva 教授	西南财经大学
2018-05-16	我为何成为一个马克思主义经济学家——一个关于马克思主义理论和新古典经济学理论的比较	曼荷莲学院教授弗雷德·莫斯利	西南财经大学

表4-11(续)

时间	学术讲座名称	主讲人	主办单位和召开地点
2018-05-17	《资本论》“四篇草稿”	曼荷莲学院教授弗雷德·莫斯利	西南财经大学
2018-05-17	信用风险与通货膨胀	清华大学经济管理学院经济系助理教授李冰	西南财经大学
2018-11-01	中国货币政策和财政政策相互作用的结构估计	西南财经大学刘定副教授	西南财经大学
2018-11-05	下游产品差异化市场中纵向并购的福利效应	台湾政治大学李文傑副教授	西南财经大学
2018-11-06	两种选择的高效肾脏交换——基于微观经济学理论的机制设计	西南财经大学程瑶讲师	西南财经大学
2018-11-18	《世界经济》期刊研讨会	中国社会科学院《世界经济》编辑部副主任、经济学博士、政治学博士后宋志刚	西南财经大学
2018-11-30	盲目购买下的消费者搜寻	中国人民大学李三希副教授	西南财经大学
2018-12-06	人力资本外部性或消费溢出？高技能人力资本对低技能劳动力市场的影响	暨南大学经济与社会研究院助理教授刘诗濛	西南财经大学
2018-12-12	人民币汇率研究方法和方向	上海财经大学丁剑平教授	西南财经大学
2019-03-29	2019年全球洞察：挑战中的机遇（加拿大皇家银行、国际经济走势和国际机会）	加拿大皇家银行财富管理副总裁兼董事 David Jiang	西南财经大学
2019-04-19	“以人民为中心”的政治经济学释义——从我国经济数据透视的问题谈起	浙江大学卢江副教授	西南财经大学
2019-04-19	扩大内需与基本收入实验	中国人民大学张晨副教授	西南财经大学

表4-11(续)

时间	学术讲座名称	主讲人	主办单位和召开地点
2019-04-19	建国以来马克思主义政治经济学研究进展：概况、议题与前瞻	浙江大学付文军副教授	西南财经大学
2019-05-07	乡村振兴战略有关政策、工作和问题探讨	四川大学经济学博士、成都农村产权交易所副总经理唐鹏程	西南财经大学
2019-05-14	乡村振兴的中国方案	湖南师范大学马克思主义学院特聘教授、湖南省社会科学院中国乡村振兴研究院研究员、中央农办乡村振兴专家委员、国务院特殊津贴专家陈文胜教授	西南财经大学
2019-05-17	改革开放40年中国区域发展战略演变：国家级战略平台布局的视角	西南大学经济管理学院尹虹潘教授	西南财经大学
2019-05-21	逃税、资本利得税和住房市场	清华大学吴璟副教授	西南财经大学
2019-05-21	政府投融资国企的发展历程和转型	成都先进制造产业投资有限公司董事长洪浩	西南财经大学
2019-05-22	全球资本主义的停滞：增长缓慢和高失业率的根源	马克思主义政治经济学家大卫·科茨教授	西南财经大学
2019-05-28	后凯恩斯宏观经济学——基于拉沃的新书	四川大学骆桢副教授	西南财经大学

附录：西南财经大学期刊、网站及出版社

1. 期刊、网站刊物

《财经科学》（原名《四川财经学院学报》，1984年改现名）	《财经科学》是由我国老一辈著名经济学家、《资本论》最早的翻译者陈豹隐先生主办，是四川首家经济理论类期刊，1957年创刊的西南地区最早的经济理论刊物，由教育部直属院校西南财经大学编辑出版，国内外公开发行。《财经科学》长期被列入全国经济类核心期刊，南京大学《中文社会科学引文索引》（CSSCI）来源期刊，北京大学图书馆“中文核心期刊”，四川省一级期刊。许多高水平的论文、研究报告被《新华文摘》《中国人民大学报刊复印资料》《高等学校文科学报文摘》以多种形式转载，影响因子、转载率等指标多年稳居全国经济类学术期刊前列
《经济学家》	《经济学家》是由刘诗白、胡代光、宋涛等80余位著名经济学家共同倡议创办，由西南财经大学承办的大型经济理论刊物。1989年创刊伊始，《经济学家》就以高起点、高水平和高质量为办刊宗旨，以马克思主义为指导，以促进社会主义精神文明和物质文明建设为己任，着力发展和繁荣有中国特色的社会主义经济理论，促进国际文化交流。经过30多年的锤炼，《经济学家》已成为国内外经济学界的权威经济理论期刊之一
《财经译丛》	《财经译丛》是1979年由西南财经大学经济学院创办的期刊，作为翻译、介绍国际财经科学发展动向的窗口。主办单位是校科研处，主持编务工作的先后有元毓盛、林展平、刘秋篁、罗根基、雷起荃等人。1989年，经学校校务会决定，《财经译丛》上报停刊
重点社科网站	西南财经大学校园网

2. 出版社

出版社	简介
西南财经大学出版社	西南财经大学出版社地处四川省成都市，成立于1985年10月，2000年2月以前由中国人民银行总行主管，2000年3月起划归教育部主管，是我国西部唯一的一家财经专业出版社。自成立以来，西南财经大学出版社形成了以经济、管理类图书为主导，以经济、管理类教材为核心竞争力，教材与一般图书并重，高水平学术著作与普及性大众读物并存的出版特色；树立了坚持社会效益和经济效益并重，以社会效益促进经济效益的办社理念

第五章　学科人才

新中国成立初期，支撑西南财经大学理论经济学界的人才如陈豹隐、彭迪先、汤象龙、王叔云、刘诗白等接受的主要是西方经济学的教育。新中国成立后，西南财经大学以马克思主义为指导，培养了一批以袁文平、曾康霖、赵国良、郑景骥等为代表的经济学者。1978 年高考恢复后，西南财经大学理论经济学领域人才辈出，如丁任重、刘灿、李萍。尤其是自 21 世纪以来，一大批有博士学位或海外留学背景的青年学者，如甘犁、李涵、王擎、毛中根、尹志超、徐舒等活跃在经济学界。

一、新中国成立前的理论经济学学者

这一历史阶段支撑西南财经大学理论经济学的有陈豹隐、彭迪先、汤象龙、王叔云、刘诗白等（按出生年龄排列）学者。陈豹隐（1886—1960）（见图 5-1），原名启修，字惺农，笔名勺水、罗江。1886 年 10 月 3 日生于四川省中江县回龙镇杨家湾。早年留学日本，毕业于东京帝国大学。1918 年毕业回国，受聘为北京大学教授，“五四”时期，和李大钊一起传播马克思主义经济学，并担任该校马克思学说研究会《资本论》研究组导师。1923 年赴欧洲讲学、考察，次年入苏联莫斯科东方大学学习，在校加入国民党和共产党。1925

年回国赴广东先后在黄埔军校、广东农民运动讲习所任教。继派往武汉主持《武汉日报》，大革命失败后流亡日本，开始马克思主义著作的翻译工作。1930 年回国后，任北平大学法商学院教授兼政治系主任。1932 年应冯玉祥邀请，赴山东泰山讲学。1938 年到重庆任国民参政会参政员、重庆大学商学院院长等职。中华人民共和国成立后，任四川财经学院教授兼教务长、民革中央常委、全国政协常委、四川省政协常委等。作为经济学家，陈豹隐对马克思主义和资产阶级经济理论有深入的研究。1914 年翻译小林丑三郎的《财政学提要》，1924 年翻译出版了中国最早的自著财政学教科书《财政学总论》。1929—1930 年，他进一步翻译出版了《经济学大纲》（河上肇）和《资本论》第 1 卷第 1 分册（此为《资本论》的首个中译本）。此后，他致力于构建完整的经济学理论体系，先后出版了《经济现象的体系》《经济学原理十讲（上册）》《经济学讲话》等专著。抗战期间，他积极关注战时经济问题，主编和合著了《经济恐慌下的日本》《抗战建国纲领浅说》《战时财政新论》等。著作有《经济学讲话》《社会科学研究方法论》等 20 余部。译著有《资本论》《经济学大纲》等。新中国成立后，他毅然坚持计划生育与社会主义制度下仍有商品生产和价值规律作用的观点。

图 5-1　陈豹隐

李孝同（1893—1969），曾用名李光忠、李会忠，贵州贵阳人。1919年毕业于北京大学，1920年赴美国伊利诺伊大学学习。1924年回国后，先后在北京私立中国大学、北京政法大学、沈阳东北大学、北京大学、北平大学法商学院、四川三台东北大学、贵州大学、成都华西协合大学、四川财经学院任教授。译有《近世欧洲经济发达史》。

梅远谋（1897—1980），字一略，湖北黄梅人。1925年毕业于武昌高等师范学校，随即从事教育工作。1932年赴法国留学，开始研究货币学理论，同年底发表《中国的白银外流与货币危机——驳“国际经济关系均衡论”》一文。文章引用大量资料，揭穿了帝国主义对殖民地国家进行经济侵略的荒谬理论。获巴黎大学经济学硕士、南锡大学经济学博士学位。回国后，先在重庆大学商学院与马寅初教授共同讲授“货币银行学”课程。后在四川大学、东北大学、云南大学、相辉学院等校任教，曾兼任东北大学经济系主任、云南大学文法学院院长等职。对当时通货恶性膨胀现象，曾多次著文进行抨击。新中国成立后，在西南人民革命大学、四川财经学院任教授。在学习马列主义经济学理论的基础上，曾撰写《凯恩斯学说批判》等文章，对垄断资本主义经济理论进行剖析与批判。1955年带领学生深入温江地区农村进行调查研究，长篇论文《农村金融工作与农业合作化——四川省温江县公平乡农村金融调查研究》连载于1955—1956年《四川财经学院学报》。文章分析了农业合作化高潮前后农村信贷发展基本情况，农村信贷工作如何适应农业经济发展的新条件，提出大力发展农村信贷合作事业以促进农业生产迅速发展的建议。1961年与何高箸、彭俊逸等合写《中国社会主义货币信用学》一书（成都大学印），该书以“正确认识和掌握我国货币流通与信用的客观规律，并正确地运用这些规律，以指导工作实践，阐明社会主义银行与经济部门之间，在货币和信用方面的相互关系的适当形式，从而使货币与信用更好地为贯彻党的社会主义建设总路线服务”为宗旨，系统地揭示了我国社会主义经济中的货币及其职能，具体地阐述了我国货币流通制度，结算制度，短期信贷制度的原则与作用，以及人民储蓄，农村金融，综合信贷计划，国际金融的任务、方针、政策等。1976 年后，坚决拥护调整国民经济的“八字”方针，从货币学理论方面提出了制止通货膨胀的主张和建议，并重新着手撰写《货币学说史》。生前是九三学社社员，中国社会科学院外国经济学说研究会名誉理事。主要论文有《中国的白银外流与货币危机》（1936 年，法国南锡大学印）、《国家统购统销政策与国家银行现金工作》（1953 年）、《从自贡市商业信贷试验田看商业信贷工作的方向》（1958 年）。

李锐（1898—1978），字笔渔，湖南邵阳人。中国近现代著名财政学家。1930 年南开大学毕业后留校，担任经济研究所所长（后任校长）何廉的学术秘书，同时兼任商学院讲师，承担经济学、财政学的课程教学。1934 年赴英国伦敦大学经济学院进修，并自费考察了英国、法国、德国、意大利等欧洲 11 国的经济状况。20 世纪 30 年代，国内大学财税学说的讲授已不再单纯依靠翻译引进，而是开始运用西方财政理论来研究中国自身的现实问题。何廉、李锐所著的《财政学》一书，立足中国实际，以西方财政学说为基础，着眼于研究和分析中国现实的财政税收问题，对国民政府的财税政策制定和财税制度的确立起到了重要的指导作用。据南开大学教授杨敬年回忆，李锐撰写了书中的第二编公共收入与第三编租税，构建起了近代具有中国特色的税收学体系。该书于 1935 年由国立编译馆出版，商务印书馆发行，成为当时的大学丛书之一。1937 年转财政部荐任秘书。1941 年出任川康专卖局局长，负责烟酒税收征收。因其工作勤奋，成绩显著，财政部特任其为税务署副署长兼贸易委员会副主任委员，主要从事货物税征收及税收政策制定工作。1945 年，出任财政部直接税署署长，整改旧税，开征新税，扩大税收机构，增设分局和查征所，直接税税收收入已占全国税收的三分之二以上。抗战胜利后，1948 年应贵州大学校长所邀受聘于贵州大学。新中国成立后，于 1953 年随贵州大学经济系调入四川财经学院担任教授，讲授财政学。2013 年入选钱伟长任总主编，张卓元任主编，厉以宁、吴敬琏任副主编，科学出版社出版的《20 世纪中国知名科学家学术成就概览——经济学卷》。

刘心铨（1903—1983），四川富顺人。1929 年，清华大学毕业后前往北平社会调查所（后与中央研究院合并，为今日中国社会科学研究院前身）任职，研究经济统计理论，并对一些行业进行社会调查与统计。其间，也在北平大学、法大、交大等高校兼职讲授统计学等课程。1942 年去重庆国民政府经济部担任专员，1942—1943 年任湖南大学法商学院统计学教授。1943 年去重庆国民政府资源委员会统计室担任顾问工作。1949 年去北大经济系讲授会计学、成本会计、高等会计等课程。西南财经委员会成立后，于 1952 年担任西南财经委员会统计处副处长职务。1953 年年初，调四川财经学院任统计系教授兼系主任，1960 年，学校经济研究所成立，1962 年他调任所长，1965 年任统计系主任。西方具有近现代意义的社会统计学是在 20 世纪初传入中国的。刘心铨在北平社会调查所、中央研究院工作期间长达 12 年之久，是我国统计学界的前辈。1933 年，他与同事吴半农、王子健、韩德章等合作编著出版了《中国之经济地位统计图》，1934 年他与林颂河等合作编著了《北平社会概况统计图》。这是最早将西方社会调查统计引入近代中国后所出现的一批社会概况调查统计成果，它所提供的各种数据为研究者广泛使用，并奠定了刘心铨在中国统计学界的历史地位。在此期间，他还对当时国民政府颁布的劳动法的社会影响、华北铁路工人的工资、1928—1931 年北平电车纠纷、山东中兴煤矿工人的生存状况等进行了社会调查统计，并于 1936 年他在中央研究院创办的《社会科学杂志》杂志上发表了《论倒数平均数之来源》等统计理论研究的文章。新中国成立初期，在西南财委工作期间，曾经为财政部会计制度处研究制定过《各级政府机关、国营企业等会计主管人员的职务权利与责任条例》草案。1957 年，他接受了国家统计局提出的关于统计平衡表中产品统计与国民收入统计的编制方法问题的研究任务，写出了“对产品质量统计检查的初步任务”。在1957年四川财经学院举办的首届科学讨论会中，他质疑了苏联的统计理论中的某些观点，在《财经科学》第2期发表的《试论劳动生产率指数的性质与指数公式的选择》一文中，提出了自己的观点，引发了学术争论。改革开放以后，刘心铨在《统计研究》第一辑和1981年在《中国统计》第1期发表的《典型调查在统计工作中的作用》，定义了什么是典型调查和典型调查的最大特点。他认为典型调查是从研究事物的质的方面开始的。以农业生产中的估产为例，除此之外还可以再进一步考虑采用抽样、选典和全面估产三结合的方法。他还发表了《社会经济统计学与其他科学的关系》，界定了社会经济统计学与其他科学的关系与边界。刘心铨教授50年的学术生涯中所发表的论文数量虽然不多，但他对西方统计学理论的引进，对建立中国社会统计学从实践到理论，从人才培养到学科建设都做出了杰出贡献。

温嗣芳（1907—1993），重庆人，回族。1930年毕业于英国爱丁堡大学。回国后，主要从事教学工作。抗战期间在中国工业合作协会工作，任该会英文刊物编辑。1944年担任武汉大学教授，主讲国际贸易与金融。1951年后一直在四川财经学院任教。代表作系列论文《资本主义世界货币战的重大变化》（《世界经济》1982年11期）、《再论几个工业发达国家的利率战和货币战》（《世界经济》1985年5期）、《1984年美国突破滞胀之谜》（《财经科学》1986年2期）、《新重商主义在美国的重演及其危机》（《世界经济》1987年5期），叙述了西方国家货币战的演进。其中，第一篇对西方国家货币战的历史做了断代的尝试，认为从1979年起，西方国家的货币贬值政策从此结束，此后即进入货币增值时代。该文章受到国外一些学者的重视。主要论著还有：《贸易中的价格政策》（西南人民出版社1957）、《关于手工业品价格问题的研究》（《财经科学》1958年2期）、《社会主义制度下的商品生产和价值规律》。

彭迪先（1908—1991）（见图5-2），原名彭伟烈，四川眉山人。1926年留学日本，1932年考入九州帝国大学经济系本科，1935年升入研究院作研究生，1937 年初毕业。抗日战争爆发后回国，参加抗日救亡运动，并与进步力量站在一起同国民党反动统治进行斗争，历任西北联合大学政治经济系教授、生活书店总管理处馆外编审、武汉大学经济系教授、四川大学经济系教授兼系主任。中华人民共和国建立后，历任第一届至第七届全国人民代表大会代表，曾任成华大学校长，四川大学教授、校长，中国民主同盟四川省主任委员，中国民主同盟中央副主席，中国人民政治协商会议第五届全国委员会常务委员，四川省政协副主席，四川省副省长，四川省人大常委会副主任，第六届全国人民代表大会常务委员会委员。

图 5-2　彭迪先

彭迪先在 1937 年《战时日本经济》一书中，指出日本政府实行军国主义政策，必然导致日本经济走向崩溃。1939 年对当时学术界争论得很激烈的关于“亚细亚生产方式”的看法，他主张亚细亚生产方式是原始共产主义社会或氏族社会。20 世纪 40 年代他向奥国学派提出针锋相对的挑战，剖析了资本主义商品经济社会的生存基础和剥削实质，有力地回击了奥国学派否定马克思主义劳动价值论和剩余价值论的企图，深刻地批评了奥国学派的边际效用学说。同时，他还批判了货币商品学说、各种货币名目学说、购买力平价说，着重批判当时风靡一时的凯恩斯主义，揭露国民党通货膨胀政策的反动性。20 世纪 50 年代，他探讨了社会主义条件下信用的本质、职能和我国人民币问题。他指出，社会主义条件下货币的必要性在于两种公有制的社会化程度的不同和商品生产的存在，社会劳动支出还不能直接用劳动时间来计算，要想把这些劳动支出还原为同质劳动而能予以数量上的比较和计算，就只能借助于价值形式和货币；他指出，人民币是社会主义国家手中所掌握的，对物质生产和分配进行计算和监督的工具。同时，他对现代资本主义货币信用体系及其危机也做了清晰的分析。主要著作：《世界经济史纲》（1948）、《实用经济学大纲》（1940）、《新货币学讲话》（1947）、《货币信用论大纲》（1955）。译作：《资本生产物的商品》（马克思未发表遗稿）（1940）。

汤象龙（1909—1998），别名豫樟，湖南湘潭人。1925 年考取清华大学首届文科，1929 年毕业后，作为清华大学特别研究生一年，专攻中国近代经济史。1931 年发表《道光时期的银责问题》（《社会科学杂志》，第 2 期）。1930—1942 年在北京社会调查所和中央研究院社会研究所、经济研究所从事中近代财政经济研究工作。在此期间，1936—1938 年留学欧洲；先在伦敦经济学院攻读研究生，学习欧洲近代经济史；后入巴黎大学文学院攻读研究生，学习欧洲近代经济史；1938 年入波恩大学学习德文，先后任助理研究员、副研究员、研究员，以及中国近代经济史研究组组长等职。曾组织人员大量抄录清宫军机处和内阁档案中有关近代财政经济史资料达 12 万件，其中一半以上实行表格化，形成半成品，可供研究使用。这是大量发掘和利用清代政府档案研究史学的开端，在我国史学研究最早运用统计方法整理大量史料。在此期间，他还收集有关中国近代财政经济史书籍和资料 1 000 多种。此外，1932 年与陶孟和教授主编《中国近代经济史研究集刊》，共出刊八卷十多期。1934 年和吴晗等组织史学研究会，任总务。1942 年 5 月至 12 月，任国民党政府经济部物资局专门委员。1946 年 7 月—1948 年 5 月任金城银行总管处专员、上海中国经济研究所研究员。于 1949 年 10 月参加革命，先后在南京为二野筹设西南经济调查研究所，历任副所长、代理所长。3 个月后调西南财政经济委员会计划局研究室任主任。1950 年任西南财委统计处处长，主编《西南统计工作月刊》和《统计工作参考资料》。1952—1966 年先后任四川财经学院副教务长科研处长兼经济研究所所长，并负责四川省省志财政、金融、贸易三分志的编辑工作。1957 年加入中国共产党。整理了过去在北京收集的海关档案资料 6 000 件，并写出《中国近代海关税收及其分配统计(1861—1910)》一书。曾任西南财经大学经济研究所研究员、中国社会科学院经济研究所研究员。

刘洪康（1911—1989）（见图 5-3），湖北沔阳（今仙桃）人。1929 年东渡日本，就读于东京明治大学经济学部，回国后一直从事教育工作，同时潜心研究马克思主义哲学，经济学和其他社会科学理论。他先后担任成都会计专科学校教授，四川财经学院、西南财经大学教授、博士生导师以及成都会计专科学校校长，四川财经学院教务长，成都大学副校长，四川财经学院副院长，四川省科技顾问团名誉顾问，西南财经大学顾问，是中华全国世界语协会名誉理事、四川省世界语协会名誉理事长、民盟成都市委副主任委员。为了适应我国人口问题亟待解决的客观需要，刘洪康在哲学研究方面造诣相当高的情况下，将研究重点转向人口理论。他曾是国务院人口普查办公室顾问，中国人口学会理事和四川省人口学会名誉会长。他的主要著作有《人口分册》《中国人口·四川分册》《马克思主义人口理论》（均担任主编）。其主要论文有：《试论马克思主义人口理论的一个基本观点“两种生产”》《再论两种生产》《严格控制我国人口增长的必要性和重要性》《控制我国人口增长不能放松》。在学术方面的主要贡献在于运用马克思主义经济学原理来研究中国的人口问题。他的最主要的学术成就在以下两大方面：（一）关于“两种生产”理论；（二）关于“两种生产”理论的实践意义。

图 5-3　刘洪康

许廷星（1913—1997），四川乐山人。西南财经大学财政系教授、博士生导师，国务院学位委员会经济学科评议组成员，中国财政学会理事，中国经济杠杆理论研究会干事，四川省省银行经济研究处任高级研究员，兼副教授等职。新中国成立后，历任重庆西南军政委员会财经委处长、四川财院财政系主任等职。主要著作有：《论通货膨胀与物价问题》《财政问题与财政政策》《论国际贸易问题》《谈地方债券的发行问题》《关于财政学的对象问题》《社会主义商品经济与财政信贷问题》《财政学原论》《财政信贷与宏观经济调节》，主编《社会主义财政学》等。论文有《财政赤字与经济建设》（《四川十年财政改革的理论与实践》，西南财经大学出版社，1988 年）、《财政平衡与国民经济总体平衡》（《四川财政研究》，1985 年 4 期）等。

谭本源，1917 年生，四川广汉人。西南财经大学财政系教授。1944 年武汉大学经济系毕业，1946 年于武大法科研究所获硕士学位。先后执教于四川省立会计专科学校、成都大学等。为研究生专题讲授西方财政理论。主要著作有：《社会主义财政与信用》《财政学原论》《赤字经济》。主要论文有：《基金式财政初探》《论社会主义财政信用的调节机制》等。

胡代光（1919—2012），四川新都人。1944 年毕业于武汉大学经济系，获法学学士学位。1947 年毕业于中央大学（1949 年更名为南京大学）研究院，获经济学硕士学位。1947—1949 年任湖南大学经济系讲师。1950—1952 年任西南军政委员会财经经济委员会科长。1953 年以后，先后任北京大学经济系讲师、副教授、教授、西方经济学专业博士研究生导师，并兼任系副主任、主任和北京大学经济学院院长；1988—1993 年任第七届全国人民代表大会常务委员会委员、第七届全国人民代表大会财经委员会委员。还曾担任中华外国经济学说研究会副会长、会长（现任名誉会长）、中国《资本论》研究会副会长（现任顾问）。在学术研究方面，主要研究方向为当代西方经济学，西方高声经济理论与我国经济体制改革。胡代光发表了论著（含与其他人合作的）共 20 余部，论文 100 余篇，培养了一大批骨干人才，为我国经济学的发展做出了杰出贡献。学术成果中与厉以宁合著的《当代资产阶级经济学主要流派》一书获“北京市哲学社会科学和政策研究优秀成果一等奖”（1987）。与罗志如、范家骧、厉以宁合著的《当代西方经济学说》一书获“北京第二届哲学社会科学优秀成果一等奖”（1991 年）。与刘诗白主编的《评当代西方学者对马克思〈资本论〉的研究》专著获“孙冶方经济科学 1990 年度著作奖”“第二届吴玉章哲学社会科学一等奖”（1992 年）、国家教委“首届全国高等院校人文社会科学研究优秀成果一等奖”（1998 年）、“国家社会科学基金项目优秀成果二等奖”（1999 年）。与周安军合著的《当代国外学者论市场经济》一书 1998 年获“北京市第五届哲学社会科学优秀成果一等奖”。此外，他撰写、编著了《米尔顿·弗里德曼和他的货币主义》《西方经济理论和经济计量学评论》《胡代光选集》《西方经济学说的演变及其影响》等专著。曾获首届国家社会科学基金奖著作二等奖、孙冶方经济科学著作奖、第二届吴玉章奖金一等奖、北京大学蔡元培奖等。

何高箸（1919—2005），四川罗江人。西南财经大学金融系教授，中国金融学会常务理事。1944 年武汉大学经济系毕业，1952 年中国人民大学财政信贷系研究生班毕业后一直在四川财经学院任教。曾任货币信用学教研室主任、政经系、金融系主任等职。致力于社会主义金融理论与实际经济的研究，主要著作有：《我国过渡时期货币的本质与职能》《中国社会主义货币信用学》《马克思货币金融学说原论》《经济大辞典·金融卷》。撰写的《对币值与物价的关系问题的探讨》（《四川财经学院学报》1982 年第 1 期）、《增发货币能刺激经济增长吗？——学习〈资本论〉的一点体会》（《金融研究》1983 年第 3 期）、《略论价格改革与控制货币供应量》（《财经科学》1986 年第 5 期）。三篇论文从不同侧面分析了通货膨胀对我国经济的危害及其防治。另有《关于开放我国资金市场问题》等论文。

邹绪昌，1919 年生，四川江津人。西南财经大学农业经济系教授。1946 年毕业于中央大学农经系，在重庆大学经济系任教，新中国成立后在西南革命大学、四川财经学院，成都大学等院校执教。早年从事会计学、国民经济计划，农业经济学、农业企业经营管理学的教学和研究工作。20 世纪 80 年代起主要从事畜牧业经济管理的教学和研究。专著有《畜牧业经济管理》，主编《中国农村人民公社经营管理学》，参与《中国农业经济学》《中国农业百科全书·农业经济卷》《经济大辞典·农业经济卷》等书的写作。发表有《浅析我省生猪今后的发展方向》等论文十余篇。

李运元（1922—2010），四川内江人。1946 年毕业于四川大学政治系。1952 年全国高等教育院系调整之时进入四川财经学院。1954 年自编讲义，率先开出《中国近代经济史》课程，使四川财经学院成为新中国成立后全国首批、西南地区最早开设此门课程的学校。1979 年职称评定解冻后，为学校首批晋升的副教授之一，1981 年晋升为教授。自 1954 年以来一直从事中国经济史的教学、研究工作。曾在《经济研究》《经济学动态》《光明日报·史学》等刊物发表学术文章多篇。参加由国家教委统编的高校教材《中国近代国民经济史教程》的编写并任副主编，1984 年由高等教育出版社出版，其后三次再版；获国家教委第二届高等院校优秀教材一等奖。其论著近年集结为《柿红阁经济史文选》一书。

王叔云（1923—2001），四川西充人。1945 年毕业于中央大学经济系。1947 年毕业于南开大学经济研究所，获硕士学位。1947 年起先后任达仁商学院、相辉学院、乡村建设学院、重华学院、中国公学等院校讲师、副教授。新中国成立后，历任西南财经委员会经济研究室研究员、重庆大学经济系副教授兼系主任、四川财经学院计划经济系、农业经济系副教授、教授，兼系主任、科研处处长、副院长、院长。西南财经大学教授、顾问，四川省农业经济学会名誉理事长、四川省经济学会常务理事、四川省哲学社会科学联合会常务理事、四川省农村金融学会副理事长、四川省统一战线理论研究会副会长等职。早年从事经济学和计划、统计学科的教学和研究。1956 年开始从事农业经济学的教学和研究工作。对农业经济学有较深的研究，为开拓这一学科的研究和教学做出了贡献。多次获四川省哲学社会科学科研成果奖。主要著作有：《中国社会主义农业经济学》《中国农村经济问题浅论》。

雷起荃，1924 年生，四川成都人。历任西南财经大学经济研究所教授、所长，中国计划学会理事，四川省计划学会副会长。1949 年成都光华大学工商管理专业毕业。1955 年中国人民大学国民经济计划专业研究生毕业。1983 年在中央党校计划研究班进修结业。长期从事计划经济学、宏观经济及发展经济学的教学和研究工作。致力于区域发展经济研究。主要著作有：《国民经济计划原理》《区域发发展经济学导论》。

刘诗白，1925 年生，重庆万州人（见图 5-4）。1946 年毕业于武汉大学经济系。1946—1950 年在四川大学经济系任助教，1951—1978 年在成华大学（1952 年改组为四川财经学院，1985 年更名为西南财经大学）从事经济学教学与科研工作。1978—1979 年在北京中国社会科学院经济研究所参加许涤新主编的《政治经济学词典》的编审工作。1980 年任四川财经学院副院长，教授。1984 年被国务院学位委员会批准为政治经济学博士研究生导师。1985—1991 年任西南财经大学校长。1988—1992 年任第七届全国人民代表大会代表，1993—1997 年任第八届全国政协委员、常委，四川省政协副主席。曾任民盟四川省委常务副主委、中央常委。2017 年 3 月 27 日，在四川省社会科学界联合会第七次代表大会上，当选为四川省社科联名誉主席。现任西南财经大学名誉校长、教授、博士生导师，四川省社会科学联合会名誉主席，《经济学家》杂志主编，全国高等财经院校社会主义政治经济学、资本论研究会会长，学术团体“新知研究院”院长。

图 5-4　刘诗白

长期从事经济学理论研究，其研究范围包括政治经济学基本理论，社会主义市场经济理论，在社会主义产权理论、转型期经济运行机制，国有企业市场化改革以及金融体制改革等方面进行了大量卓有成效的研究，是我国著名的理论经济学家。十分重视将马克思主义理论与当代中国实践相结合，致力于经济理论的创新。他提出了政治经济学要拓宽研究范围，除了研究生产关系以外，还要研究生产力、经济运行机制和精神生产；强调加强数量分析，借鉴西方经济学，为社会主义现代化建设服务；提出人民财富的最大增值、合理分配、优化使用，是社会主义政治经济学的新主题，为经济学的理论创新提供了一条重要思路。他在 2001 年以来陆续发表的《论科技创新劳动》《论科学力》等论文，是结合新的实际，深化对社会主义劳动和劳动价值理论的超前研究。刘诗白是我国较早提出社会主义所有制多元性的学者之一，是我国社会主义市场经济理论的先驱研究者。他发表了大量有关社会主义产权制度的论文，以其独到的见解被称为中国三大产权理论流派之一。他还强调要推进国有资产的流动重组和国有企业的战略性重组，从国有经济整体着眼来搞活国有企业。1985 年他在全国人大提出建立货币委员会和 1990 年提出“缓解市场疲软十策”等提案，均引起决策部门的高度重视并采纳。他在 1988 年提出银行企业化改革的设想，业已成为我国金融体制改革的现实。在主要报刊上发表论文 200 余篇，著有十余本专著。

主要成果曾获孙冶方经济科学奖（1990 年）、吴玉章奖（1992 年）、教育部高校科学研究优秀成果奖（人文社科）二等奖、四川省哲学社会科学优秀成果一等奖（1983 年、1986 年、1994 年、2005 年）、中央纪念中国共产党十一届三中全会三十周年论文奖（2008 年）、国家社会科学基金优秀成果奖（1999 年）、中宣部经济理论“五个一工程”奖（1988 年），中宣部纪念改革开放十周年论文奖（1988 年）、吴玉章人文社会科学终身成就奖（2017）等。先后荣膺“影响新中国 60 年经济建设的 100 位经济学家”称号、“改革开放进程中的经济学家”称号，“影响四川改革开放 30 周年”十大最具标示性“风云人物”称号、“2011 成都全球影响力人物”称号。2017 年获得获“四川省社会科学杰出贡献专家”称号。以个人名字命名的“刘诗白经济学奖”业已成为我国经济学界最具影响力的经济学奖项之一。

柴泳，1925 年生，四川内江人。历任西南财经大学经济系教授，中华外国经济学说研究会理事。1947 年四川大学经济系毕业，从事政治经济学的教学工作，代表性论文有《试论社会主义农业扩大再生产的形式》（《经济研究》1963 年 8 期）、《对四川丘陵地区发展机电提灌问题的初步研究》（《经济研究》1964 年 1 期）、《关于社会主义制度下价值规律作用形式的探讨》（《财经论丛》1979 年 2

期）等。1978年以后从事经济学说史和剩余价值理论的教学工作，发表了《李嘉图的劳动价值学说》（《四川财经学院学报》1981年3期）、《试论马克思主义劳动价值学说的形成》（《经济科学》1983年1期）、《市场机制理论的发展》（《财经科学》1986年2期）、《马克思论不变资本的再生产在资本积累中的作用》（同前1987年6期）等论文。主要著作有：《经济学说史》《〈国民财富的性质和原因的研究〉提要》。

二、新中国成立后（1949—1966年）的理论经济学学者

新中国成立以后，国家在高等院校人才培养中确立了以马克思主义指导的原则。因此，这一批理论经济学工作者具有较为扎实的马克思主义经济学理论功底，并在社会主义经济制度的建立和改革开放的发展中发挥了重要作用。以下仍按年龄排序。

杨致恒，1929年生，河北临漳人。1956—1959年在中国人民大学研究生班攻读政治经济学、经济学说史专业。历任西南财经大学经济系教授、经济学说史教研室主任、人口理论研究所兼任教师、“中华外国经济学说研究会”理事、“中国《资本论》研究会”理事、“全国马克思主义经济学说史学会”理事、四川省外国经济学说研究会会长兼秘书长。多年潜心研究人口理论和我国现实人口问题，1979年以来与人合作撰写出版了多部人口学方面的学术专著和其他著作。其主要著作有《试论人类自身的生产是历史发展中的决定因素之一》（与张光照合作，载于《人口研究》1981年第4期）、《再论两种生产同是历史发展中的决定因素》（与张光照合作，载于《西北人口》1982年第3期）、《中国人口经济思想史》（与张光照合作，西南财经大学出版社1988年12月出版）。参加编写和撰写了《人口手册》（西南财经大学出版社1988年1月出版）、《计划生育与国民经济的发展》（《四川财经学院学报》1980年1期）、《提倡只生一

胎的经济奖励与农村年终分配》（《四川财经学院学报》1980 年 1 期）等论著。其中《人口手册》曾获四川省政府哲学社会科学优秀成果二等奖，四川省 1979—1989 年优秀图书二等奖。

吴忠观，1930 年生，四川绵阳人。1952 年毕业于成华大学经济系，后进入中国人民大学马列研究班学习政治经济学。20 世纪 50 年代从事政治经济学的教学与研究，后转而研究经济学说史，20 世纪 70 年代专攻人口经济学。历任四川财经学院政治经济学系教授、外国经济学说史教研室主任，西南财经大学人口研究所所长、教授、博士生导师，中国人口学会理事，四川省人口学会会长，四川省外国经济学说研究会副会长。主要著作有：《马克思主义的产生是政治经济学中伟大的革命》《伯恩施坦修正主义经济观点批判》《人口经济学》《人口经济学概说》《经济学说史》《马克思主义人口思想史》《人口手册》《中国人口・四川分册》等。在《经济研究》等期刊上发表论文数十篇。

谢乐如，1930 年生，四川资中人。1956 年四川大学经济学系毕业。1959 年中国人民大学经济系研究生毕业并留校从教。1964 年调入西南财经大学，讲授政治经济学和《资本论》。历任西南财经大学出版社总编辑、常务副社长（主持工作）。主要著作有：《社会主义经济理论基本知识》《政治经济学社会主义部分提要》《从全民所有制经济内部交换的生产资料是否商品谈起》《马克思剩余价值理论的伟大意义》《〈资本论〉难句解》（第 1、2、3 集）。

王永锡，1934 年生，四川西充人。1957 年毕业于四川大学马列研究班后，一直从教于四川财经学院。历任西南财经大学教授、博士生导师、党委书记兼校长。论文主要有：《关于社会主义经济效果的实质》（《经济研究》1962 年 9 期）、《试论我国的就业问题及其解决途径》（《人口研究》1930 年 3 期）、《关于〈资本论〉的研究对象》（《四川财经学院学报》1982 年 4 期）、《〈资本论〉第三卷对社会主义经济的现实意义》（《社会科学研究》1983 年 2 期）、《马克思主义关于主体经济的理论的新发展》（《财经科学》1988 年 11

期）等。

袁文平，1934 年生，四川射洪人。1955 年 7 月考入四川财经学院会计学本科，毕业后留校从事政治经济学教学与研究。历任西南财经大学政治经济学系主任、教授、博士生导师、经济改革与发展研究所所长、《财经科学》杂志主编，兼任全国高等财经院校经济学研究会副会长、四川省经济学会副会长、四川省发展经济学会副会长、成都市社会科学联合会顾问，1992 年被国务院批准享受政府特殊津贴。曾给经济学专业和其他专业本科生、硕士生、博士生讲授《政治经济学》《马列经典著作选读》《社会主义经济理论专题研究》《社会主义经济理论发展史研究》《社会主义经济体制改革比较研究》等课程，获四川省教委首届优秀教学成果二等奖。独立和合作撰写并出版专著十余部，其中任主编或副主编的国家社科基金资助专著有《经济增长方式转变机制论》《内陆地区改革开放研究》《国有经营性资产经营方式和管理体制研究》等。在我国经济学权威期刊《经济研究》《经济学家》以及经济学核心期刊《财经科学》《经济纵横》等刊物报纸发表论文 100 余篇。其中比较重要的：与王永锡同志合作在《经济研究》1962 年 5 期发表的论文《论社会主义经济效果的实质》，学术界评价为“很有见地”；在《四川日报》1979 年 3 月 13 日理论版发表的论文《社会主义经济发展的客观要求——谈社会主义市场经济与计划经济的结合问题》，经济理论界认为，作者在全国率先提出“社会主义市场经济”概念，并提出社会主义市场经济与计划经济“结合论”，是“倾听实践和时代呼声的经济学家”；1997 年提交全国高校社会主义经济理论与实践研讨会的论文《创建新的社会主义政治经济学》。文中将邓小平的社会主义经济理论归纳为“十论”，被理论界称为“近年来政治经济学界公认的新发展”。曾获四川省政府哲学社会科学优秀科研成果一等奖 1 项、三等奖 3 项，刘诗白奖励基金科研成就奖。

郑景骥，1938 年生，四川开江人，1991 年晋升教授，1993 年被国务院学位委员会评审为博士生导师，1995 年由国务院批准享受政府特殊津贴。农业经济研究所所长，四川省农村发展研究中心学术顾问等。学术特长为农业经济学理论研究、农村改革与发展研究。曾先后独著和主编专著 12 部、教材 3 部、发表论文 90 余篇，主持国家级课题 3 项，主研国家级课题 5 项，主持省、部级课题 8 项，主研省、部级课题 9 项。曾先后受聘担任四川省社科规划项目评审专家、四川省社科成果奖评审专家、中央教育部的科研项目立项评审专家、中央教育部社科成果奖评审专家、中央教育部“跨世纪优秀人才”评审专家、国务院学位委员会增列博士点通讯评审专家等。

纪尽善，1943 年生，四川南充人。历任西南财经大学中国西部经济研究中心副主任、经济研究所所长，第九、十届全国人民代表大会代表，第六、七、八届中国民主建国会中央委员，中央经济委员会委员，第七届四川省工商联、四川省商会副会长，全国工商联法律委员会委员，第九届四川省人民代表大会代表，第十届成都市政协常委，经济建设委员会副主委，中国经济发展研究会常务理事，中国《资本论》研究会理事，四川省统筹城乡研究会会长，四川省宏观经济学会副会长，四川省市场经济学会副理事长，四川省“5・12”汶川地震灾后重建促进会副会长，四川省人民政府参事室副主任，四川省人民政府参事，成都市政府民营经济领导小组成员，成都市政协顾问，教育部西南财经大学中国金融研究中心兼职研究员，对外经济贸易大学中国世界贸易组织研究院客座研究员等。主要从事经济、金融和股份制理论与实践问题的研究。主持国家社会科学研究基金 1 项（04BJL030）、四川省社科基金规划项目 1 项（2001 年），主要著作有：《大型国有经济主体股份制与增强控制力研究》《国有企业股份制与制度创新》《国有企业股份制》《加快西部发展开发论》《中国知识经济发展战略》《中国发展建议丛书》（全七册）《〈资本论〉与现代经济研究》（全七卷）《纪尽善论经济金融》（全八卷）《纪尽善文集》（全十卷）等。在《新华文摘》《人民日报》等报刊上发表论文 400 余篇，向政府部门提供的政策建议报告 100 余项，其中多项政策建议被国家发展改革委员会等政府部门采纳。

科研成果荣获中国图书一等奖、财政部优秀研究生教材二等奖、四川省哲学社会科学优秀科研成果三等奖多项。论文《马克思、恩格斯资本市场理论及我国资本市场的发展》被美国柯尔比（Colby）科学文化信息中心评为“1998 年度优秀社会和人文科学论文”（1999 年）。1998 年和 1999 年被美国传记学会提名授予“1998 年度人物”和“1999 年度人物”，1999 年被英国剑桥世界名人传记中心提名入典并授予“新世纪前 500 人物”。有著名中青年经济学者、股份制理论研究专家（《经济学动态》1993 年第 6 期、《中南财经大学学报》1993 年第 4 期），著名经济学家（《中央文献出版社》2004 年、《经济学动态》2010 年第 8 期），中华人民共和国经济学家人物（中华人民共和国人物红城情思工作室 2007 年）等荣誉称号。

李达昌，1943 年生，重庆巴县人，中国世界经济学会理事，四川财政学会会会长。1965 年毕业于四川财经学院政经系后留校任教。1978—1981 年于中国社科院研究生院世经系获硕士学位。后继续在西南财大执教，1983 年任系副主任。1984 年 9 月后调任四川省德阳市副市长、四川省计委副主任等职。1988 年 3 月任省财政厅厅长、四川省副省长等职。研究领域主要是马克思主义政治经济学帝国主义部分和当代世界经济基本理论。参加《〈资本论〉辞典》等书编写，发表论文 30 余篇，主要有《试论〈资本论〉对垄断资本主义的分析》（《财经科学》1983 年 1 期）、《论战后科技革命条件下的剩余价值生产》（《经济问题探索》1982 年 2 期）、《〈资本论〉的危机理论与当代资本主义现实》（《社会科学研究》1983 年 5 期）、《现代帝国主义的历史地位探新》（《四川大学学报》1984 年 1 期）、《论当代帝国主义经济发展的趋势》（《财经科学》1984 年 1 期）、《试论垄断价格的价值基础》（《学术月刊》1984 年 9 期）等。这些论文大多汇集在《当代帝国主义经济问题研究》一书中。

三、改革开放以来（1978—2000 年）的理论经济学学者

1978 年恢复高考和学位制以后，西南财经大学培养出来的理论经济学工作者大多具有较为完备的知识体系与结构，具有较为开阔的国际视野。在社会主义市场经济体制建设中发挥了重要作用。以下按年龄为序排列。

王裕国，1945 年生，四川成都人，西南财经大学教授、博士生导师、国务院政府特殊津贴专家、四川省学术和技术带头人，曾任西南财经大学校长。长期从事马克思主义政治经济学、中国特色社会主义消费经济学教学与研究。2005 年牵头组建西南财经大学消费经济研究所并担任所长，该研究所是国内首家以消费经济学专业招收博士、硕士研究生的单位。2010 年成立全国首家省级居民消费研究机构“四川省居民消费研究会”并担任理事长，定期编制发布“四川消费者信心指数”和“四川民生满意度指数”。2014 年受国内消费经济学界委托，积极筹备成立（中国）消费经济学会并担任首任会长。发表科研论文 30 余篇，牵头及参与出版专著十余部，主持、参与国家社科基金项目和教育部、省市委托课题多项。获四川省哲学社会科学优秀科研成果奖 2 项。在社会工作方面，是中共四川省第八次代表大会代表，第九届四川省政协经济委员会副主任委员，四川省科协常委。教育部社会科学委员（经济学），全国工商管理硕士（MBA）教育指导委员会委员。中国《资本论》研究会副会长，中国高等商科教育分会副会长，四川省法学会副会长，四川省技术经济及管理现代化研究会副会长，四川省消费者权益保护委员会副主任。

任治君，1946 年生，杰出的留法博士和学者。1979 年考入北京对外经贸大学 1982 年获硕士学位。1984 年调入西南财经大学经济系从事有关《世界经济》课程的教学工作。1988 年由国家教委派遣到

法国蒙彼利埃第一大学法学与经济学院学习，1994 年 5 月获该校经济学博士学位。1994 年 9 月至今在西南财经大学经济系工作，1995 年晋升为教授，1997 年 2 月—2000 年 9 月任经济系主任。1997 年赴法国做价格专题研究。主要研究宏观经济理论与政策、国际经济学、发展经济学和政治经济学。在国内外发表的主要著作有：《农产品的价值及其在交换过程中的部分转移》《国际经济学》《中国农业规模经营的制约》《价值、价格和价格体系——关于马克思价值理论的定量化研究》《共同农业政策的终结》《农产品在交换过程中劣势探源》。

刘灿，1951 年生，经济学博士，西南财经大学教授、博士生导师，1982 年毕业于西南财经大学政治经济学专业后留校任教。2001 年 3 月—2012 年 12 月任西南财经大学党委常委、副校长，2010 年 10 月起任西南财经大学马克思主义经济学研究院院长。近年来，主要致力于现代经济学前沿与中国经济体制转轨问题研究、社会主义产权制度创新研究、公司治理结构与国有企业改革研究、西部大开发与制度创新研究。在《经济学家》《财经科学》《经济学动态》《上海经济研究》《宏观经济研究》等刊物发表多篇论文。承担多项课题，包括国家社会科学基金“九五”规划重点项目“社会主义产权理论研究”、四川省哲学社会科学规划项目“四川省商贸流通企业集团化研究”等。曾获得“四川省有突出贡献的硕士学位获得者”“西南财经大学教书育人先进个人”“中国人民银行优秀教师”等称号，论文获中宣部“五个一工程”理论文章奖、研究报告与专著多次获四川省哲学社会科学一等奖和教育部社科优秀成果二等奖等。

丁任重，1959 年生，安徽蚌埠人。1982 年 3 月本科毕业于安徽大学经济学专业；1985 年 3 月，获西南财经大学经济学硕士学位；1988 年 1 月，获西南财经大学经济学博士学位。历任西南财大副校长，四川师范大学校长、党委书记。兼任中国经济规律研究会副会长，全国高等财经院校政治经济学研究会副会长，四川省区域经济研究会会长，四川省哲学社会科学评奖委员会委员，四川省科技顾问团宏观经济组组长，四川省“十五规划”“十一五规划”专家组成员，四川省学术和技术带头人，国务院政府特殊津贴专家，1998年入选中组部第三届青年专家考察团。研究方向为经济理论与经济改革、区域经济。承担多项国家哲学社会科学课题和省部级课题，出版个人专著四部，合作出版专著、教材、辞书等20余部，在《中国社会科学》《经济研究》《人民日报》《光明日报》等报刊上发表论文200余篇。科研成果多次荣获中宣部“五个一”工程奖、中国青年科技论坛奖和四川省哲学社会科学优秀成果一、二、三等奖等奖项。

胡小平，1950年生，重庆人。研究员、博士生导师。1978—1982年就读于四川财经学院；1987年获经济学硕士学位；2002年以来3次赴美国多所大学进行访问研究。四川省学术和技术带头人，四川省有突出贡献专家。长期从事农业经济问题研究。共承担并完成国家级课题6项，省部级、地市级以及国有大型企业委托的研究课题70余项；作为主编、副主编出版专著9本；在*Journal of Economic Issues*（美）、《中国社会科学》《经济研究》《管理世界》《光明日报》《经济学家》《改革》《中国工业经济》《中国农村经济》《金融研究》《财经科学》等刊物上发表论文100余篇，多次被人大报刊复印资料全文转载。发表成果共计200余万字。获省部级以上（含省级）优秀科研成果奖六项、四川省软科学优秀成果三等奖一项。

陈维达，1951年生，福建晋江人。1982年毕业于四川财经学院政治经济学系后留校从事政治经济学教学。研究方向、政治经济学、社会主义市场经济理论、现代企业理论。曾先后与人合作、出版专著《当代资本主义走向》《区域经济发展战略研究》《转型与发展》《转型与分配协调论》等，在《经济参考》《人口研究》《财经科学》《改革》《现代大学教育》《天府新论》以及一些高等院校学报上发表多篇学术论文。参与国家火炬计划、863计划和国家科技部“十五”重点项目的开发。

涂文涛，1954年生，四川绵阳人。1982年获四川财经学院经济学学士学位，毕业留校后历任助教、讲师，1991年被评为副教授，

1996年9月—2001年7月在西南财经大学经济学院在职攻读博士学位；其间，1997年被评为教授，1998年10月—1999年8月为美国华盛顿州立大学访问学者。2002年后担任西南财大经济学院博士生导师。历任西南财经大学党委书记，四川省教育厅厅长、党组书记，四川省十二届人大教科文卫委员会主任委员。第十一、十二届全国人大代表，中共十六大代表，四川省第八、九届省委委员，四川省十二届人大常委。1995年被评为全国教育系统劳动模范，2001年被评为全国优秀党务工作者。2005年被选为四川省有突出贡献专家，四川省学术和技术带头人。主要从事社会主义经济理论和邓小平理论的教学和研究工作，主要代表著作和论文有：《主体经济论》《当代中国所有制结构变迁研究》《知识经济与西部跨越式发展》《邓小平经济思想研究》《社会主义制度下按劳分配的三种形式》《对社会主义理论研究中的几个基本概念的认识》《论经济过程的复杂多样性和主体性》《知识经济与收入分配》《知识经济条件下生产关系的嬗变》《对人民公社化的理论与实践的反思》《知识经济与西部人力资源的开发与管理》《知识经济与西部高等教育的发展》等。先后出版、发表学术研究成果100多项，其中有3项成果获四川省人民政府哲学社会科学优秀科研成果奖。在学术领域兼任四川省社科联副主席，全国马克思主义经济学说史学会副会长，四川省党建学会常务理事、副秘书长，四川省高校党建学会常务理事、秘书长等职务。

刘方健，1954年生，四川三台人。1982年西南财经大学经济系本科毕业后留校从事中国经济史、中国经济思想史教学；1985—1987年，就读本校在职研究生；1989年晋升副教授；1993年担任学校图书馆馆长；1996年晋升教授；2007年，担任西南财经大学经济学院执行院长。承担过国家社会科学基金课题《1368—1978年中国社会经济中市场因素的萌芽》（1996年）、《清代至民国时期中国工商企业股份制研究》（1999年）。主要学术成果有：《抗日战争时期国民政府财政经济战略措施研究》《简明中国经济史教程》《四川近代经济史》《中国现代化史》（1800—1949）《中国经济思想史专题研究》《中外经济思想史比较研究》等。主要学术兼职有中国近代经济史学会副会长、中国经济思想史学会副会长、四川省经济史学会会长等。

穆良平，1954 年出生，四川成都人。1982 年毕业于四川财经学院政治经济学系后留校任教。1984 年参加世界银行经济发展学院一般项目师资班学习并结业。1990 年破格晋升副教授，1998 年晋升教授。先后承担的主要课程有：《国际金融与国际贸易》《世界经济概论》《外国近现代经济史》《我国对外经济贸易关系研究》《外国近现代史专题研究》等。主要研究领域为：国别经济与国别经济史、中国对外经济贸易关系。主要学术成果有：《中美在国际经济体系中的互动》《中美贸易逆差与美国贸易保护的转变》《中美经贸关系中的摩擦点》《论美国银行持股公司的发展动因及职能》《罗斯福“新政”值得借鉴》《日本地税改革探讨》《从经济史角度考察中日甲午战争》《日本企业精英集团形成的历史演变》《日本的节能运动》《日本银行、证券新一轮海外扩张及其特点》《德国近代史上的价格崩溃》《“价格革命”加速了新兴资产阶级的发展》《印度尼西亚对外经贸新走势》《论调整中的印尼对外经贸关系》《主要工业国家近现代经济史》。有关中国对外经济贸易关系及其他方面的主要研究成果：《我国边境贸易理论探讨》《对我国边境贸易的考察》《农产品国际政策的借鉴》《货币政策透明度制度兴起的背景分析》《台湾防治污染的财税措施及其启示》《佣金制度改革的影响与证券商的应对之策》《股票市场波动性与上市公司整体业绩的关联性》《论我国证券投资的风险特征及风险规避》。主持四川省哲学社会科学普及规划 2007 年度项目《居民投资理财策略与技巧》。

程民选，1954 年生，四川合江人。华东师范大学本科毕业后从事干部教育工作 5 年，考入西南财经大学经济系，先后于 1990 年和 1995 年获得经济学硕士学位和博士学位。1994 年破格晋升副研究员，1996 年破格晋升研究员。在西南财经大学工作期间，先后在经济研究所、经济学家编辑部、出版社、经济学院、国际商学院从事经济研究、学术出版、教学和管理等工作。2002 年起担任博士生导师。迄今已公开发表经济学论文逾百篇，出版学术专著（独著、主编和参编）十余部。有20多篇论文被中国人民大学复印报刊资料全文转载。有20项成果获奖，其中四川省哲学社会科学优秀科研成果奖3项，四川省社科联优秀科研成果奖1项，全国高等财经院校政治经济学研究会优秀专著奖1项，刘诗白科研奖励基金二等奖1项、三等奖2项。曾获四川省有突出贡献中青年专家称号。在学术兼职方面，现担任中国经济发展研究会常务理事。

姜凌，1954年生，山东人。1982年四川财经学院政治经济学系毕业。1998年7月在西南财经大学经济系获经济学硕士学位，2002年3月获经济学博士学位。历任西南财经大学经济学院教授、博士生导师。兼任中国美国经济学会副会长、中国世界经济学会常务理事、中国国际经济关系学会理事、四川省世界经济学会副会长。获“四川省有突出贡献的优秀专家”荣誉称号。2012年被聘为四川省政府研究室特约专家。主要研究领域为世界经济、国际贸易与国际金融、国际经济关系。先后在《世界经济》《经济学家》《金融研究》《经济评论》《世界经济文汇》、*Applied Economics Letters* 等报刊公开发表学术论文逾百篇；独立完成和主持出版学术专著6部；主持参与多部文集和大学教材编写。科研成果多次被SCI、英国剑桥科学文摘、《人大报刊复印资料》《经济学文摘》收录转载。先后获16次省部级、有关学会和校级优秀科研成果奖。

杨继瑞，1954年生，四川井研人，经济学博士，教授、博士生导师。1986年硕士研究生毕业于四川大学经济系后留校任教。1987年起历任四川大学团委书记、党办副主任、校长助理兼东辉商学院院长、校长助理兼经济管理学院院长，1996年起任四川大学副校长。2005年任西南财经大学党委副书记，2011年任重庆工商大学校长。2015年担任成都市社科联主席，兼任中国《资本论》研究会副会长、四川省发展经济学会副会长、四川省税务学会副会长、四川省土地学会副会长、四川省财政学会副会长、国家开发银行专家委员会委员等社会职务。享受国务院颁发的政府特殊津贴，四川省学术和技术带头人，1991 年获“霍英东高校优秀青年教师奖”，1993 年获“成都市十大杰出青年”称号，1997 年获得“国家教委跨世纪优秀人才”“国土资源部跨世纪优秀人才”称号，1999 年获首批宝钢“全国文科优秀博士论文”奖，2000 年获“四川省有突出贡献的中国博士”，获首届“国家社科基金项目奖”三等奖 1 项，省部级科研成果奖一等奖 1 项，省部级科研成果奖二等奖 5 项，省部级科研成果奖三等奖 9 项。先后在《中国社会科学》《经济研究》《管理世界》《经济学动态》《新华文摘》等学术出版物上发表论文 350 余篇，出版专著、教材 27 部，主持、参与国家及省部级科研项目 30 余项，其中多项科研成果受到党和国家领导人的肯定和批示。

王朝明，1955 年生，四川成都人，1982 年毕业于电子科技大学政治经济学专业。历任西南财经大学经济学院教授（博士生导师）、教授委员会主席、学术委员会主任、贫困与发展研究中心执行主任，兼任四川省经济学会常务理事、四川省高校政治经济学研究会理事等。先后承担的主要课程有：《政治经济学》《社会主义市场经济理论》《〈资本论〉与社会主义市场经济理论研究》《社会主义经济理论与实践专题研究》《社会问题的经济学分析》《社会主义市场经济理论（高级）》《中国经济改革与发展》《中国经济理论与政策》《高级政治经济学》《中国马克思主义与当代》等课程。现被聘任为国家精品课程《政治经济学》的主讲教师。主要研究领域及方向为：发展经济学、劳动经济学及社会经济学，尤其在收入分配、就业与保障、贫困问题、经济政策与社会政策等方面有较高的造诣。先后出版学术专著 6 部，主编、参编教材、辞书 5 部，在《管理世界》《人口研究》《当代经济研究》《南开经济研究》《数量经济技术经济研究》《中国经济问题》《财贸经济》《经济学家》《改革》《社会科学研究》《国外理论动态》《财经科学》《天府新论》《经济体制改革》《光明日报》等全国核心期刊上发表学术论文 60 余篇。先后主持（主研）承担完成国家社会科学基金课题、国家自然科学基金课题、教育部人文社会科学研究（专项任务）项目、四川省哲学社会科学

“十一五”规划重点项目、西南财经大学“211 工程”第一、二、三期重点学科建设项目等 9 项国家、省部级和校级各类课题的研究工作。研究成果取得了良好的社会效益，获四川省哲学社会科学优秀成果三等奖 3 项；四川省教育厅人文社会科学科研成果一等奖、三等奖各 1 项；刘诗白奖励基金优秀科研成果二等奖 1 项；西南财经大学优秀科研成果奖 3 项；全国与省级学会的优秀科研成果奖共 7 项；部分论文被《新华文摘》《中国人民大学复印报刊资料》《高等学校文科学术文摘》《社会学报》等全文转载，被《中文社会科学引文索引（CSSCI）》《中国期刊全文数据库》《中国优秀博硕士学位论文全文数据库》《中国重要会议论文全文数据库》等收录和引用，社会反响优良。在教学方面取得优异成绩，获西南财经大学第三届教学成果评奖二等奖（1997）、教育部颁发国家级教学成果奖二等奖（2009）、四川省人民政府颁发“四川省教学成果奖、第六届高等教育教学成果一等奖”（2010）指导的政治经济学专业博士学位论文在 2011 年全国优秀博士学位论文评选中荣获提名奖。

李萍，1958 年生，现任西南财经大学《财经科学》主编，西南财经大学马克思主义经济学研究院副院长。1978 年考入四川财经学院，于 1982 年、1985 年、1999 年先后获四川财经学院经济学学士、硕士、博士学位，1997 年被破格晋升为教授。享受国务院颁发的政府特殊津贴，兼任全国高等财经院校《资本论》研究会常务理事、四川省《资本论》研究会副会长、四川省经济学学会副会长，四川省学术和技术带头人，四川省有突出贡献的优秀专家。研究领域为经济增长与发展、收入分配、城乡关系、政府与市场。主要研究成果:《经济增长方式转变的制度分析》《统筹城乡发展中的政府与市场关系研究》，完成了国家社科基金“八五”“九五”“十五”“十一五”等课题（其中主持完成 2 项），公开出版的学术专著、论文集、教材（个人独著、主编、副主编、参编）31 本、200 多万字、学术论文百余篇、学术成果 120 多项。获国家级、省部级和全国性学会奖等奖项 30 多项，其中，国家级教学成果二等奖 1 项、四川省政府第7次、8次、10次、11次、13次、15次哲学社科优秀成果一等奖1项、二等奖2项、三等奖3项，另获四川省高等教育教学成果奖1项。

戴歌新，1958年生，四川三台人。1982年毕业于南充师范学院（现西华师范大学）政治系，获哲学学士；1987年毕业于四川大学经济系，获经济学硕士。于2009年被评为西南财经大学优秀教师。历任西南财经大学经济学院理论经济学教研室主任，MBA“社会主义市场经济理论专题研究”课程组长。主要研究方向为社会主义经济理论、企业制度理论、宏观经济管理理论与实务。在《中国改革》《财金贸易》等刊物发表论文数篇，参加国家级和省级学术课题研究多项，出版《中国国有企业制度创新研究》等5部（包括合著）学术专著，教材两部（副主编），获省政府级的学术奖三项（一等奖2012年，二等奖2006年，三等奖2003年）。

杨成钢，人口经济学博士，研究员，博士生导师，西南财经大学人口研究所所长，中国人口学会理事，中国残疾人事业发展研究会常务理事，四川省人口学会副会长，中国城市社会学研究会理事，国家人口计生委综合改革专家组成员。1982年毕业于西南财经大学，1991—1994年赴加拿大学习城市社会学。研究方向人口经济学、劳动经济学、城市社会学、企业人力资源管理学。主要研究方向：失业问题、土地股份合作与农村经济发展问题、中小企业信用建设问题、宏观人口管理问题、人口行为机制问题。主要讲授课程：人口经济学、世界人口、当代人口学主要流派评价。学术成就：主编、副主编学术专著4部，参编4部；发表学术论文20余篇；主持四川省哲学社会科学基金课题、政府部门委托课题和大企业委托横向课题15项，主研国家社科基金课题、四川省社科基金课题、农业部软科学基金课题等4项。

张炜，四川叙永人。1982年毕业于西南财经大学政治经济学专业后留校任教。历任经济系副主任、旅游管理学院院长。1991年被破格晋升为副教授，1996年被晋升为教授。现任中国西部经济研究中心副主任、博士生导师。兼任中国区域经济学会理事、四川国土经济学会常务理事、中外经济文化研究委员会常务理事、四川旅游规划研究院专家委员会委员等职务。一直从事研究方向为区域经济。主要讲授课程：区域经济学、生态经济学、环境经济学、经济地理专题、人文地理与区域开发专题、西部经济发展专题等。课程有区域经济理论和相关学科理论坚实的研究成果，并坚持深入实际，参与地方经济的研究。在西部经济研究方面，长期深入西部调研，发表论著，并在西部工业化道路、投资效益、生态建设、经济文化、民族经济等方面提出有价值的观点，进行区域发展中的生态经济文化协调发展等问题的跨学科探索。发表《中国国土经济学》《四川人口地理》《世界经贸地理》《现代经济文化导论》等专著（含合著）6 部。合作出版丛书、辞书、年鉴等 15 部，如《世界经济文化年鉴》（1996—2002 年各卷）（副总编）。在《世界经济》《经济学家》《光明日报》等发表学术论文 220 余篇（含香港 4 篇）。《城市经济结构及其优化问题》《中国西部双层二元结构转化与工业化发展道路研究》《论经济空间结构及其优化问题》《论生态经济文化协调发展》等论文被《新华文摘》《人民日报》等转载或摘编或刊文好评。主持或主研国家和省级及横向课题共 10 余项。科研成果获各种奖 10 余项，包括省级科技进步三等奖 1 项、省级哲学社会科学三等奖 2 项、刘诗白奖励基金三等奖 2 项、全国一级学会一等奖 3 项等。

赵磊，1983 年毕业于西南财经大学政治经济学专业（本科），1988 年毕业于西南财经大学经济系（硕士）。1991 年被破格晋升为副研究员，1995 年被破格晋升为研究员。曾先后担任《财经科学》杂志常务副主编、西南财经大学出版社副总编辑，现为《经济学家》编辑部主任、博士生导师，四川省文科学报研究会副理事长。在《经济研究》《哲学研究》《社会学研究》《学术月刊》《文史哲》《经济学动态》《财贸经济》《光明日报》《真理的追求》《江汉论坛》《江海学刊》《经济参考报》等发表论文 200 多篇。著有《走近权力》《中国莫回头》《经济增长方式转变机制论》等书。有数十篇论文被《新华文摘》《人大复印资料》《书摘》《文摘报》《报刊文摘》转载或摘编。在收入分配理论、宏观经济理论等领域具有较高的学术造诣。

赵曦，1960 年生，四川成都人。西南财经大学经济学院教授、博士生导师、国务院政府特殊津贴专家，国家“十五”“十一五”“211 工程”重点学科建设项目负责人。现任西南财经大学经济学院区域经济研究所所长。长期从事中国西部地区、贫困地区、少数民族地区经济社会发展研究。先后主持国际合作项目、国家重点项目、国家社会科学基金项目、省部级等重点科研项目 15 项。独著《中国西部地区经济发展研究》《中国西部农村反贫模式研究》《21 世纪中国西部发展探索》《中国西藏区域经济发展研究》等 10 部专著，以及合著《中国西藏扶贫开发战略研究》《21 世纪西藏农牧民增收的途径》等 10 部专著。在《中国软科学》《中国人口资源与环境》《世界经济》《经济学家》等刊物发表学术论文 200 余篇，其中被《新华文摘》《中国社会科学文摘》《中国人民大学报刊复印资料》等转载 34 篇。有 29 项成果获四川省哲学社会科学优秀成果奖、四川省科技进步奖等奖项。2000 年 9 月获成都市“民族团结进步模范”称号，2005 年 1 月当选“首届四川十大杰出青年经济人物”，2011 年 4 月就解决四川山区的贫困问题参与中央电视台《再问贫困》节目制作并接受《经济半小时》栏目专访。

易敏利，1962 年生，四川乐山人。1982 年毕业于西南财经大学政治经济学专业，获得经济学学士学位。1987 年和 1988 年先后获得经济学硕士、博士学位，并于 1989—1991 年作为访问学者赴英国丹迪大学经济系。曾担任经济学院西方经济学课程教师，历任西南财大国际商学院院长、MBA 教育中心主任、经济学院执行院长。长期从事微观经济学、宏观经济学、管理经济学等课程教学，并结合教学开展科学研究。主要研究领域为西方经济学，关注西方经济学领域新的研究动向，如新制度经济论、演化经济论和认识经济论等的研究，重视经济学与管理学的交叉研究。在《财贸经济》《社会科学研究》《国有资产研究》《理论与改革》等杂志上发表文章，一些文章被《新华文摘》和中国人民大学报刊复印资料《理论经济学》全文转载。先后在国内杂志、报纸和电台公开发表文章50余篇，先后参加并完成《评西方学者对马克思〈资本论〉的研究》《社会主义经济原论》《国有经营性资产的经营方式和管理体制》等国家级和省级课题7项。参与撰写《国有股权论》《现代西方经济学基础》等专著教材、译著等11本。在学术研究方面获得的荣誉主要有：孙冶方经济学著作奖、吴玉章奖金一等奖、国家教委人文社会科学研究成果奖、四川哲学社会科学优秀成果三等奖和刘诗白奖励基金三等奖等。主要学术兼职有：中国企业管理研究会第三届理事会常务理事、中国高等商科教育分会理事、四川省对外经济贸易学会第四届理事会理事、四川省非公有制企业高级经济师专业技术称号认定委员会委员、四川省国际商务专业高级职务评审委员会委员。主要社会兼职有：民盟四川省委第八、九届副主委，民盟中央委员第八、九届委员，第十届全国人大代表，第九届全国青年委员和第十届四川省青年委员会常委。四川省第十三届人民代表大会代表。

刘家强，1962年生，四川成都人，1984年获四川财经学院政治经济学系学士学位。1987年，获西南财经大学人口学专业硕士学位。历任西南财经大学人口研究所副所长、所长。1999年被评为“四川省有突出贡献的中青年专家”，2000年被评为“四川省有突出贡献的博士、硕士学位获得者”，2002年被评为四川省学术和技术带头人。2002年6月—2009年3月，任四川省劳动和社会保障厅副厅长（其间：2002年5月—2002年11月挂任武汉市洪山区区长助理；2006年5月至2007年7月挂任中国长江三峡工程开发总公司总经理工作部副主任）。2009年4月—2011年10月，任成都市副市长。2011年11月至2013年1月，任四川省人口和计划生育委员会主任。2013年2月至2013年7月，任四川省第十二届人大常委会副主任。2013年8月至今，任全国政协副秘书长。曾任民革第十届、十一届中央委员，第十二届民革中央副主席；民革四川省第七届委员会常委，第八届常委、副主委，第九届、十届副主委，第十一届主委；民革成都市第七届委员会候补委员，第八届常委；成都市第十届人大代表；第十一届全国政协委员，第十二届全国政协常委；四川省第八届政协委员，第九届、十届政协常委。其学术贡献一是从生产方式、生活方式和价值观念三个角度揭示了人口城市化的内涵，并从发展模式和道路选择对中国城市化问题进行了前瞻性、探索性的研究。提出人口城市化是人口经济活动转移过程的观点；提出“生态人口容量”这一命题，并论述其科学性和实用性；提出人口环境是影响和制约经济社会发展的外部条件；提出流域可持续发展问题。二是对人口学基础理论研究和人口学分支学科体系的创新发展做出了贡献。一方面，从新的角度对两种生产问题，对中国人口学及学科体系的发展进行了系统研究；另一方面，主编的《人口经济学新论》从全新的视角揭示了人口与经济之间的关系及其运动的规律性，既包括宏观人口经济学内容也包括微观人口经济学内容，首次把可持续发展原理纳入人口经济学范畴，全面深化和拓展了人口经济学的理论体系，这对于人口学学科体系的丰富和完善具有非常高的学术价值。三是在跨学科交叉研究方面取得了丰硕成果。在与刘灿、胡小平共同承担的国家社科基金重点课题“全国百家大中型国有企业调查——二滩水电开发责任有限公司”时，前后六次深入二滩水电站建设工地现场和二滩水电开发责任有限公司内部调研，总结出以建立现代企业制度为依托，大胆引进现代科学的工程项目管理制度，建管结合，落实项目法人责任制度，走资本营运、资本扩张和集约型发展之路，为我国投资体制改革和大型基建投资项目建设提供了一套新的经验。1995 年获全国马寅初人口科学奖学金（博士生类）；1998 年，《中国人口城市化——道路、模式与战略选择》获国家计生委第二届中国人口科学优秀成果二等奖；1999 年，《二滩经验：我国大型投资项目建设的新路子》获得中共中央宣传部第七届全国精神文明“五个一工程”奖；2000 年，《中国 21 世纪发展与生育政策研究——四川省》获得国家计生委科技进步二等奖。

张俊良，西南财经大学中国西部经济研究中心人口研究所研究员，人口学专业、人口资源与环境经济学专业博士生导师，中国西部经济研究中心教授（学术）委员会主席，四川省卫生计生决策专家咨询委员会委员，中国劳动学会常务理事，四川省人口学会学术委员会副主任。1980—1984 年，就读于西南财经大学政治经济学专业；1992—1996 年，在职攻读西南财经大学人口学专业博士学位；1997 年 1 月获得法学（人口学专业）博士学位。在《人口研究》《中国人口科学》《人口学刊》等上发表学术论文 50 余篇，公开出版学术专著 5 部，主持国家级、省部级及其他课题 20 余项。先后获得中国人口科学优秀成果二等奖 2 次、四川省哲学社会科学优秀成果二等奖 1 次、刘诗白奖励基金三等奖 1 次。

吕火明，1963 年生，四川蒲江人。1979—1983 年于西南财经大学统计系学习。1983 年—1986 年于西南财经大学农经系硕士研究生学习。毕业后留校工作。1987—1990 年于西南财经大学农经系博士研究生学习。曾任农经系系主任、校长助理。1997 年 5 月至 6 月在意大利联合国粮农组织（FAO）培训，1997 年 10 月—1998 年 6 月在美国亚特兰大梅西大学。1999 年 5 月—2001 年 12 月任仁寿县委常委、副县长。2001 年 12 月—2005 年 8 月任雅安市人民政府副市长。2005 年 8 月—2006 年 12 月任四川泸州市人民政府副市长。2006 年 12 月—2009 年 11 月任四川省农科院副院长。2009 年 11 月—2017 年 4 月任四川省农科院党委副书记。2017 年 4 月任四川省农科院党委书记。荣获成都市十大杰出青年（第四届），1999 年被国务院批准享受政府特殊津贴，兼任中国农经学会理事、中国农村金融学会理事、中国农业技术经济研究会副理事长、四川省决策咨询委员会委员、四川省农经学会副理事长及学术委员会主任。四川省第十三届人大代表。

张智勇，1985 年本科毕业于西南财经大学政治经济学系，1993 年研究生毕业于西南财经大学经济学系。先后在西南财经大学金融学院、研究生部、经济学院和中国西部经济研究中心工作，主要担任政治经济学、当代世界经济与政治、思想政治教育理论与方法论、大学生就业指导、社会主义市场经济理论与实践、当代中国经济前沿问题研究等课程的教学工作。先后在《经济学家》《财经科学》《光明日报》《理论与改革》等报刊发表论文20多篇，其中代表性成果有《主体经济论》（获四川省政府第七次哲学社会科学优秀科研成果三等奖），主要研究领域：土地制度改革、县域经济发展、农业产业化、民营经济。

尹庆双，1964年生，重庆永川人。1985年7月西南财经大学政治经济学专业本科毕业后留校任教。主要研究领域为劳动经济学、公共管理。先后承担国家级、省部级及横向科研课题30余项，公开出版或发表科研成果50余项。多项成果被《新华文摘》《人大报刊复印资料》全文转载，多项成果获国家及省部级科研奖励。历任西南财经大学政治系副主任、主任，公共管理学院院长，西南财经大学党委常委、副校长。教育部“高等学校优秀青年教师教学科研奖励计划”“霍英东教育基金会高等院校青年教师奖”获得者，中国人民银行优秀教师，四川省教学名师，四川省学术和技术带头人，四川省有突出贡献专家。兼任教育部高校学校公共管理类学科教学指导委员会副主任委员，四川省委、省政府决策咨询委员会专家委员，四川省外国经济学说研究会副会长。

陈健生，1964年生，四川成都人。经济学博士，西南财经大学经济学院区域经济研究所教授（研究员）、博士生导师，1985年毕业于西南财经大学政治经济学专业后留校。主要研究领域为：区域与城市经济学、发展经济学。社会学术职务为：中国民主建国会中央经济委员会委员，民建四川省委委员、民建四川省委政策研究委员会副主任，政协第十三、十四届成都市委员会委员、政协成都市经济委员会委员。现任学术职务为：中国区域科学协会西部开发分会副秘书长、四川省区域经济学会副秘书长、四川省县域经济研究中心学术顾问、中华外国经济学会发展经济学分会理事、四川省居民消费研究会秘书长等。曾主持或者参与国家、省、市课题20余项。出版专业学术著作12部，其中《生态脆弱地区农村慢性贫困研究》《退耕还林与西部可持续发展》为个人著作，《区域产业经济分析》为教材，其余为合著著作。曾先后在国内专业核心学术期刊发表论文70余篇。先后为中国人民政治协商会议全国委员会、中国民主建国中央委员会、四川省和成都市政府提交几十份决策咨询报告。先后主持或参与《成都经济区十二五规划》《泸州市龙马潭区农业发展规划》《十三五成都市产业功能区规划研究》等规划。曾先后获得四川省政府哲学社会科学优秀成果一、二、三等奖8次。

方行明，安徽人。1986年于西南财经大学工业经济研究生毕业后留校，在经济研究中心从事经济学研究，2010年9月转入经济学院国民经济研究所任所长。研究领域为能源经济学、国民经济学、资源与环境经济。主持国家社科基金重点项目“我国煤炭产量的增长极限及煤炭资源可持续利用问题研究”，以及国家社科基金西部项目、四川省哲学社会科学“十五”规划2005年度重点课题、四川省哲学社会科学“十一五”规划2006年度重点课题及10多项横向课题。在国际性学术刊物 *Far Eastern Economic Review*、*Futurics*、*Journal of Economic Issues* 和国内核心学术刊物《中国农村经济》《光明日报》（理论版）、《改革》《经济学家》等发表大量论文，主持出版《中国西部工业发展报告》（蓝皮书）；领著、独著《中国重化工业发展研究》《中国西部工业经济发展报告》《中国铝业产业链的构建及发展战略研究》等10部专著。

蒋南平，经济学博士后，先后获工学学士、经济学硕士及经济学博士学位。历任西南财经大学经济学院教授、博士生导师以及《经济学家》编辑部主任。在国内外报刊发表学术论文130余篇，主要有《应当重新审视西方生态马克思主义的消费理论》《怎样看待约翰·罗默的非劳动价值论的剥削理论》《中国农村集体土地所有权问题研究》等。主要著作有《知识资本论》等。主编、副主编教材15部，主要有《现代市场经济与马克思劳动价值论》等。主持国家、省、市及地方企事业单位科研课题30余项，主要有《马克思主义经济学中国化研究》《中国重大技术装备基地知识产权制度研究》等。先后获得全国、省级政府及学术团体优秀成果奖项 30 余项。被四川省政府授予“四川省有突出贡献的专家”称号。

吴开超，西南财经大学经济学院教授。1986 毕业于西南财经大学政治经济学专业；1999 年获得西南财经大学政治经济学专业硕士学位；2008 年获得政治经济学专业博士学位。研究领域为市场定价与产业组织，市场机制与政府规制，经济增长与经济制度。代表作有《协议工资制的合理内核和实施障碍》《中国电信改革的基本原因和路径选择》《民航价格联盟的经济效应分析》《四川省民营企业融资途径研究》《市场失灵与市场的自矫正机制》《制度性边界与中国经济的制度性扩张》《转型期我国宏观政策的减振效应的实证研究》等。出版多部教材，包括《经济学原理》《经济学通论》《微观经济学》。

史继刚，1964 年生，四川洪雅人。四川师范大学本科毕业（1986 年），河北大学硕士毕业（1989 年），浙江大学博士毕业（1996 年）。现任西南财经大学经济学院教授、硕士生导师。主要讲授的课程有：西方经济学说史（本科）、经济学原理（本科）、经济学说史专题（研究生）。研究领域：盐业经济史、军事经济史、金融史。在《中国史研究》《中国经济史研究》《盐业史研究》《宋辽金元史研究》（韩国）、《史学汇刊》（台湾）等学术刊物发表论文近 40 篇，出版学术专著 1 部，主编教材 2 部，参编 2 部。

刘成玉，1964 年生，四川荣县人。于 1986 年、1989 年、1997 年分别从西南农业大学、中国人民大学和西南财经大学农业经济管理专业本科、硕士和博士生毕业，1997 年 11 月获经济学博士学位，1998—1999 年赴美国学习和研究农业经济管理。1989—1997 年在四川省农科院农业发展战略研究室从事“三农”问题研究，1997 年至今在西南财经大学经济学院从事教学与研究工作。曾任西南财经大学经济学院副院长、农业经济教研室主任，西南财经大学“国家经济学基础人才培养基地”导师及导师组组长，产业经济学专业及农业经济管理专业硕士生导师，农业经济专业博士生指导小组成员，西南财经大学人口所（人口、资源与环境经济学专业）兼职教授，成都市农业经济学会常务理事，四川省农业经济学会理事，四川省经济学会理事，联合国粮食及农业组织（FAO）在华粮食安全项目国家专家（National Expert），曾获“四川省在工作中做出突出贡献的博士学位获得者”（四川省学位办授予）等荣誉和称号。主要研究方向为“三农”问题、环境经济与管理等。共主持和参加各级各类科研课题40项，其中国际合作项目4项、国家级项目9项、省部级项目14项。作为项目主持人承担的研究课题12项，其中国际合作项目1项，国家社科基金项目1项，省部级项目6项，出版个人独立专著1部（《论中国农产品流通体系建设》），编著1部，在《经济学家》《中国农村经济》《农业经济问题》《生态经济》等刊物发表学术论文103篇；获各种学术性奖励20项，其中省部级以上政府奖励3项；2003年被评为西南财经大学科研管理先进个人；多次为省级有关部分进行决策咨询，多次接受新华社记者和省级电视台专题采访。近五年来，主要研究WTO、农业结构调整、农业产业化经营、农民增收、县域经济发展、经营城市及城市公用事业改革等问题。主要讲授的课程有：当代中国的农业、农村和农民问题、生态环境问题的经济学分析、生态经济学、农业经济理论研究、农村经济改革与发展研究、农产品流通研究、农业项目管理研究、外国农业经济研究、生态经济研究、环境经济学等。

徐承红，1965年生，四川眉山人。1983—1986年，于乐山师范专科学校政史专业毕业。1991—1994年，于西南财经大学世界经济专业毕业，获得研究生学历、硕士学位。2001—2004年，于西南财经大学区域经济学专业毕业，获得研究生学历、博士学位。2009年1月—2010年1月，于美国加州大学伯克利分校做访问学者。主讲博士生课程：区域经济学研究。硕士生课程：区域经济学理论与实践、区域经济规划、涉外项目管理、管理学。本科生课程包括区域经济学、项目管理、国际贸易实务。研究领域：区域经济学、区域经济规划、城市经济学、城市规划、空间经济学、聚集经济学、环境经济学、生态经济学。先后在《管理世界》《统计研究》《宏观经济研究》《经济学动态》《改革》《人口·资源与环境》《生态经济》《财经科学》《江汉论坛》《经济体制改革》等杂志发表论文50多篇，关于西部地区竞争力的相关研究及提出的西部产业集群发展战略以及关于聚集经济理论研究两篇文章被《人大复印资料》转载。主持承担和主研了国家哲学社会科学基金项目和省部级课题30项，出版个人专著3部，合作出版专著和教材6部。个人获得四川省哲学社会科学2014年科研成果3等奖1项，四川省哲学社会科学2012年科研成果2等奖1项，四川省哲学社会科学2008年科研成果3等奖2项，西南财经大学2006年校级优秀科研成果奖1项。现任西南财经大学经济学院教授、博士生导师、经济学院区域与环境经济研究所所长，兼任四川省城市经济学学会副秘书长，四川省区域经济学学会理事。

李秋红，西南财经大学经济学院教授、硕士生导师。1985年获西南财经大学政治经济学学士；1996年获西南财经大学政治经济学硕士学位；2010年12月获西南财经大学政治经济学博士学位。研究领域为社会主义市场经济理论、转型经济学。主持国家社科基金项目、四川省社科基金项目，主持省级科研项目、西南财经大学校管项目等。在《改革》《财经科学》《贵州社会科学》《经济体制改革》等国内学术期刊发表学术论文20余篇，多篇论文被《人大复印报刊资料》全文转载。出版专著一部。参编著作、教材、辞典等10余部。个人获得四川省第十六次哲学社会科学优秀成果一等奖（集体奖）、四川省第十次哲学社会科学优秀成果三等奖、西南财经大学优秀教学成果二等奖（2006）、刘诗白奖励基金优秀科研成果二等奖（2000—2001）等。

刘书祥，1965年生，四川大竹人。1985年毕业于四川师范学院政治教育专业；1987年西南财经大学政治经济学研究生班毕业；2000年获南开大学经济研究所政治经济学专业博士学位后留校任教。

2005 年调入西南财经大学经济学院任教。现为西南财经大学经济学院教授。社会兼职：成都市政协委员，民进四川省委经济工作委员会副主任、民进四川省委企业家联谊会特邀理事、民进成都市委会经济科技委员会顾问。研究领域：宏观经济理论与政策、经济增长与就业、货币理论与货币政策。主要研究成果：承担课题多项，包括国家社科基金项目、中央高校基本科研业务费专项资金、中央高校基本科研业务专项资金等。在《南开经济研究》《经济学家》等期刊发表论文多篇。个人专著有《社会主义市场经济理论研究》《跨世纪宏观经济难题研究》《21 世纪经济类专业高等教育的改革和发展战略研究》等。

吴晓东，1967 年生，四川都江堰人。1994 年研究生毕业于西南财经大学经济系并获得经济学硕士学位，2002 年在西南财经大学获得博士学位，2009 年 2 月—2009 年 8 月受邀在剑桥大学做访问学者。历任四川省对外经济贸易学会副秘书长、四川省世界经济学会理事，现在任教于西南财经大学经济学院世界经济研究所，西南财经大学“151”工程首期培养人选。主要研究国际经济理论（包括国际贸易、国际金融、国际投资等），在《经济学家》《社会科学研究》《财经科学》等刊物上发表论文 37 篇，著有《国际投资学》（第二版）、《证券投资技术与分析》（第四版）和《中国农村养老的经济分析》等，副主编教材 1 部、参与编写教材以及其他经济学书籍多部，先后参与过国家社科基金项目 2 个，国家科技部、省级和“211 工程”课题各一个。

傅红春，1968 年生。1977 年考入武汉大学；1987 年考取西南财经大学刘诗白教授博士生；1992 年赴美国伊利诺伊大学做访问学者；1996 年起任西南财经大学教授，2002 年起任博士生导师。2003 年进上海师范大学商学院，任首任院长；2007 年 9 月进华东师范大学商学院。中国美国经济学会理事，上海市经济学会理事。主持包括国家自然科学基金、上海市浦江人才计划等在内的多项课题。出版多部专著、译著、教科书。在《管理世界》《经济学动态》《统计研究》《经济学家》《经济研究资料》《读书》《今日经济》（台湾“经济部”主办学术刊物）、《台湾经济研究月刊》（“台湾经济研究院”主办学术刊物）、《台湾经济金融月刊》（“台湾银行”主办学术刊物）、《证券暨期货管理》（台湾“证券和期货管理委员会”主办学术刊物）、《哲学与文化》（台湾“辅仁大学”主办学术刊物）、英国《交叉学科经济学杂志》《人民日报》《光明日报》《上海证券报》《证券时报》《商报》（香港）、《联合早报》（新加坡）、《侨报》（美国纽约）、《世界日报》（美国纽约）等以及国内外学术会议，发表论文200余篇。一些论著被国内外广泛转载、引用，其中“领袖偏好效应”“经济仿生学”“削权养廉”“市盈率涨停制”“GDP中文译法的建议”等提法较有影响。

雷震，1971年生，四川内江人。经济学博士，西南财经大学教授，现任中国行为经济与行为金融研究中心主任、经济学院西方经济研究所副所长。2004—2007年在西南财经大学攻读博士学位，师从著名经济学家刘诗白教授，博士毕业后留校任教至今。2011年9月—2012年9月访问佐治亚州立大学，师从哈佛大学博士、原经济科学协会主席、实验经济学中心（Experimental Economics Center）主任James Cox教授，从事实验经济学、行为经济学、行为金融学理论与政策研究。目前，已在国内“四大”经济学刊物上发表论文7篇，其中在国内经济学排名第一的杂志《经济研究》上发表论文3篇，英文论文两次入选世界顶级经济学学术会议（Economic Science Association World Conference）；主持国家社会科学基金一般项目、教育部人文社科基金项目、西南财经大学“重大基础理论研究项目”等各类课题多项。以第一作者身份获得德国Werner Jackstädt博士中国经济和商业研究最佳论文奖，是全国财经类院校首次获得该奖项，同时也是实验经济学、行为经济学、行为金融学领域内首次获得该奖项，多次获得“刘诗白奖励基金”“西南财经大学优秀科研成果”“四川省经济学学会”“四川省海外高层次留学人才”等奖励或荣誉。

黄涛，1972年生，四川宜宾人，经济学博士，教授，博士生导师。1989—1993年中国青年政治学院思想政治教育专业本科毕业，获法学学士学位；1998—2008年西南财经大学政治经济学专业在职攻读研究生，获经济学硕士和博士学位。自2000年9月起，先后任西南财经大学党委办公室副主任、中共四川省委组织部青年干部处助理调研员、信息中心副主任、西南财经大学校长办公室副主任、发展规划处副处长、党委办公室主任；2017年4月，任成都理工大学党委副书记。四川省学术和技术带头人后备人选（第十一批）。主要从事社会主义经济理论、产权与制度变迁理论、公共治理与社会政策等领域的研究，先后发表论文50余篇，出版专著2部、教材及其他书籍6部，主持国家社会科学基金项目2项、其他省部级项目3项。

陈志舟，1972年生，经济学博士，西南财经大学经济学院副教授。1991—1995年重庆师范学院中文系，攻读本科；1995—1998年西南财经大学经济学院攻读硕士研究生；2000—2006年西南财经大学经济学院攻读博士研究生。主要研究领域：政治经济学、居民收入分配、统筹城乡发展等。先后参著专著4部，参著教材2本，在《经济学家》《宏观经济研究》《光明日报》《当代经济研究》《社会科学研究》等刊物发表学术论文20余篇。作为主研人员完成国家社会科学基金项目3项、学校“211工程”项目2项、中央高校科研专项资金项目3项，教学改革课题2项，完成成都市政府、武侯区政府、温江区政府等横向委托课题4项。个人获得国家级优秀教学成果二等奖1项，四川省优秀教学成果一等奖2项，四川省哲学社会科学优秀成果一等奖1项、二等奖1项。

李毅，1973年生，重庆人。1996年本科毕业于上海交通大学工业管理工程系，获工学学士学位。2003年研究生毕业于西南财经大学经济学院西方经济学专业，获得经济学硕士学位，毕业后任教于西南财经大学经济学院。多次被评为学校优秀教师一、二等奖，获得西南财经大学“首届学生心目中的好老师”、首届唐立新奖教金等荣誉称号。主要研究领域为微观经济学的基础理论、博弈论和信息经济学及其应用。

宋光辉，1974 年生，1997 年 7 月参加工作，1998 年在四川省甘孜州支教一年。先后获教育学学士、经济学硕士和经济学博士学位。现任四川省委常委办副主任、省委办公厅一级调研员。主要研究方向为公共经济学、教育经济学、区域经济学和高等财经教育理论、教学发展与评估等。近年来的主要学术成果有：论文 30 余篇；独著 1 部，参著专著 3 部；主持国家自然科学基金项目、教育部人文社科项目和四川省哲学社会科学项目 3 项，四川省重点教改和教育发展研究项目 3 项；主研国家社科基金项目 1 项，教育部重点教改项目 2 项；获得国家教学成果奖及省部级教学科研奖 5 项。

杨海涛，1975 年生，四川攀枝花人，经济学博士。现为西南财经大学经济学院教授、硕士生导师。1998 年毕业于华中理工大学（现华中科技大学）经济学院，获“投资经济专业”和“经济法专业”双学士学位；2001 年毕业于西南财经大学经济学院，获“西方经济学专业”硕士学位；同年师从于著名经济学家胡代光教授，于 2005 年在西南财经大学获“政治经济学专业”博士学位。2005 年 10 月—2006 年 9 月以“国家公派访问学者”身份赴德国进行访问学习。主要研究方向为公共组织、民营企业、宏观经济管理。近年来的主要学术成果有：在《改革》《中国经济问题》《社会学》《经济体制改革》《财经科学》《农村经济》《经济经纬》《经济问题探索》《山西财经大学学报》等刊物发表论文 30 余篇；出版专著 1 部；主持国家社会基金课题 2 项；参与国家社科基金课题 3 项；参与教育部人文社会科学课题 2 项；参与横向应用课题 2 项；主编教材 1 部。

杨慧玲，当代马克思主义经济学家。陕西师范大学哲学本科；陕西师范大学政治经济学院经济学硕士；1999 年进入西南财经大学经济学院任教；2008 年在西南财经大学获经济学博士学位。专注于货币、信用及金融的政治经济学研究，2016 年主持国家社科基金项目《马克思主义金融不稳定理论研究》。2012 年主持教育部人文社科规划项目《中国经济与世界分工体系的冲突——中国社会和市场经济模式创新研究》。专著《反思与创新：转型期中国政治经济学发展研究》2009 年获得四川省第十三次哲学社会科学三等奖。

四、21 世纪以来（2001 年至今）的理论经济学学者

李涵，2006 年于美国休斯敦大学获得经济学博士学位，历任西南财经大学经济学教授、博士生导师、经济与管理研究院院长，入选教育部新世纪优秀人才支持计划以及四川省学术与技术带头人。政协四川省第十二届委员会委员、政协成都市温江区第十四届委员会委员、四川省欧美同学会建言献策委员会常务副主任、温江区党外知识分子联谊会会长、西南财经大学党外知识分子联谊会会长、2012—2013 中国留美经济学会副会长。长期从事产业经济学、区域经济学，发展经济学的研究工作。主持两项国家自然科学基金课题，在国内外高水平经济学刊物上发表论文十余篇，政策研究报告获得省部级领导批示。科研成果先后荣获刘诗白优秀科研成果奖、第九届四川省教育厅哲学社会科学科研成果奖、两次获得西南财经大学年度优秀科研成果奖、两次获得西南财经大学优秀教师称号。

袁正，1975 年生，湖南人。1993 年于湖南师范大学物理系获理学学士学位；2001 年于华南师范大学经济与管理学院获经济学硕士学位；2000 年入读中国人民大学经济学院，2007 年获经济学博士学位后，应聘西南财大经济学院任教。2016 年 3 月—2017 年 3 月赴加拿大萨斯喀彻温大学经济系做访问学者。个人专著有《经济转型与信任危机治理》《微观经济学习题集》。在《中国工业经济》《保险研究》《财经科学》《当代财经》《中国经济问题》等期刊发表论文 30 余篇。主持课题多项，包括国家社科基金后期资助项目（18FJL022）——“国民幸福感研究”、国家社科基金一般项目（14BJL022）——“信息与法律双重局限下的市场交易治理研究”、

教育部人文社会科学研究规划基金项目（12YJA790179）——“法律、声誉与信任重建：我国转型期诚信危机治理研究”等。四川省学术和技术带头人后备人选，光华百人计划人选，中国经济发展研究会理事。曾任西南财经大学经济学院西方经济学研究所所长。

盖凯程，1978年生。当代马克思主义经济学家，四川天府社科菁英。2005—2008年就读于西南财经大学经济学院政治经济学专业，师从著名经济学家刘诗白教授。现为西南财经大学经济学院副院长、教授、博士生导师。兼任西南财经大学全国中国特色社会主义政治经济学研究中心副主任、西南财经大学马克思主义经济学研究院常务副院长。主要学术职务有：全国马克思列宁主义经济学说史学会常务理事、中国《资本论》研究会常务理事、全国高等财经院校《资本论》研究会常务理事、四川省社科联理事、四川省委组织部特邀研究员等。主要从事《资本论》与中国特色社会主义政治经济学的教学与研究工作。主持或参与中央“马工程”重大委托项目，国家社会科学基金重大委托项目、国家社会科学基金重点项目、一般项目，教育部人文社科青年规划项目等。出版了《金融危机冲击下的西方主流经济学范式危机和马克思主义经济学范式认知研究》《中国特色社会主义收入分配制度研究》（合著）、《当代马克思主义经济学研究报告》（主编之一）、《高级政治经济学》（主编之一）等著作和教材。参与编撰了《现代经济学大典》词条，以及由洪银兴教授主编的《新编社会主义政治经济学教程》等。主要成果曾获四川省第十七次、第十八次哲学社会科学优秀成果一等奖、教育部第八届高等学校科学研究优秀成果二等奖等。

王雪苓，云南丽江人，经济学博士，副教授。1996年、1999年分别获经济学学士、硕士学位；2002年在西南财经大学经济学院获经济学博士学位，后留校任教至今；2009年在美国得克萨斯A&M大学农经系做访问学者。研究领域主要为货币经济理论、中国经济学、政治经济学以及技术经济学。在《当代财经》《财经科学》等学术刊物公开发表论文20余篇，独立专著一部，部分论文多次被他引或被《人大复印报刊资料》及网络转载，参编教材若干部、合著多部，作为主研人员完成国家级课题 2 项以及省部级课题、学校“211 工程”项目多项，获得四川省哲学社会科学优秀成果一、二、三等奖各 1 项。2006 年获“西南财经大学优秀教师”称号。曾多次参加云南及四川省政府有关部门组织的企业咨询和教学科研活动。

刘金石，1978 年生，江西会昌人，经济学博士，副教授、硕士生导师。四川省经济学会理事，西南财经大学人文（通识）学院副院长。1995—1999 年南昌大学经济系经济学学士；2001—2004 年暨南大学经济学系国民经济学硕士；2004—2007 年西南财经大学经济学院政治经济学博士。研究领域：政治经济学理论与实践研究。主要研究成果：在《经济学动态》《财经科学》《财贸经济》《经济理论与经济管理》等期刊发表多篇论文；负责并参与多年《中国绿色发展指数年度报告》的编写；完成包括“激活四川省民间投资研究”等政府委托项目及研究报告；主持或参与研究项目多项，包括教育部社科青年项目 1 项（13YJC790093）等。获得科研奖励多项，包括西南财经大学刘诗白奖励基金 2012—2013 年度优秀科研成果二等奖、教育部第六届高等学校科学研究优秀成果奖（人文社会科学）二等奖、第六届四川省中青年专家学术大会学术论文三等奖。

陈师，1981 年生，湖北人，经济学博士，现为西南财经大学经济学院教授。1999 年考入西南财经大学经济学院经济学专业，2004 年攻读政治经济学硕士，2006 年提前攻读博士学位并于 2009 年获经济学博士学位。2009 年 9 月留校任教于西南财经大学经济学院，2011 年起任副教授，2016 年起任教授。2014 年春季学期赴台湾淡江大学国际企业学系访问。主要研究方向为银行厂商理论、货币政策评价与设计、新开放经济宏观经济学及经济波动。近年来，在国内外学术期刊发表论文多篇，主持主研国家及省部级等课题多项，包括国家自然科学基金青年项目“银行部门及银行信贷在宏观审慎政策中的作用研究”（71603217）、教育部人文社科基金青年项目“中国的最优财政与货币政策：基于新凯恩斯主义经济学框架的理论与实证研究”（11YJC790016）等。

吕朝凤，1981 年生，云南大学经济学院经济学硕士、厦门大学经济学院国际经济与贸易系经济学博士。研究领域：国际经济增长与周期、中国经济转型。在《经济研究》《管理世界》《数量经济技术经济研究》《经济管理与经济研究》《经济科学》等期刊发表论文多篇。主要研究成果：《金融危机的外部冲击对东南亚国家产出的中期影响：基于日本、美国金融危机冲击的研究》《中国潜在产出的估计和自然率假说的检验》《东南亚国家产出波动的同周期性研究：基于 1980—2008 年数据的分析》《G20 产出波动的同周期性研究：G20 宏观经济政策协调的可行性及效果分析》《中国经济周期福利成本的边际分析》《中国居民消费的习惯形成：基于 1979—2008 年省域面板数据的实证研究》等。

刘璐，1981 年生，四川成都人。1999 年 9 月—2003 年 7 月，西南财经大学国家经济学基础人才培养基地学士；2003 年 9 月—2006 年 7 月，西南财经大学区域经济学硕士；2006 年 8 月—2010 年 7 月犹他州立大学经济学博士。2010 年 9 月以来在西南财经大学经济学院西方经济研究所从事教学和研究工作。研究领域：宏观经济问题、房地产、城市和区域经济问题以及环境和资源经济的各种应用经济问题。主要科研成果：以第一作者或独立作者在 *North American Journal of Economics and Finance*、*Emerging Markets Finance and Trade*、*Canadian Journal of Agricultural Economics*、《中国人口·资源与环境（英文版）》等刊物发表多篇论文；以独立作者出版《一本书看懂中国楼市》《中国楼市看点：典型事件解析（2017—2018）》《楼市与爱情》三本著作；主持并参与多项课题。担任《管理科学学报》、*Urban studies* 等国内外知名学术期刊的匿名审稿人。

邹红，1982 年生，湖南人，西南财经大学经济学院教授、博士生导师。湖南师范大学本科、硕士学位；获西南财经大学博士学位；美国密歇根大学访问学者（2012 年 8 月—2013 年 8 月）。四川省居民消费研究中心研究员。主要研究方向为劳动与人口经济学、消费经济学、应用微观计量经济学、金融经济学。在《经济研究》《经济学（季刊)》*Abstract and Applied Analysis*、*Journal of Applied Mathematics* 等国内外期刊上发表论文 40 余篇；主持国家社科基金重大项目 1 项、国家自然基金 1 项、国家社科基金青年项目 1 项、教育部人文社科基金 2 项、四川省社科基金 2 项、其他课题 20 多项，参与国家社科基金重大项目 2 项；出版专著 2 部。获四川省第十七次社会科学优秀成果二等奖、四川省第十六次社会科学优秀成果二等奖、首届“唐立新”优秀科研教师奖、刘诗白奖励基金 2012—2013 年度优秀科研成果二等奖，刘诗白奖励基金 2014—2015 年度优秀科研成果二等奖，获 2010 年、2011 年、2013 年度西南财经大学优秀科研成果奖。

谢洪燕，1983 年生，贵州大方人。1999—2003 年西南财经大学经济学学士本科；2003—2005 年西南财经大学经济学院经济学硕士研究生；2005—2008 年西南财经大学经济学院经济学博士研究生；现为西南财经大学经济学院副教授，主要研究方向为世界经济、国际金融、微型金融。近年来在《世界经济研究》《宏观经济研究》《国际贸易问题》《农村经济》等刊物发表论文 10 余篇；主持校管课题 1 项；参与国家社会科学基金项目 1 项、教育部人文社会科学研究项目 1 项、四川省社会科学规划项目 1 项等；参编专著 2 部。其中，《经济全球化条件下的国际货币体系改革——基于区域国际货币合作视角的研究》（专著）获四川省第十五次社会科学优秀成果奖三等奖、《经济全球化条件下的中国国际收支失衡及其应对研究》（专著）获四川省第十六次社会科学优秀成果奖三等奖。

韩文龙，1984 年生，甘肃张掖人。2009—2014 年西南财经大学经济学院硕博连读；2013—2014 年美国马萨诸塞大学阿默斯特分校联合培养博士生（国家公派）；2017 年 2 月至今，中国人民大学经济学院理论经济学博士后流转站博士后（在读）。现任西南财经大学经济学院副教授、硕士生导师，研究方向：收入分配、农村土地问题和马克思主义经济学等。科研成果：近年来在《中国社会科学内部文稿》《经济学动态》《政治经济学评论》《财经科学》《经济评论》等杂志上发表论文 40 多篇，1 篇论文被《新华文摘》全文转载，8 篇论文被《人大复印报刊资料》转载，主持国家社科基金青年项目 1 项，主研国家社科基金重大和一般项目多项。参编著作多部，包括《资本积累、信用扩张与资本主义经济危机》《高级政治经济学》《中国大百科全书》等。社会兼职与匿名审稿工作：当代中国马克思主义政治经济学创新智库理事、全国马克思主义经济学青年论坛理事、从事《经济评论》等杂志的匿名审稿。

李标，1984 年生，安徽濉溪人，经济学博士，现为西南财经大学经济学院讲师，硕士研究生导师。2003 年考入湖北师范大学数学与统计学院应用数学专业，2008 年于西南财经大学经济学院攻读西方经济学硕士，2011 年于西南财经大学经济学院攻读区域经济学博士。2014—2016 年于西南财经大学理论经济学博士后流动站政治经济学专业从事研究与教学工作，2016 年 9 月任教于西南财经大学经济学院。近期主要从事马克思主义经济学理论及应用、区域经济理论及实践、城镇化与可持续发展研究。在《财经科学》《中国人口·资源与环境》《经济学动态》《当代经济研究》等期刊发表论文多篇；个人专著《中国集约型城镇化的理论与实证》一部；负责课题多项，包括中央高校基本科研业务费专著出版与后期资助项目“中国集约型城镇化的理论与实证”等；四川省统计局重点项目“新常态下四川科技创新动力实现研究”等；国家社科基金“新形势下我国劳动力供给和就业问题实证研究”等。

张安全，1985 年 11 月生，四川苍溪人，经济学博士。2009. 9—2011. 7，西南财经大学，西方经济学硕士；2011. 9—2014. 7，西南财经大学，西方经济学博士；2014. 7—2016. 7，西南财经大学，国民经济学博士后。研究领域：消费经济学、房地产经济学、实验与行为经济学。主要研究成果：在《经济研究》《经济学（季刊）》《当代经济科学》《统计研究》《世界经济》《管理世界》等期刊发表论文十余篇，参编著作：①*Report on Global Urban Competitiveness and Income Levels*. ②《中国区域房地产业发展现状、问题与战略措施》.

③《中国（西南地区）城市竞争力报告》负责课题项目：中央高校基本科研业务费专项资金资助项目“中国居民预防性储蓄的重要性”（2012—2013），项目编号 JBK1207096，已结题。

陈晓玲，女，西南财经大学经济学院副教授。1996.9—2000.7，西安交通大学，国际经济与贸易学士；2000.9—2003.7，西安交通大学，区域经济学硕士；2003.9—2007.11，西安交通大学，区域经济学博士。研究领域：资源环境经济学和可持续发展、区域经济增长。主持“教育部人文社会科学青年基金项目”等课题项目；在《经济学（季刊）》《数量经济技术经济研究》等期刊发表多篇学术论文；并担任《数量经济技术经济研究》审稿人。代表作有《石油冲击对我国宏观经济的影响和货币政策的动态调整》《要素替代弹性、有偏技术进步对我国工业能源强度的影响》《资本—劳动替代弹性和地区经济增长——德拉格兰德维尔假说的检验》《中国地区比较优势动态变化的实证研究》等。

李雪莲，女，河北唐山人。1995.9—1999.7，吉林大学管理学院，学士；2003.9—2006.7。四川大学金融系硕士；2006.9—2009.12，四川大学经济学院，博士；2008.8—2009.8，University of Georgia（美国）经济系联合培养博士，现为西南财经大学教授、博士生导师，金融安全协同创新中心研究员，兼任中国世界经济学会理事、中国美国经济学会理事。研究领域为国际金融、国际经济运行、银行厂商理论、家庭金融、消费经济学。先后主持国家自然科学基金项目、省部级及地方政府课题多项，在《经济研究》等国内外权威学术期刊发表论文二十余篇，著作两部，是《经济研究》《经济学季刊》以及 *Emerging Markets Finance and Trade International Review of Economics and Finance* 等期刊的匿名审稿人。先后获得四川省第十六次、第十七次社科优秀成果三等奖、四川省宏观经济学会第十七次优秀成果一等奖等，2018 年入选“四川省学术和科技带头人后备人选”和“光华百人计划”。

马双，经济学博士、教授。长期致力于中国劳动经济问题研究，取得了显著的学术成果。2010 年以来累计发表论文十余篇，其中，*Journal of International Economics*1 篇，*Journal f Empirical Finance*1 篇，*China conomic Review*1 篇，*The nergy Journal*1 篇，《经济研究》7 篇，《经济学（季刊）》6 篇，《管理世界》2 篇，《金融研究》2 篇，《世界经济》1 篇，合著 2 部，其中英文著作 1 部。主持国家社科基金项目 1 项，教育部青年项目 1 项。作为子课题负责人参与国家社科重大项目 1 项。2012 年以来，累计获得“四川省哲学社会科学优秀成果奖”4 项，“刘诗白经济学奖”1 项，“教育部高等学校科学研究优秀成果奖”1 项。2009 年至今，作为核心成员参与中国家庭金融调查项目，并兼任首席研究员。作为主要贡献者参与并发布《中国家庭收入差距报告》《中国城镇地区住房空置率报告》。2014 年入选第十一批四川省学术和技术带头人后备人选，2017 年入选第十三批四川省有突出贡献的优秀专家名单。

徐舒，教授。2001. 9—2005. 7 在西南财经大学统计学院统计学就读本科，2006. 9—2010. 12 在西南财经大学经济与管理研究院数量经济学硕博连读，2008. 11—2010. 7 在香港岭南大学经济学系担任项目研究员与兼职讲师。研究方向主要是应用微观计量，劳动经济学，公共政策评估。在《经济研究》《管理世界》《经济学（季刊）》以及 *Journal of Econometrics* 等国内外顶级期刊发表多篇论文；承担多项课题，包括自然科学基金青年项目“经济政策对居民消费、资产选择及财富分配的影响”（批准号：71103145）等。2010 年，加入甘犁教授创立的中国家庭金融调查中心（CHFS）。CHFS 致力于通过科学的抽样，采用现代调查技术和调查管理手段，在全国范围内收集有关中国家庭金融微观层次的相关信息，如住房资产和金融财富、负债和信贷约束、收入、支出、社会保障和保险、代际支付转移、人口特征和就业、支付习惯等，并基于调查数据针对当前中国经济发展中的诸多热点问题进行分析研究，撰写研究报告，为政策制定者提供有力参考。同时为《经济研究》《经济学（季刊）》以及 *Journal of Economic Growth*、*China Economic Review* 等刊物提供匿名审稿服务。曾获2012年度刘诗白优秀科研成果二等奖。

赵劲松，女，2003年获得西南财经大学经济学学士学位；2006年获得西南财经大学经济学硕士学位；2008—2009年加州大学洛杉矶分校（UCLA）经济系及中国研究中心联合培养博士；2010年获得南开大学经济研究所经济学博士学位。现为西南财经大学经济学院副教授，博士/硕士研究生导师。研究领域：经济史，金融史。主要研究成果：《法律还是政治变迁?》《近代中国投资者保护机制研究》《全球史研究视角下的长期经济增长》等。参与课题：①国家社会科学基金研究项目，近代投资者保护机制研究（项目号11XJL012)，主持人。②西南财经大学“青年教师成长项目”：“合伙还是公司? 来自近代企业组织形式的证据”，主持人。参编教材：《中国经济史》。相关译著：①艾玛·罗斯柴尔德《经济情操论》，赵劲松，别曼，译；②滨下武志《中国、东亚、全球经济》，王玉茹，赵劲松，译。

李怡乐，副教授，经济学博士。2004年9月—2008年6月，复旦大学经济学学士；2008年9月—2010年6月中国人民大学经济学硕士；2010年9月—2013年6月中国人民大学经济学博士。2013年9月以来在西南财经大学经济学院从事政治经济学教学和研究工作，长期致力于马克思主义经济学基础理论的发展与应用研究。近期在《当代经济研究》《政治经济学评论》《经济学家》等期刊发表多篇学术论文；承担多项科研项目，包括国家社科青年项目“马克思经济学视角下振兴中国实体经济的资本积累结构研究”（17CJL002)；国家社科基金青年项目“马克思宏观经济学模型研究”（14CJL038)；中国特色社会主义经济建设协同创新中心课题“国外马克思主义经济学研究评析及借鉴”等。

李梦凡，西南财经大学经济学院讲师，经济学博士，硕士研究生导师。教育背景：2005—2009年西南民族大学经济学，本科；2009—2012年西南财经大学，经济学硕士；2012—2015年西南财经大学，经济学博士；2014—2015年美国麻省大学（UMass）访问学者。研究领域：收入分配，世界体系。主要科研论文：①王朝明，李梦凡《极化效应下我国中等收入者群体的发展问题》；②韩文龙，李梦凡，谢璐《“中等收入陷阱”：基于国际经验数据的描述与测度》；③李梦凡，谢璐，韩文龙《弗里曼-克莱曼问题探索：基于里昂惕夫投入产出模型的分析》；④李梦凡，韩绿艺《经济新常态下我国面临中等收入陷阱风险的再思考》。

刘定，湖南衡阳人，经济学博士，西南财经大学经济学院副教授、博士生导师。2004—2008 年，四川大学，理学学士；2008—2011 年，重庆大学，经济与工商管理学院，硕博连读（金融风险管理，技术经济及管理）；2011—2015 年，英国格拉斯哥大学（University of Glasgow），亚当斯密商学院，经济学博士。2015 年 11 月入职西南财经大学经济学院。为 *Journal of Macroeconomics*，*Journal of Economic Dynamics and Control* 等期刊的匿名审稿人，香港研究资助局（RGC）外审。英国皇家经济学会、欧洲经济学会和世界计量经济学学会会员。研究领域：货币与宏观经济学，数量经济学，金融经济学，计算经济学。主要研究成果：“The Inflation Bias under Calvo and Rotemberg Pricing”“Optimal Time-Consistent Monetary，Fiscal and Debt Maturity Policy”“Search Models of Money：Recent Advances”和《中国货币政策和财政政策相互作用的结构估计》等。荣誉和奖励：①Adam Smith Business School Prize for PhD excellence 2016（格拉斯哥大学亚当斯密商学院 2016 年度最佳博士论文奖）。②Joint PhD Scholarship from University of Glasgow and China Scholarship Council（CSC），2011—2015. ③Excellent Postgraduate，Chongqing University，China，2009.

贺泽凯，博士毕业于 University of Cincinnati，主研国际贸易和金融、城市经济学、住房经济学、能源与环境经济学、应用微观计量经济学。主要科研成果：①Testing slope homogeneity in panel data models with a multifactor error structure. ② Urbanisation and the geographic concentration of industrial SO2emissions in China. ③Spatial agglomeration and location determinates—Evidence from the US communication equipment manufacturing industry. ④Modeling dynamic conditional correlations between oil spot, oil future, and stock market returns in industry sectors. R&R and resubmitted.

王爱伦，男，江苏淮安人，厦门大学应用经济学（能源经济学）博士。研究方向：能源经济与政策，国际能源贸易。主要研究成果：①Dynamic change in energy and CO_2 performance of China's commercial sector: A regional comparative study. ② Assessing CO_2 emissions in China's commercial sector: Determinants and reduction strategies. ③Regional energy efficiency of China's commercial sector: An emerging energy consumer. ④Estimating energy conservation potential in China's commercial sector.

吴垠，男，经济学博士，西南财经大学经济学院教授，美国波士顿大学访问学者。研究领域：中国经济问题、政治经济学、城市经济学。主要研究成果：主持或参与国家社科基金项目、国家自科基金项目、四川省哲学社会科学项目多项。近年来在《经济学动态》《政治经济学评论》《中国人民大学学报》《复旦学报（社科版）》《中国工业经济》《统计研究》《经济科学》《当代经济研究》《中国软科学》等期刊发表了相关学术论文 60 余篇。多篇论文被《人大复印报刊资料》全文转载。曾获四川省哲学社会科学优秀科研成果一等奖、三等奖，西南财经大学刘诗白奖励基金年度优秀科研成果二等奖，以及西南财经大学校级优秀科研成果奖。

张志，1989 年生，男，河南省信阳市人。2018 年 7 月至今在西南财经大学经济学院从事教学和科研工作。教育背景：2012.9—2015.6，西南财经大学政治经济学经济学硕士；2015.09—2018.06，中国人民大学经济思想史经济学博士。研究领域：政治经济学、经济思想史、演化经济学。代表性学术论文：《为什么教科书中有关重商主义的流行看法是错误的》《重商与重农：孰是孰非——基于国家富强视角的比较》《重商主义经济学革命：意义、贡献与现实价值》。科研课题：国家社会科学基金重大项目“外国经济思想史学科建设的重大基础理论研究”、国家社会科学基金重点项目“第三次工业革命与我国经济发展战略调整研究”（14AJL009）等。

陈姝兴，1991 年生，女，四川省成都市人。2018 年 7 月起在西南财经大学经济学院从事教学和科研工作。教育经历：2008. 9—2012. 7，西南财经大学经济学基地班，学士；2012. 9—2014. 7，西南财经大学政治经济学硕士；2014. 9—2018. 7，西南财经大学区域经济学博士；2015. 7—2016. 9，美国罗格斯新泽西州立大学（Rutgers，The State University of New Jersey）联合培养经济学博士。研究领域：城乡关系问题和中国经济改革理论与实践等。在《南京大学学报》《中国人口资源环境》《统计与决策》等期刊发表多篇学术论文。科研课题：国家中央高校基金课题“区域经济政策的协调”等。

王军，1991 年生，男，安徽省定远县人。2018 年 9 月起在西南财经大学经济学院从事教学和科研工作。教育经历：2012. 9—2015. 6，西南科技大学经济学院，硕士；2015. 9—2018. 6，西南财经大学经济学院，博士。研究领域：马克思主义经济学、“三农”问题和中国经济改革理论与实践等。参编专著：《民生经济学》《中国特色社会主义收入分配制度研究》等。在《中国人口·资源与环境》《社会科学研究》《经济与管理研究》《四川大学学报（哲学社会科学版）》《财经科学》《华东经济管理》《农村经济》等期刊发表多篇论文。科研课题：中央高校基本科研业务费专项资金资助项目“财政支农资金股权量化改革与农民财产性收入增长的理论与实证研究”（JBK1607005）；国家社科基金西部项目“基于农村集体资产股权量化改革的农民财产性收入增长机制研究”（2017XJY013）等。

第六章　境内外学术交流与合作[①]

学术研究需要交流，尤其是国际交流。新中国成立前，一些经济学者有出国留学的背景，将西方经济学引入中国。新中国成立以来，由于国际环境的变化，无论是“走出去”，还是“请进来”皆已停止；直到1978年改革开放，才再次对外开放，让境内学者能够“走得出去”，能够将境外专家学者“请得进来”。尤其是进入21世纪以后，大批中国留学生从海外学成归来，更是加大了经济学的国际交流力度，促进了经济学的大发展。

一、“走出去”

早期“走出去”，在海外学成归来的著名经济学家有留学日本的陈豹隐、彭迪先，留学法国的梅远谋，留学英国的程英琦，留学伦敦、巴黎的汤象龙，留学美国的吴世经等。1978年开始的改革开放，打开了国门，西南财经大学经济学学者“走出去”的步伐不断加快（见表6-1）。

---

① 本章参考资料包括：《西南财经大学志1958—2003》，《西南财经大学年鉴》（2012—2018分册），《2000—2010年西南财经大学纪事》《经济学院——科研成果汇总》，西南财经大学经济学院官方网站，西南财经大学经济管理研究院官方网站，西南财经大学官方微信公众号等。

表 6-1　1978 年以来"走出去"的四川经济学学者和重要学术交流活动

时间	姓名	活动	单位
1978—1992 年			
1980 年	刘洪康	刘洪康访问日本，考察日本教育制度	西南财经大学
1984—2005 年	刘诗白	刘诗白首次访问美国并与 Texas Tech 大学、田纳西大学签订合作与交流的谅解备忘录	西南财经大学
1985 年		学院派出高等经济、金融教育赴美、日两个考察团，分别与哈佛大学、哥伦比亚大学、布朗大学、坦普尔大学、罗德艾兰大学、沃尔顿学院、布莱恩学院等院校的教授和日本学术界进行广泛的接触，打开了引进人才的渠道。并与美国马瑞塔学院签订定期交换学术资料、专著、教材及互派讲学、留学人员以及与美国田纳西大学管理学院就建立校际关系达成初步协议，聘请外籍语言教师 4 名	西南财经大学
1993—2002 年			
1995 年	王永锡	以王永锡校长为团长的学校代表团出访德国，与德国政界、经济界进行广泛接触，达成多项联合办学实质性和意向性协议	西南财经大学
2000 年 6 月 1 日—2000 年 6 月 15 日	王裕国	校长王裕国教授率团出访俄罗斯圣彼得堡国立财经大学，签署校际交流协议，并在该校做有关中国改革和中国经济建设的学术报告	西南财经大学
2002—2012 年			
2002 年 11 月 1 日—2002 年 11 月 15 日	王裕国	王裕国校长一行 3 人赴欧洲考察，王校长一行在德国参加了"第二届中德货币政策研讨会"，在荷兰签署了关于两校 MBA、教师及学生交换的合作协议；在法国商谈了有关教师讲学、学生交换事项；在英国商谈教师讲学、互访及科研、学术交流等事项	西南财经大学
2003—2012 年			
2004 年 6 月 4 日—2004 年 6 月 11 日	刘诗白等	名誉校长刘诗白、校长王裕国、纪委书记欧兵访问俄罗斯圣彼得堡国立财经大学、圣彼得堡国立大学、俄罗斯联邦政府直属莫斯科金融学院、莫斯科大学	西南财经大学

表6-1（续）

时间	姓名	活动	单位
2006年8月21日—2006年8月28日	王裕国等	应俄罗斯三所大学邀请，校长王裕国、副校长刘灿教授及教育部重大课题组成员郭徐咸教授、周文瑛教授、宋光辉副教授和赵吉林副教授一行，赴俄罗斯的国立（罗蒙索诺夫）莫斯科大学、人民友谊大学和新西伯利亚经济与管理大学进行了友好访问。王裕国校长和新西伯利亚经济与管理大学赛雪校长、尤·瓦·古谢夫教授签署了两校教师、学生互换、互访及合作科研等方面的合作交流协议；并与莫斯科大学达成合作意向。至此，西南财经大学已与俄罗斯5所大学（包括20世纪90年代与彼得堡国立财经大学、2004年与国立俄罗斯金融学院分别签署合作交流协议）正式建立了友好合作关系	西南财经大学
2007年8月1日—2007年8月18日	刘灿等	刘灿副校长率领西南财经大学代表团一行六人赴美参加了美国管理学年会和美国会计学年会，招聘管理和会计领域人才并访问了纽约大学、宾夕法尼亚大学、莱斯大学等大学	西南财经大学
2007年10月29日—2007年11月6日	王裕国	由校长王裕国教授率领的赴南美洲访问代表团一行四人分别对巴西、智利两国的合作大学State University of Campinas和University Catolica De La Santisima Concepcion进行了正式友好访问，受到了访问学校的热情欢迎和接待，双方加深了相互了解和友谊，签署了合作协议，商议了相关合作项目	西南财经大学
2008年3月16日—2008年4月2日	王裕国等	由校长王裕国、副校长卓志率领的西南财经大学代表团一行七人赴美高等院校和研究机构进行交流，王校长分别与圣路易斯玛丽维尔大学、得克萨斯理工大学的校长及卡托研究所总裁签署了正式合作协议	西南财经大学

表6-1(续)

时间	姓名	活动	单位
2008 年 10 月 23 日	刘方健	西南财经大学经济学院执行院长刘方健应邀参加了由香港中文大学与孙冶方经济科学基金会在香港联合举办的“中国改革开放 30 年暨孙冶方诞辰百年纪念经济理论研讨会”。刘院长就学院与香港经济学界的学术交流活动初步达成了合作意向	西南财经大学
2009 年 11 月 24 日—2009 年 12 月 3 日	刘灿	刘灿副校长率团访问欧洲高校	西南财经大学
2010 年 9 月 23 日—2010 年 10 月 2 日	刘灿	刘灿副校长率代表团出访美国、加拿大两国高校	西南财经大学
2010 年 10 月 27 日—2010 年 11 月 7 日	封希德	西南财经大学党委书记封希德率团对澳大利亚和新西兰的澳新银行、堪培拉大学、悉尼科技大学、新西兰维多利亚大学进行了访问交流，取得丰硕成果	西南财经大学
2013—2019 年			
2019 年 9 月 24 日—2019 年 9 月 25 日	王擎 汤继强 李雪莲	西南财经大学中国金融研究中心主任王擎教授、西财智库首席研究员汤继强教授，经济学院世界经济研究所李雪莲教授在德国柏林参加第二十届中德货币政策研讨会	西南财经大学

以刘诗白教授等为主要代表的经济学家具有一定的国际影响力，各种外文 A 级和 B 级论文的发表量逐年增加，西南财经大学理论经济学走出去的步伐不断加快。

二、“请进来”

在“请进来”方面，自 1978 年以来，先后有许多境外经济学家或机构来西南财经大学访问（见表 6-2）。

表 6-2　诺贝尔经济学奖获得者来西南财经大学做学术演讲情况汇总

时间	活动	单位
1992 年	1992 年，西南财经大学刘诗白教授在光华校区会见了诺贝尔经济学奖得主米尔顿·弗里德曼教授（Milton Friedman）。这是弗里德曼第三次访华。他在自传中表示："对中国的三次访问是我一生中最神奇的经历之一。"弗里德曼是 1976 年诺贝尔经济学奖获得者。主要贡献集中在消费分析、货币供应理论及历史和稳定政策复杂性等范畴 	西南财经大学
1999 年 7 月 2 日	诺贝尔经济学奖获得者福格尔教授到校座谈美国社保与就业状况	西南财经大学
2010 年 7 月 2 日	校长赵德武在腾骧楼贵宾厅亲切会见了诺贝尔经济学奖获得者奥利弗·威廉姆森教授。威廉姆森此次到访西南财经大学是参加由西南财经大学主办的"第四届中国西部管理论坛"  	西南财经大学
2001 年	诺贝尔经济学奖获得者、欧洲经济学会主席莱茵哈德·施尔顿（泽尔腾）教授来学校讲学	西南财经大学

表6-2(续)

时间	活动	单位
2008 年 12 月 15 日	2008 年 12 月 15 日，第 5 届（2008）香港经济学双年会在西南财经大学举行，这是香港经济学双年会首次走进内地。詹姆斯·莫里斯在会上发表了演讲。谈到金融危机引发的就业问题时，莫里斯教授鼓励即将毕业的大学生，如果没有好的工作，可以学习自己创业	西南财经大学
2009 年 4 月 14 日	赵德武校长在腾骧楼贵宾厅会见了国际著名计量经济学家、瑞典皇家科学院院士、诺贝尔经济学奖评审委员会委员 Timo Teräsvirta 教授一行，并向 Timo Teräsvirta 教授颁发了西南财经大学客座教授证书	西南财经大学
2013 年 6 月 8 日	诺贝尔经济学奖得主罗伯特·蒙代尔教授做客光华讲坛，发表题为“人民币在国际货币体系中的未来”的演讲 	西南财经大学
2013 年 6 月 8 日	2013 年 6 月 8 日、9 日，西南财经大学承办的中国留美经济学会 2013 年国际学术研讨会召开。大会主题为“转型中的中国金融体系：改革、政策和实践”，克里斯托弗·皮萨里德斯教授（Christopher A Pissarides）出席了研讨会。 在主题演讲阶段，克里斯托弗·皮萨里德斯教授围绕“世界经济合作与发展组织在经济衰退期间的失业情况（OECD Unemployment in the Great Recession）”发表演讲 	西南财经大学

表6-2(续)

时间	活动	单位
2013 年 6 月 8 日	在 2013 年 6 月的中国留美经济学会 2013 年国际学术研讨会上，詹姆斯·莫里斯教授参加会议并发表主题为“中国金融改革思路：2013-2020”的演讲 	西南财经大学
2015 年 6 月 1 日	2015 年 6 月 11 日，詹姆斯·莫里斯教授（James Mirrlees）到访西南财经大学并做客“校庆系列学术报告会”，做了题为《中国经济应该如何快速发展》的学术报告。报告中，他认为中国经济未来发展的一个可能性选择是通过鼓励资本投资向低收入即劳务资本较低的地区转移来获得持续发展 	西南财经大学
2018 年 11 月 3 日	诺贝尔奖经济学奖得主罗伯特·默顿教授（Robert C Merton）到访西南财经大学，做客光华讲坛，为全校师生做了主题为“SeLFIES——全球适用的债券创新：改善养老基金表现及降低政府融资成本”的专题演讲	西南财经大学

三、境内外学术交流

自 1978 年改革开放以来，西南财经大学与境外相关机构签订了一系列学术活动与交流的相关协议，承办了很多场学术会议，西南财经大学光华讲坛等更是为境内外学术交流搭建了广阔的舞台。

（一）学术交流协议

表6-3为改革开放以来，西南财经大学与境外相关机构签订的学术交流协议汇总。

表6-3　改革开放以来西南财经大学与境外相关机构签署的学术交流协议汇总

协议名称	国家或地区	签署时间	学校签署机构	签署高校
西密歇根大学一般学术合作协议	美国	2012年7月10日	校级	西南财经大学
IUP学术交流协议（2012年秋—2018年春）的学术合作协议	美国	2012年7月10日	校级	西南财经大学
管理大学学术合作谅解备忘录的学术合作协议	新加坡	2012年7月30日	校级	西南财经大学
东吴大学的学术交流协议	中国台湾	2012年8月28日	校级	西南财经大学
西南财经大学与台湾中兴大学学术合作交流协议书	中国台湾	2015年	证券与期货学院	西南财经大学
西南财经大学金融中心与香港城市大学学术交流备忘录	中国香港	2015年	中国金融研究中心	西南财经大学

同时，西南财经大学经济学院于2012年加入美国西部经济学国际学会（WEAI），是目前WEAI在中国大陆的唯一一个机构会员。美国西部经济学国际学会（WEAI）创办于1922年，是美国最有影响力的世界级经济学协会之一，旗下有*Economic Inquiry*和*Contemporary Economic Policy*这两本国际知名经济学期刊。很多国际著名的高校和研究机构都是WEAI的机构会员，比如Stanford University、Cornell University、RAND Corporation、Federal Reserve Bank of Dallas等。

（二）学术交流、学术讲座、学术报告

改革开放以来，西南财经大学召开了一系列境内外学术交流会，举办了一系列学术讲座和学术报告（见表6-4）。

表6-4 改革开放以来西南财经大学召开的境内外学术交流、学术讲座、学术报告情况汇总

时间	名称	单位
1993—2002年		
1998年8月	刘诗白教授出席海峡两岸第三届资深学者“面向21世纪国际经济发展和国际金融风险防范”学术研讨会	西南财经大学
2001年11月8日	美国驻成都总领事白瑞先生到校访问	西南财经大学
2001年12月3日	世界银行官员到校考察	西南财经大学
2002年5月22日	美国加州大学伯克莱分校教授钱颖一博士与学院教师、研究生、基地学生座谈	西南财经大学
2003—2012年		
2003年4月21日	法国国家高等保险学院院长Michael Lstrasse先生到校访问	西南财经大学
2004年3月10日	西南财经大学将该校首个名誉博士学位授予波兰前副总理哥哲哥·科勒德克（Grzegorz W. Kolodko）。2003年9月，科勒德克教授在赴“中国金融论坛”时，曾经到访过成都。2004年3月10日，他正式接受西南财经大学校长授予的名誉博士学位证书。科勒德克教授还做了题为“转轨经济：激进与渐进”的学术演讲	西南财经大学
2004年6月4日	美国《家庭和经济问题杂志》总编、消费者利益学会会长、罗德岛大学消费经济学教授肖经建先生到校进行学术访问	西南财经大学
2004年9月25日—2004年9月26日	由全国美国经济学会与西南财经大学经济学院、国际商学院联合主办的全国美国经济学会会长扩大会议暨“21世纪初世界经济格局与中美经贸关系高级论坛”在学校成功召开	西南财经大学

表6-4(续)

时间	名称	单位
2004 年 11 月 25 日	英国中央兰开夏大学校长马尔科姆·麦克维卡博士一行六人访问学校。校长王裕国、副校长卓志会见了客人，双方就短期互派教师讲学、MBA 教育、本科生培养、教师短期进修、科研项目合作研究、联合举办国际学术会议、教学资源交流等事项进行了协商和探讨，并达成了合作办学的意向性协议	西南财经大学
2006 年 11 月 22 日	荷兰银行负责亚太和欧洲地区的执行董事彼得·欧维马斯先生等九人组成的高级代表团访问西南财经大学。王裕国校长向彼得·欧维马斯先生颁发西南财经大学客座教授聘书。彼得·欧维马斯先生为西南财经大学师生做了题为“持续经营之道——跨国公司的社会责任”的学术讲座	西南财经大学
2007 年 3 月 12 日	由世界银行、四川省政策研究学会、西南财经大学联合主办的“可持续发展制度建设报告会”在西南财经大学隆重召开	西南财经大学
2007 年 10 月 15 日	著名学者、加拿大西安大略大学徐滇庆教授做客“光华讲坛”，做了“中国银行业改革展望”的学术报告。副校长丁任重教授出席并向徐滇庆教授颁发了兼职教授聘书，中国金融研究中心主任刘锡良教授主持讲座	西南财经大学
2008 年 12 月 15 日—2008 年 12 月 16 日	第五届（2008）香港经济学双年会在西南财经大学隆重召开。本届双年会首次在内地举行，由香港经济学会和西南财经大学共同主办，西南财经大学经济学院承办，香港中文大学、香港城市大学、香港浸会大学、香港理工大学、香港科技大学、岭南大学、香港大学和中国东方电气集团公司等协办，大会的主题为：全球化与经济稳定	西南财经大学
2009 年 10 月 28 日	美国著名经济学家、地缘政治学家、战略风险咨询家 F. W. 恩道尔教授一行访问西南财经大学	西南财经大学
2010 年 5 月 20 日—2010 年 5 月 25 日	德国柏林经济政法大学新任校长 Bernd Reissert、原校长 Rirger 一行对西南财经大学进行为期五天的访问	西南财经大学
2014 年	美国芝加哥大学终身教授赵鼎新做客“光华讲坛”	西南财经大学

表6-4(续)

时间	名称	单位
2014 年	加拿大亚太基金委员会主席 Stewart Beck 做客“光华讲坛”	西南财经大学
2015 年	南非科学院院士 Mammo Muchie 教授做客“光华讲坛”	西南财经大学
2016 年	美国芝加哥大学终身教授赵鼎新做客“光华讲坛”	西南财经大学
2016 年	加拿大亚太基金委员会主席 Stewart Beck 做客“光华讲坛”	西南财经大学
2017 年	剑桥大学 Oliver 教授做客“光华讲坛”	西南财经大学
2017 年	世界银行研究部首席经济学家徐立新教授做客光华讲坛	西南财经大学
2019 年 5 月 15 日	美国普林斯顿大学荣休教授、计量经济学家、2017 年中国经济学奖获得者邹至庄先生一行访问西南财经大学并开设讲座。校长、党委副书记卓志在腾骧楼贵宾厅会见了来宾	西南财经大学
2019 年 6 月 27 日—2019 年 6 月 28 日	由西南财经大学相关部门和《经济研究》编辑联合主办的“2019 国际宏观金融会议”在西南财经大学弘远楼召开。来自美国堪萨斯市联储、佐治亚州立大学、埃默里大学、罗切斯特大学、香港科技大学、澳大利亚迪肯大学和北京大学、清华大学等高校的 50 余名专家学者参加了会议	西南财经大学
2019 年 10 月 25 日	日本著名马克思主义经济学者大西広（HIROSHI ONISHI）教授到访西南财经大学，做了题为“日本马克思主义经济学的发展及现状”的学术讲座	西南财经大学

四、境内外出版物交流

随着对外开放中的“走出去”与“请进来”，西南财经大学理论经济学从翻译引进境外著作发展到在境外出版学术专著，在境外重要专业期刊发表自己的学术研究成果，不仅扩大了其学术影响力，也极大地提高了理论经济学的国际化水平。

（一）《财经译丛》

1961年，学院成立由八名教师组成的编译室，编辑《社会主义经济学》和《资本主义经济学》两种资料性刊物，所编译文一般都是各学科领域内最新成果。编译室翻译有《中国50年来的贸易》一书，并接受委托，进行外国军事情报资料翻译工作。1979年，学院正式创办《财经译丛》（季刊），作为翻译、介绍国际财经科学发展动向的窗口。主办单位为科研处，主持编务工作的先后有元毓盛、林展平、刘秋篁、罗根基、雷起荃等人。1989年，经学校校务会决定，《财经译丛》上报停刊。

（二）西南财经大学学者在境外出版的理论经济学论著

梅远谋在法国自费留学期间研究货币学理论，获巴黎大学经济学硕士学位，继后，入学法国南锡大学，1936年年底获经济学博士学位。他的学术研究领域是货币经济理论。其学术思想及其学术成就主要集中在1936年他在留学法国期间发表的博士学位论文《中国的货币危机——论1935年11月4日的货币政策》中。他在金融理论方面的创新，被他的学生曾康霖教授归纳为：提出了中国银本位货币体系的终止与特殊纸币体系的建立说、“信用独占”论、利率与物价非因果关系说。

1955年彭迪先写出了20万字的《货币信用论大纲》，并由生活·读书·新知三联书店出版。日本立命馆大学教授、经济学博士武藤守一把此书译为日文，1956年11月在日本三和书店出版。本书剖析了资产阶级货币信用学说，揭示了社会主义货币信用本质及其运转方法，对外宣传了新中国货币信用制度与方针政策，是一本在20世纪50年代还不多见的著作。日本经济学家把它译为日文出版，并非偶然。

刘诗白教授在国际上享有盛誉。目前，已被列入美国传记研究所编的《国际名人录》（1988 年第 2 版）、英国剑桥国际传记中心编的《国际领袖人物录》（1988 年版）、《澳洲、亚洲、远东名人录》（1988 年第 1 版）、《世界名人录》（1988 年版）中。纪尽善教授 2006—2012 年在境外香港天马图书有限公司出版他的系列丛书——《纪尽善文集》（1-10 卷）。

（三）境外 A 级期刊论文发表

西南财经大学学者近年来在境外 A 级期刊发表的论文情况见表 6-5。

表 6-5 西南财经大学学者近年来发表的境外 A 级论文汇总

时间	论文题目	第一作者	所属单位	发表刊物
2013—2019 年				
2013 年	Stacking low carbon policies on the renewable fuels standard: economic and greenhouse gas implication	陈晓光	经济与管理研究院	*Energy Policy*
2013 年	Theoretical and experimental analysis of auctions with negative externalities	胡又欣	经济与管理研究院	*Game Econ Behav*
2013 年	Optimal delegation via a strategic intermediary	梁平汉	经济与管理研究院	*Game Econ Behav*
2013 年	Road investments and inventory reduction: Firm level evidence from China	李涵	经济与管理研究院	*J Urban Econ*
2013 年	Inference in asset pricing models with a low-variance factor	尚华	经济与管理研究院	*J Bank Financ*
2014 年	International oil shocks and household consumption in China	张大永	经济与管理研究院	*Energy Policy*
2014 年	Trends in mortality decrease and economic growth	牛耕	经济与管理研究院	*Demography*
2014 年	Alternative transportation fuel standards: Welfare effects and climate benefits	陈晓光	经济与管理研究院	*J Environ Econ Manag*

表6-5(续)

时间	论文题目	第一作者	所属单位	发表刊物
2015 年	Subjective mortality risk and bequests	甘犁，Guan Gong，Michael Hurd，Daniel-Mcfadden	经济与管理研究院	*J Econometrics*
2015 年	Momentum is really short-term momentum	龚强，Ming Liu，Qianqiu Liu	经济与管理研究院	*J Bank Financ*
2015 年	The effect of Beijing's driving restrictions on pollution and economicactivity	V. Brian Viard，傅十和	经济与管理研究院	*J Public Econ*
2015 年	Explaining the reduction in Brazilian sugarcane ethanol production costs：Importance of technologic	陈晓光，H. M. Nunes，许冰	经济与管理研究院	*Gcb Bioenergy*
2015 年	Semiparametric single-index panel data models with cross-sectional dependence	董朝华，Jiti Gaoa（外），Bin Pengb（外）	经济学院	*J Econometrics*
2016 年	Estimation for single－index and partially linear single－index nonstationary time series models	董朝华	经济学院	*Ann Stat*
2016 年	Efficiency snakes and energy ladders：A（meta－）frontier demand analysis of electricity consumption efficiency in Chinese households	Broadstock David	经济与管理研究院	*Energy Policy*
2016 年	Measuring the stringency of land－use regulation：The case of China's building－height limits	Jan K. Brueckner	经济与管理研究院	*Rev Econ Stat*
2016 年	Impacts of climate change on agriculture：Evidence from China	Shuai Chen	经济与管理研究院	*J Environ Econ Manag*
2016 年	Supply of cellulosic biomass in Illinois and implications for the conservation reserve program	陈晓光	经济与管理研究院	*Gcb Bioenergy*
2016 年	Economic potential of biomass supply from crop residues in China	陈晓光	经济与管理研究院	*Appl Energ*

表6-5(续)

时间	论文题目	第一作者	所属单位	发表刊物
2016年	Renewable energy policies and competition for biomass: Implications	陈晓光	经济与管理研究院	*Energy Policy*
2016年	Impacts of weather variations on rice yields in China based on province level data	陈晓光	经济与管理研究院	*Reg Environ Change*
2016年	Highway toll and air pollution: Evidence from Chinese cities	傅十和	经济与管理研究院	*J Environ Econ Manag*
2016年	The higher costs of doing business in China: Minimum wages and firms' export behavior	甘犁, Manuel A. Hernandez (外), 马双	经济与管理研究院, 经济学院	*J Int Econ*
2016年	Efficiency of thin and thick markets	甘犁	经济与管理研究院	*J Econometrics*
2016年	Exuberance in China's renewable energy investment: Rationality, capital structure and implications with firm level evidence	张大永	经济与管理研究院	*Energy Policy*
2016年	Non-performing loans, moral hazard and regulation of the Chinese commercial banking system	张大永	经济与管理研究院	*J Bank Financ*
2016年	Identifying the determinants of energy intensity in China: a Bayesian averaging approach	张大永	经济与管理研究院	*Appl Energ*
2016年	Solving integrated process planning and scheduling problem with constructive meta-heuristics	张路平	经济与管理研究院	*Inform Sciences*
2016年	Antecedents of abusive supervision: A meta- analytic review	张昱城	经济与管理研究院	*J Bus Ethics*
2017年	Carbon Footprint of China's Belt and Road Initiative	张宁 (外), 刘竹 (外), 郑雪梅, 薛进军 (外)	经济学院	*science*
2017年	Specification testing for nonlinear multivariate cointegrating regressions	董朝华, Jiti Gao (外), Dag TjØstheim (外), Jiying Yin (外)	经济学院	*J Econometrics*

表6-5(续)

时间	论文题目	第一作者	所属单位	发表刊物
2017年	The effect of institutional ownership on firm innovation: Evidence from Chinese listed frims	Xiaokai Wu（二作）	经济与管理研究院	*Res Policy*
2017年	Do foreign banks take more risk? Evidence from emerging economies（外资银行承担更多风险吗？新兴经济体的证据）	陈明花	经济与管理研究院	*J Bank Financ*
2017年	Backtesting expected shortfall: Accounting for tail risk	杜在超	经济与管理研究院	*Manage Sci*
2017年	Identity judgements, work engagement and organizational citizenship behavior: the mediating effects based on group engagement model	张昱城	经济与管理研究院	*Tourism Manage*
2018年	Social Norms and Household Saving Rates in China	陈劼（外），陈志武（外），何石军	经济学院	*Rev Financ*
2018年	Dynamic change in energy and CO_2 performance of China's commercial sector: A regional comparative study	王爱伦，Boqiang Lin（外）	经济学院	*Energ Policy*
2018年	Indigenous versus foreign innovation and energy intensity in China	黄俊兵，郝宇（外），雷虹艳（外）	经济学院	*Renew Sust Energ Rev*
2018年	Preferences for Green Electricity, Investment and Regulatory Incentives	Heiko Gerlach（外），郑雪梅	经济学院	*Energ Econ*
2018年	The effect of technological factors on China's carbon intensity: New evidence from a panel threshold model	黄俊兵，刘强（学），蔡晓陈，郝宇（外），雷虹艳（外）	经济学院	*Energ Policy*

表6-5(续)

时间	论文题目	第一作者	所属单位	发表刊物
2019 年	Subjective Well-being in China's Changing Society (《社会变迁中的中国居民主观幸福感》, 合作者 William A. V. Clark, Youqin Huang)	弋代春	经济与管理研究院	《美国科学院院报》(PNAS)
2019 年	The effectiveness of regulations and technologies on sustainable use ofcrop residue in Northeast China	Lingling Hou, Xiaoguang Chen, Lena Kuhn, Jikun Huang	经济与管理研究院	*Energy Economics*
2019 年	Temperature and industrial output: Firm-level evidence from China	Xiaoguang Chen, Lu Yang	经济与管理研究院	*Journal of Environmental Economics and Management*
2019 年	Just the Right Amount of Ethics Inspires Creativity: A Cross-Level Investigation of Ethical Leadership, Intrinsic Motivation, and Employee Creativity	Jie Feng, Yu cheng Zhang, Xinmei Liu, Long Zhang, Xiao Han	经济与管理研究院	*Journal of Business Ethics*
2019 年	A Quantitative Analysis on Hukou Reform in Chinese Cities: 2000-2016	Jipeng Zhang, Ru Wang, and Chong Lu	经济与管理研究院	*Growth and Change*
2019 年	A blockchain-based service composition architecture in cloud manufacturing	Chunxia Yu, Luping Zhang, Wenfan Zhao, Sicheng Zhang	经济与管理研究院	*International Journal of Computer Integrated Manufacturing*
2019 年	A Group Decision Making Sustainable Supplier Selection Approach using Extended TOPSIS under Interval-Valued Pythagorean Fuzzy Environment	Chunxia Yu, Yifan Shao, Kai Wang, Luping Zhang	经济与管理研究院	Expert Systems With Applications

第七章　国家重点学科——政治经济学

一、西南财经大学政治经济学学科简介

（一）历史沿革

西南财经大学经济学院的前身是经济学系，其历史起点可以追溯到 1925 年创办的上海光华大学（西南财经大学始于 1925 年 6 月 3 日创建的光华大学）。

1937 年抗日战争爆发，光华大学内迁成都，建立光华大学成都分部。在文学院下设政治经济学系，在政治经济学系执教的有唐庆增、黄宪章、熊子骏等知名教授。

新中国成立后，在 1952—1953 年的两次院系调整中，华西大学经济系、东北大学经济系、重庆大学经济系、贵州大学经济系、相辉文华学院经济系、中国公学经济学系等学校的师资相继并入新组建的四川财经学院。一批从事马克思主义经济学研究的，如学者陈豹隐、彭迪先、王叔云、刘洪康、刘诗白、何高箸、罗象谷等在政治经济学教研室、经济史教研室以及相关的国民经济计划、财政、金融专业从教。他们的理论研究是此后西南财经大学理论经济学赖以发展的学术渊源与丰厚的历史文化底蕴。

1959 年 3 月，学校以政治经济学教研室为基础，在全国高等财经院校中最先开办政治经济学专业，招收本科生和专修科学生。

1981 年，政治经济学系在全国高等财经院校中首批获得政治经

济学硕士学位授予权。

1984 年，政治经济学系在全国高等财经院校中首批获得政治经济学博士学位授予权。

1985 年，政治经济学系更名为经济系。在向研究教学型的办学层次提升的过程中，1991 年成立系所合一的经济改革与发展研究所，由袁文平任所长。1992 年，政治经济学专业被批准为四川省高等院校重点学科。1995 年设立政治经济学博士后流动站。1998 年教育部批准在我校设立“国家经济学基础人才培养基地”，由经济系承建（全国共批准设立 11 个国家经济学基础人才培养基地）。2000 年 9 月，学校合并经济系、农业经济学系组建成立西南财经大学经济学院。

2001 年，政治经济学被教育部批准为全国高校重点学科，成为当时中国西部高校政治经济学学科中唯一的国家级重点学科。2003 年，理论经济学被国务院学位委员会批准为一级学科博士学位授权点，成为当时中国西部高校中唯一一个理论经济学一级学科博士学位授权点。

自 1998 年以来，经过五年建设，2003 年我校“国家经济学基础人才培养基地”被教育部评为“优秀基地”。

为加强马克思主义政治经济学基本理论研究，推进马克思主义经济学在当代的创新，发展中国特色社会主义经济理论，全面带动理论经济学学科建设，2010 年 9 月，学校成立马克思主义经济学研究院，成为学校学科建设四大特区之一。

2017 年，中宣部批准设立全国中国特色社会主义政治经济学（西南财经大学）研究中心，为不断开拓当代马克思主义政治经济学新境界和构建中国特色社会主义政治经济学理论体系贡献力量。全国有七家研究中心。

（二）政治经济学学科队伍

经过多年发展，政治经济学形成了一支老、中、青结构合理的学术梯队，有著名经济学家刘诗白教授，刘灿、丁任重、李萍、赵磊等一批知名学者。学科队伍现有39人，其中具有博士学位的有34人，约占87%。学科梯队中教授23人，副教授9人，讲师7人；博士生导师16人，硕士生导师33人。其中有“马工程”首席专家1人，国务院学位委员会学科评议组成员1人，获得国务院政府特殊津贴的专家4人，有四川省学术和技术带头人及后备人员、有突出贡献的中青年优秀专家等10人（见表7-1）。

表7-1　西南财经大学全国中国特色社会主义政治经济学研究中心专职研究人员简表

序号	姓名	性别	职称	学位	学科专业
1	刘诗白	男	教授、博导	学士	政治经济学
2	刘　灿	女	教授、博导	博士	政治经济学
3	尹庆双	男	教授、博导	博士	政治经济学
4	易敏利	男	教授、博导	博士	政治经济学
5	丁任重	男	教授、博导	博士	政治经济学
6	杨继瑞	男	教授、博导	博士	政治经济学
7	李　萍	女	教授、博导	博士	政治经济学
8	程民选	男	教授、博导	博士	政治经济学
9	王朝明	男	教授、博导	博士	政治经济学
10	姜　凌	男	教授、博导	博士	政治经济学
11	蒋南平	男	教授、博导	博士	政治经济学
12	赵　磊	男	教授、博导	博士	政治经济学
13	黄　韬	男	教授、博导	博士	政治经济学
14	盖凯程	男	教授、博导	博士	政治经济学
15	杨慧玲	女	教授、博导	博士	政治经济学
16	李雪莲	女	教授、博导	博士	政治经济学
17	杨海涛	男	教授	博士	政治经济学
18	袁　正	男	教授	博士	政治经济学
19	陈　师	男	教授	博士	政治经济学
20	张智勇	男	教授	硕士	政治经济学
21	戴歌新	男	教授	硕士	政治经济学

表7-1(续)

序号	姓名	性别	职称	学位	学科专业
22	李秋红	女	教授	博士	政治经济学
23	蔡晓陈	男	教授	博士	政治经济学
24	刘　恒	男	副教授	博士	政治经济学
25	陈志舟	男	副教授	博士	政治经济学
26	王雪苓	女	副教授	博士	政治经济学
27	吴　垠	男	副教授	博士	政治经济学
28	罗　英	女	副教授	硕士	政治经济学
29	姜正和	男	副教授	硕士	政治经济学
30	李怡乐	女	副教授	博士	政治经济学
31	韩文龙	男	副教授	博士	政治经济学
32	李　标	男	副教授	博士	政治经济学
33	李梦凡	男	讲师	博士	政治经济学
34	陈姝兴	女	讲师	博士	政治经济学
35	张　志	男	讲师	博士	政治经济学
36	王　军	男	讲师	博士	政治经济学
37	葛浩阳	男	讲师	博士	政治经济学
38	姚常成	男	讲师	博士	政治经济学
39	田世野	男	讲师	博士	政治经济学

（三）政治经济学学科“特区”：马克思主义经济学研究院

西南财经大学马克思主义经济学研究院，作为我校国家重点学科——政治经济学学科建设与创新平台的一个新的“学科特区”创建设立，成立于2010年9月。研究院由学校批准特设，由学校直接领导，为开放式、非实体性学术研究机构。

研究院下设：

（1）高级学术顾问；

（2）学术委员会；

（3）院长、副院长、院长助理、行政助理和学术助理等；

（4）课题（学科方向）组；

（5）研究人员。

研究院聘请了刘诗白、卫兴华、吴宣恭、何炼成、张卓元、赵人伟、黄范章、袁恩桢等著名经济学家出任高级学术顾问，并成立了由南开大学原副校长逄锦聚担任主任委员，由顾海良、洪银兴、刘伟、林岗、黄泰岩、张宇、刘灿、丁任重、杨继瑞、宋冬林、简新华、白永秀、史晋川、石磊、李萍、林木西、范从来、赵晓雷、黄少安等国内20位著名经济学家组成的院学术委员会。

六年来，马克思主义经济学研究院在院长刘灿教授的带领下，突出传承和发挥我校理论经济学，尤其是政治经济学的学科优势，以我校理论经济学学科，主要是经济学院政治经济学学科的研究力量为基础，聚集和形成学科创新团队及其研究的有生力量，在坚持马克思主义基本原理和方法论、坚持马克思主义与时俱进精神的前提下，借鉴国外马克思主义经济学研究的有益成果，结合21世纪科学技术革命和知识经济的发展，经济全球化以及我国社会主义市场经济发展这一新的历史任务，大力加强对政治经济学基本理论的科学研究，致力于推进马克思主义经济学理论在当代的创新和发展，以及有中国特色的社会主义市场经济理论的建设和完善，服务中国经济改革与发展。

其间，马克思主义经济学研究院“学科特区”紧跟学科发展前沿，推动我校政治经济学学科学科建设取得较快的进展：参与和承担完成了国家出版基金项目《现代经济学大典》的部分撰写研究工作；参与和承担了中宣部马克思主义理论研究和重大建设工程、国家社科基金重大项目《中国特色社会主义政治经济学研究》重大课题的部分研究工作；举办或参与、承办了全国政治经济学研究年会、中俄全球化进程理论与实践研讨会等学术会议；开展了与美国麻省大学阿默斯分校、日本首都东京大学、立命馆大学经济学部等高校的马克思主义经济学学术交流与合作；采取有效措施鼓励和支持对马克思主义经济学当代创新的基本理论问题研究、中国特色社会主义理论体系政治经济学基础研究，以及中国市场化改革及经济转型的理论与实践问题研究，等等。

（四）政治经济学学科平台：全国中国特色社会主义政治经济学研究中心

2017年3月，中宣部批准我校设立全国中国特色社会主义政治经济学研究中心。全国共有七家高校（中国人民大学、南开大学、南京大学、西南财经大学、吉林财经大学、福建省师范大学、中国社科院）获批，我校为中西部高校中唯一一家。经济学院为具体承建单位。

中特中心以习近平新时代中国特色社会主义思想为指导，深入贯彻落实习近平总书记系列重要讲话精神，特别是在主持哲学社会科学工作座谈会和中央政治局第二十八次集体学习时的重要讲话精神，坚持马克思主义的指导地位，加强对中国特色社会主义经济改革与实践中的重大理论问题、重大现实问题、重大实践经验的深入研究。中特中心充分依托西南财经大学“马克思主义经济学研究院”学科特区，以西南财经大学经济学院政治经济学学科团队为主要力量，实行内外联合、竞争创新的开放式运行体制，充分联合校内外、国内外相关学术资源和研究力量，利用多种形式，致力于打造中国特色社会主义政治经济学研究、宣传和人才培养的重要阵地，凝聚一批政治坚定、学术扎实、创新能力强的专家特别是中青年专家，坚持以马克思主义政治经济学基本原理为指导，分析中国和世界经济的新情况、新问题，总结改革开放以来中国社会主义市场经济的实践经验、重大理论问题和现实问题，为不断开拓当代马克思主义政治经济学新境界和构建中国特色社会主义政治经济学理论体系贡献力量。

1. 学科地位

西南财经大学以全国中国特色社会主义政治经济学研究中心建设为契机和引领，牢牢确立和发挥政治经济学在我校理论经济学学科发展规划和“双一流”建设中的核心地位与主导作用。西南财经大学《理论经济学十三五发展规划》和《“双一流”建设实施意见》，牢牢树立了政治经济学在学校理论经济学学科发展规划和双一流建设中的核心地位。中心以建设为龙头和抓手，全面引领、带动学校和学院理论经济学的学科建设、人才培养、科学研究、师资队伍建设、学术交流和社会服务的发展。

2. 学科体系

牢牢确立和发挥政治经济学在课程体系设置和人才培养中的基础地位与引导作用。

（1）在教材体系建设上，继续修订完善现有的《政治经济学》《马克思主义政治经济学原理》《社会主义市场经济理论》等系列教材，筹划出版研究生系列教材《中国特色社会主义政治经济学》《高级政治经济学》《高级〈资本论〉》等以及干部培训教材《中国特色社会主义政治经济学》等。

（2）在课程体系建设上，坚持政治经济学在经济学教学中的主导地位，继续推动全校经济管理类专业本科生“政治经济学”公共基础必修课程建设；建设好国家精品资源课程“政治经济学”；推动全校经济管理类专业硕士研究生“中国特色社会主义政治经济学理论与实践”公共基础必修课程建设；继续推动理论经济学专业博士研究生“高级政治经济学”“高级《资本论研究》”“政治经济学经典著作研读”课程建设。

（3）在人才培养体系上，建设和发挥好经济学人才培养模式创新实验区（国家经济学基础人才培养基地），优化“三位一体”的经济学拔尖创新人才培养体系，优化经济学基地人才培养方案，改革经济学基地本硕博贯通培养与选拔机制，搭建学生科研创新平台，推进人才培养的国际化，把政治经济学理论体系和学术话语体系贯彻于人才培养体系建设各个环节之中，着力培养真正的马克思主义经济学家和理论创新人才。

3. 学术体系

凝聚学科方向，承担重大项目，产出标志性成果，打造高端科研合作平台。按照“构建大平台，组建大团队，承担大项目，贡献大成果”的思路，优化配置学科资源，充分整合校内外学术资源，组建跨学科、跨院系、跨校内外、跨国内外的项目和团队。

产出标示性成果，如《刘诗白选集》《中国特色社会主义政治经济学研究》丛书、《中国经济学理论体系与学术话语体系构建》丛书、《当代马克思主义经济学研究年度报告》。

承担重大项目，承担和参与全国哲学社会科学规划办委托招标的马克思主义经济学研究领域重大项目、省部级人文社科规划重大招标项目、中央高校专业资金重大基础理论项目等。

发表高水平学术论文，在国家社科基金资助的政治经济学专业权威期刊以及《求是》《人民日报》《光明日报》等权威报刊和人民网、求是网、中国网等权威网络媒体发表高水平理论文章。

4. 话语体系

（1）打造中国特色社会主义经济理论创新“思想库”和新型智库，服务国家与地方经济改革与发展。

以问题为导向，开展若干重大经济问题理论专题研究，特别是习近平同志关于中国特色社会主义经济理论创新的思想，创建社会主义经济理论创新思想库，定期向马克思主义理论研究和建设工程办公室报送成果要报。

定期向社会发布《中国特色社会主义政治经济学研究年度报告》。

以四川区域发展与重大生产力布局研究智库为平台，为国家和西部地区经济发展提供高水平决策咨询和智库服务。

（2）传播与宣传平台（项目）建设。

致力于打造国内外一流的中国特色社会主义政治经济学宣传阵地。

打造一支善于讲好中国经济故事、传播中国经济学声音的专家队伍，积极在主流媒体、新媒体、国际交流等层面发声，推动学术研究成果的大众化传播。

打造交流、宣传与传播马克思主义经济学研究成果的国内外知名论坛品牌，创设“马克思主义经济学与中国改革发展的理论和实践高端论坛”，举办“全国马克思主义政治经济学青年论坛”。

办好“刘诗白经济学奖暨经济学创新发展高层论坛”，发挥其学术发展和学科引领的品牌宣传效应。

充分发挥由本中心刘诗白教授担任主编的、我国政治经济学领域权威期刊《经济学家》的作用，推动其英文版的建设与海外发行。

充分发挥由本中心李萍教授担任主编的、我国财经领域核心期刊《财经科学》的作用，推动其英文版的建设与海外发行。

巩固和发展中心与美国马萨诸塞州立大学、日本早稻田大学、日本东京都大学、日本立命馆大学等海外知名高校及马克思经济学研究重镇的学术沟通交流机制，推动中国经济学话语的国际交流、海外传播与宣传。

学校层面由主管科研副校长尹庆双教授牵头成立中心建设领导小组。中心主任为分管副校长尹庆双同志，中心副主任由经济学院院长易敏利教授（常务）和马克思主义经济学研究院常务副院长盖凯程教授担任。中心成立专门的办公室和主任助理，负责中心日常行政和项目管理等事务运行。

中心设学术委员会。学术委员会主任由西南财经大学原副校长、西南财经大学校学术委员会主任刘灿教授担任。学术委员会定期或不定期召开学术会议，为研究中心建设方向，课题指南，项目遴选、立项和结项，成果推送以及人才引进和培养等提供学术引领和专家咨询意见。

二、新时代西南财经大学政治经济学学科发展情况

（一）学科体系建设

1. 学科定位和目标

本学科始终坚持以马克思主义经济学为指导，立足于中国特色社会主义经济建设的需要和马克思主义中国化，按照建设具有中国特色、

中国气派、中国风格的哲学社会科学的要求，借鉴现代西方经济学发展的有益成果，加强对政治经济学基本理论的教学和科学研究，致力于推进马克思主义经济学理论在当代的创新和发展，以及有中国特色的社会主义市场经济理论的建设和完善；推动本学科各专业的全面发展，为中国经济学及相关学科的发展奠定坚实的理论基础。坚持巩固和提升本学科点在我国政治经济学学科领域的前列地位以及在高等财经院校中的引领示范作用。到2020年，政治经济学名列全国财经院校第一，在国内有更强影响，在国际有一定影响。

2. 学科发展方向

本学科以马克思主义为指导，长期坚守相对稳定的研究方向，坚守阵地，着力于当代中国马克思主义政治经济学的学科体系建设和理论创新。经过长期建设，本学科形成了三个已具备了一定基础和相对优势的学科方向和研究领域——“马克思主义经济学当代创新与发展研究”“中国特色社会主义经济理论与实践研究”和“中国经济转型与发展研究”。

自党的十八以来，本着发挥优势、突出特色、凝练研究方向的原则，本学科立足于西南财经大学建设国际一流高校一流学科的办学定位，传承和发挥学科优势，紧跟学科发展前沿和发展趋势，积极推进与其他相关学科的交叉融合。尤其是自习近平在中共中央政治局第二十八次集体学习时强调“立足我国国情和我国发展实践发展当代中国马克思主义政治经济学”以来，本学科按照“构建大平台，组建大团队，承担大项目，贡献大成果”的思路，以促进学科内涵建设的要求寻找政治经济学学科建设与发展新的增长点，集中力量凝练了以下三个既能继续保持特色、发挥已有优势，同时又与时俱进的研究方向，取得了有重要影响的学术成果。

研究方向一：马克思主义经济学当代创新与发展研究。该研究方向主要进行产权制度理论研究、马克思主义政治经济学基础理论与方法研究、西方马克思主义经济学研究，其中，农村土地产权制度等领域的理论研究取得了较大突破，在国内高校同类学科和学术界引起广泛关注和影响。

研究方向二：中国特色社会主义理论与实践研究。该方向集中力量主要研究社会主义初级阶段基本经济制度，中国特色社会主义分配制度，树立和落实创新、协调、绿色、开放、共享的发展理念的理论，关于发展社会主义市场经济、使市场在资源配置中起决定性作用和更好发挥政府作用的理论，以及这些理论在中国实践中的经验总结。

研究方向三：中国经济转型与发展研究。该方向集中研究反贫困与城乡发展研究，新型工业化、城镇化研究，转型理论与中国经济转型研究。

与此同时，本学科突出教学的基础性和科研的先导性作用，全面带动学科建设；突出理论研究服务于中国经济建设的作用。近年来，本学科以“领军人物+创新团队”的全新机制，按学科方向和承担的重大课题组建创新团队，形成了“马克思主义经济学当代创新与发展研究”“社会主义经济理论与实践研究”和“中国经济转型与发展研究”三大与学科方向相对应的科研教学团队，密切跟踪与关注马克思主义政治经济学理论创新的方向，进一步加强对社会主义经济改革发展过程中重大理论与现实问题的研究。

（二）科研成就

党的十八大以来，本学科坚持马克思主义经济学基础理论研究和中国特色社会主义政治经济学研究，致力于立足我国国情和我国发展实践，揭示新特点新规律，提炼和总结我国经济发展实践的规律性成果，把实践经验上升为系统化的经济学说，推动马克思主义经济学与当代中国特色社会主义伟大实践的融合，不断开拓当代中国马克思主义政治经济学新境界。

1. 承担和参与国家级学科建设重大项目，并取得一批高质量的中国特色社会主义政治经济学研究成果近年来，本学科团队先后主持和承担了 3 项国家社科基金重点项目、5 项国家级科研项目，省部级研究课题 7 项，学校社科项目 32 项，横向课题及其他课题 14 项，在 CSSCI 发表论文 190 篇。尤其是在中国特色社会主义政治经济学研究领域取得了一批高质量研究成果，承担和参与多项学科建设重大项目，如编撰出版《当代马克思主义经济学研究报告（2010—2013）》；编写《现代经济学大典》（政治经济学卷）；承担马工程重大委托项目"中国特色社会主义政治经济学研究"子项目"社会主义基本分配制度理论与实践"；承担中国特色社会主义经济建设协同创新中心"中国经济学理论体系和话语体系建设"重大项目子项目"国外马克思主义经济学研究评析及借鉴"和"中国农村土地制度改革的理论与实践研究"；承担国家社科基金重点项目"完善社会主义市场经济体制与公民财产权利研究""马克思主义经济学中国化研究"；承担国家社科基金一般项目和青年项目"马克思主义金融不稳定性理论研究""基于农村集体经营性用地入市的土地利益协调机制研究""跨越刘易斯拐点：中国新型城镇化道路的理论、模式与政策研究""农民市民化过程中农地财产权的实现机制创新研究"等，为构建当代中国马克思主义政治经济学做出了重要贡献。

2. 践行理论研究服务国家和地方经济建设，发挥智库作用

近年来，本学科瞄准国家和地方经济社会发展急需，积极承担地方政府和社会委托的重大研究项目（横向课题），参与地方区域发展规划、改革方案设计和有关文件起草工作，为中央和地方提供了一系列高质量的决策咨询服务。刘诗白教授撰写的《以科技创新稳增长、促转型的若干建议》决策咨询报告，刘灿教授提交的政策咨询建议《关于依法完善农村土地使用权制度的政策建议》《关于完善我省产权保护制度的建议》，易敏利教授《关于发展混合所有制经济的建议》，李萍教授主持完成的省政府课题研究报告《四川省新型城镇化投融资问题研究》，吴垠副教授发表在四川日报（2012 年 2 月 15 日）的文章《为天府新区建议——新型试验区建设的后工业化探索》，刘方健教授牵头的四川省政府政务调研专项课题报告《促进四

川民营经济现状调研报告》，程民选教授完成的《土地确权、合理流转与粮食生产规模化组织——基于安徽调研结合我省实际的政策建议》《关于引导新型农业经营主体种植粮食作物的若干政策建议》等一批咨询建议上报中央部委、四川省政府相关部门，其中多项建议获得省委、省政府领导批示。

（三）人才培养和课程设置

本学科以学科优势为支撑，以研究生培养机制创新和教学改革为动力，紧紧抓住基础理论教学、科研训练与社会实践三个基点，着力培养学生基本素质、专业能力和科学精神，构建了“三位一体”的经济学拔尖创新人才培养体系，培养了一批国家需要的经济学理论创新人才、学科未来领军人物、经济金融机构中的高级经济学家和高端应用人才。

1. 探索深化教学、科研和社会实践“三位一体”的人才培养模式，拔尖创新人才培养成效显著

首先，依托学院的学科优势，充分发挥科研先导作用，致力于构建科研与教学相互支撑、良性发展的机制，以科研来带动教学内容、教材建设、教学方式的更新，以科研带动师资队伍知识结构的更新。

其次，把学术带头人和研究团队的研究方向与博士生的研究方向结合起来，彰显学科方向和研究特色。本学科现有博士研究生专业方向三个：一是政治经济学的发展创新，二是社会主义经济理论与实践，三是中国经济理论与政策研究。

最后，以科研来带动人才（尤其是博士研究生）培养模式的创新，在政治经济学学科研究生教育中几次调整、优化和细化了博士、硕士、硕博连读研究生培养计划和培养方式，增加了针对硕博连读研究生的专门考核及淘汰机制，夯实了专业理论及外语应用能力，引导和组织博士生参与导师承担的重要理论课题和社会实践调研活动，从事经济学前沿的创造性理论研究，加强学生科研、创新能力

的培养，提升人才培养质量。近年来，硕士、博士研究生在校期间发表论文100多篇，有20多篇获得校级优秀学位论文奖，有2篇博士论文获全国优秀博士学位论文提名奖，有1篇博士论文获全国优秀博士学位论文奖。

2. 大学科、开放性视野的以中国特色社会主义政治经济学基础理论为主导的课程体系日臻完善

近年来，我们试图构建以“马克思主义政治经济学基础理论和方法+现代经济学理论和方法+中国经济改革与实践”为内容的三大板块的经济学课程体系。

（1）在博士研究生课程中设置了“高级政治经济学”“高级《资本论》研究”“政治经济学经典著作研读”等马克思主义经济学的“三高”课程，以及“中国经济改革与发展研究”“中国经济理论与政策研究”和“产权理论研究”等专业选修课。在课程目标上，强化课程的思想性，提升课程的研究内涵；在课程内容上，把教学与科研更好地结合起来，把马克思主义中国化和中国经济学创新的研究成果转化为教学内容。

（2）在硕士研究生层面重点打造了以“《资本论》专题研究”“转型与发展”“市场经济运行与调控”为必修课，同时辅以“中国经济理论前沿”“西方马克思主义经济理论研究”“经济学说史专题”以及适应后经济转轨时期的“新政治经济学”（建设中）、“国际比较政治经济学”（建设中）等选修课的研究和课程体系，并试图根据学生需求增加对招生有吸引力的方向和课程。进一步协调完善本专业硕士、博士研究生培养计划和课程设置。

（3）在硕博研究生层面，展开经济类研究生教育中研究能力的复合培养途径及其方法研究探索，力求通过多种途径的综合使用，让学生得到应有的经济学训练，了解和掌握一些经济学工具和技术。第一，坚持培养学术讨论的氛围，切实将seminar（研讨会）制度化，使其成为本学科方向研究团队及教师学生之间学术思想和研究成果交流的重要阵地，点燃学生的学术兴趣和热情；第二，通过课堂教学、论

文写作（工作论文、学位论文）、学术讨论（论坛、会议、课题）等多层次的有意识的学术训练，给予各类指南和规范的指导，使学生能够用来解释、分析经济现象和中国特色社会主义建设中的实际问题，强化其对马克思主义方法论的掌握及运用；第三，重视建立和优化教学计划、运行和质量监控体系，并进一步完善毕业论文的质量监控办法，保证研究生学位论文写作的规范和全面提升论文质量；第四，中国特色社会主义经济学教学体系加强实践性，强调理论联系实际，当前最大的实际就是全面深化改革和转变经济发展方式，完善社会主义市场经济体制。本学科近年来尝试通过鼓励研究生参与学术带头人和研究团队的课题调研活动等方式，将教学、科研和社会实践有机融合，构筑课内外一体化、多种形式的实践教学体系。

（4）在本科经济学类课程设计与教学中，学校始终坚持贯彻落实马克思主义政治经济学教学的中心地位，从课程设置和教学时数中保证马克思主义政治经济学类课程教学工作。

在经济学专业（国家经济学基础人才培养基地）中，开设“政治经济学（上）”（开设 1 个学期，每周 3 学时）、“政治经济学（下）”（开设 1 个学期，每周 3 学时）、“《资本论》选读”（开设 1 个学期，每周 3 学时）、“中国经济改革理论与实践”（开设 1 个学期，每周 3 学时）等课程，构建系统的马克思主义政治经济学类课程体系。

（5）政治经济学课程先后建设成为国家级精品课和国家级精品资源共享课，并上线“学习强国”平台。通过长期建设，政治经济学课程被教育部批准为国家级精品课程，政治经济学教学团队获国家级教学团队。在此基础上，2013 年我校政治经济学课程申报建设精品资源共享课，2014 年被教育部批准为国家精品资源共享课，2014 年 12 月 12 日在“爱课程网”正式上线，实现录像、课件、大纲、案例等资源的网络精品共享。

3. 政治经济学教材建设取得突出成效

我校政治经济学系列教材紧跟时代步伐，《政治经济学》《马克思主义政治经济学原理》《社会主义市场经济理论》三本教材不断及时修订和完善，教材内容不断更新和充实。近年来，我们根据我国政治经济学理论的发展创新，结合我国改革开放的实践，分别于2008年、2010年、2014年、2015年和2016年修订出版了政治经济学系列教材。教材出版发行以来，受到了学生和社会读者的广泛欢迎，过去五年来共出版发行了四万多册。教材建设的成绩为“政治经济学”课程教学提供了有力的支撑。综合体现本学科前沿和反映我校政治经济学研究特色和成果的研究性教材《高级政治经济学》（研究生用）也已出版。目前，《中国特色社会主义政治经济学理论》《资本论原理研究》《新编高级政治经济学》也已交付出版社。

4. 获得多项国家级和四川省教育教学成果奖

我校政治经济学学科教师积极承担和参与各级各类教学改革项目，并获得多项国家级和省级教育教学成果奖。教改成果《经济学基础创新人才培养模式的理论与实践探索》先后获得2014年度国家级教学成果奖一等奖和2014年度省级（天津市）教学成果奖一等奖；教改成果《立本开新，强化特色，持续推进经济与管理拔尖创新人才培养机制的五大改革》获得2014年度国家级教学成果奖二等奖和2013年度省级（四川省）教学成果奖一等奖；教改成果《遵循教学规律，着力教学创新——转变课程教学范式的探索与实践》获得2013年度省级（四川省）教学成果奖一等奖。

（四）理论创新和引导

本学科长期坚守相对稳定的研究方向，坚守阵地，并在已有基础上，结合现实中的重大社会经济问题，与时俱进、不断创新，形成了一系列具有自身优势的研究领域，取得了一批理论创新成果，在本学科领域起到了理论引导作用。比如：社会主义基本经济制度研究、现代财富理论研究、社会主义市场经济与产权制度研究、转型期中国政治经济学发展研究、转型期市场与政府关系创新研究，以及从经济学与社会学视角对收入分配和效率与公平问题的研究、统筹城乡与建设社会主义新农村研究、中国农村土地制度改革与创新研究等。党的十八大以来，本学科在农村土地产权制度等领域的理论研究上取得了较大突破，在国内高校同类学科和学术界引起广泛关注和影响。

1. 拓宽政治经济学基础理论体系空间，创新政治经济学研究范围与方法

对于政治经济学的研究对象，学术界历来争议不止。刘诗白对此有着自己独特的见解。早在1961年，他就在发表于《经济研究》的《论马克思列宁主义政治经济学的对象》一文中提出，研究对象与研究范围是两个不同的范畴，研究范围总是大于研究对象。他指出，科学的对象是指科学所要去反映、认识和探究其规律的客观存在的特定领域，对于不属于其对象范围但却与之密切相连的诸现象与事物也要加以考察和研究，所以，“政治经济学的研究范围中要包括生产力和上层建筑的某些方面”而不能像传统研究那样只研究生产关系的本质特征。进入20世纪80年代后，针对改革开放中经济运行的新特点，他进一步提出政治经济学要把生产力的发展运动规律和经济运行机制、经济组织形式等纳入其研究范围，从而更好地服务于经济建设这一中心目标。90年代初，他又主张把人民财富的最大增值、合理分配与优化作为政治经济学的基本内容并上升到理论形态。近年来，针对当代文化、科技、生态等领域商品关系大大扩展的新实际，刘诗白强调政治经济学研究对象的范围应从物质产品领域扩大到服务产品领域进而知识（信息）产品领域，更紧密地联系科技创新、生态环境以及文化精神等方面的状况和影响来揭示社会主义生产关系的规律，特别是把对市场经济运行规律的揭示作为重要研究内容。

刘诗白主张政治经济学研究除坚持科学抽象法外，还要加强现代数量分析工具与分析方法的应用，对传统研究方法进行革新，目的在于增强马克思主义政治经济学的科学性与实践功能，依据在于：一是只有在对生产关系的定性分析中辅之以定量分析，才能真正最完备地阐明社会主义生产关系的性质及其运动规律；二是政治经济学还应研究社会经济运行机制，揭示共同形成国民经济活动的各个

不同种类与不同层次的经济活动之间的内在联系，以及它们之间的数量关系。基于此，他主张构建以马克思主义为指导，立足于当代实践，充分汲取中外经济学研究成果的中国经济学。

2. 立足于所有制“三性论”，深化发展社会主义所有制理论

刘诗白教授是我国最早突破传统社会主义所有制理论禁锢的学者之一。刘诗白认为，社会主义社会的所有制是单一性还是具有多样性，这不仅是一个重要的理论问题，而且是一个实践问题，由此提出了一个“所有制多样性”的重要理论命题。他最早于1979年在《经济研究》发表了《试论经济改革与社会主义全民所有制的完善》一文，以极大的理论勇气，为突破所有制研究禁区勇敢开路，此后一直围绕所有制问题展开系列研究，发表了系列成果。如1981年发表《论社会主义社会所有制的多样性》，1982年发表《论社会主义制度下个体所有制的性质》，1985年出版《社会主义所有制研究》，1988年出版《论社会主义所有制》等。其中《社会主义所有制研究》获得了1986年四川省哲学社会科学一等奖。

1979年，他就提出了社会主义“全民所有制是不完全的”的崭新观点：“社会主义全民所有制的具体形式，必须适合于生产力发展的程度”，不能“把全民所有制的具体形式凝固化和绝对化”，从理论上阐释了把国营企业改造为实行自负盈亏的市场主体的合理性。1981年，他在针对长期以来流行的社会主义“纯公有制论”“单一公有制”，以及“全民所有制=国有企业”的观点的深入反思和系统思考的基础上，进一步明确提出了社会主义社会所有制结构多元性、所有制形式多样性、公有制具体形式多层次性的“三性”论，引起了巨大的社会反响。著名经济学家洪银兴对其进行了高度评价。《中国经济时报》在报道中将作者誉为“我国最早突破传统社会主义所有制理论禁锢的学者之一”，并指出其社会主义所有制多元性的思想对此后20年我国所有制形式发展做出了非常准确的“理论预言”。

3. 坚持立论于主体产权，超前探索社会主义产权理论

长期以来，产权问题研究一直是社会主义政治经济学中的一个空

白研究领域，而刘诗白是中国较早开始产权理论研究的经济学家。1986年以来，他相继发表和出版了大量有关社会主义产权制度的论文和《产权新论》《主体产权论》两部专著，轰动了学术界，并以其独到的见解被称为中国三大产权理论流派代表之一。其中，《产权新论》是我国第一部以马克思主义理论为指导的系统研究社会主义产权理论的专著。该书构造了一个新的产权经济学框架，为中国产权改革实践提供了理论依据。该书获得了1994年四川省哲学社会科学一等奖。

刘诗白作为公有产权论的倡导者，着眼于在公有制框架内建立起产权明晰的现代企业制度，争取实现市场经济与社会主义基本制度的有机结合。他明确指出构建起企业产权或法人产权并不意味着企业的国有资产性质的改变，国家仍然将通过经营者选择权、重大事项的决策权以及利润和税金上缴等形式实现所有者权益。企业拥有法人产权并不等于实行所有权企业化和放弃社会主义国家所有制。在中国，产权问题一直是个理论禁区，而刘诗白研究产权理论，并非为了赶时髦、标新立异，而是基于改革实践的需要。后来的改革进程证明，这一探索是具有超前性的。

4. 丰富与发展劳动价值理论，建构高科技时代的新国富论

受传统研究范式的束缚，中国经济学界多年来着重研讨价值理论问题，而研究财富理论的论著甚少。20世纪90年代初，刘诗白就主张经济学必须致力于民富国强，提出人民财富的最大增值、合理分配、优化使用是社会主义政治经济学的新主题。1992年，由他主编的《社会主义经济学原论》把“人民财富”的研究作为贯穿全书的一条红线，并把人民财富上升为一种理论形态进行全方位的分析、归纳和科学概括，从而构建了一门“人民财富学”。2005年，刘诗白新著《现代财富论》问世，再次在社科界以及国内外引起广泛关注和重大影响。该书曾获2009年教育部高校科学研究优秀成果奖（人文社科）二等奖和2006年四川省哲学社会科学一等奖。

这是一部以财富的性质、结构、源泉，加快财富创造的体制、机制与规律为主要研究内容的财富理论专著，对基于高科技经济条件下

社会财富创造的新特点及其生产机制进行了全方位、深层次的理论建构。①为创建中国社会主义政治经济学提供了一个崭新的核心范畴并构建了一个科学的分析体系。以“现代财富”为核心范畴，阐释了“现代财富”概念的内涵规定性和外延的多样性，为推进中国经济丰裕化和共同富裕化提供了全新的理论视阈。②就理论取向而言，该研究解释了现代财富的内在的价值性，提出了现代财富源泉多样性的全新命题，实现了对劳动价值理论的丰富与发展。③对当代最新的财富生产方式——高科技生产方式，进行了开拓性研究，实现了对高技术生产方式的全面、系统的经济学理论分析。这一研究既坚持了劳动价值论的基本原理，又体现了劳动价值论与时俱进的时代要求。该研究既为发展中国理论经济学开拓了新的视野，填补了理论研究空白，对经济学理论建设起到了重大贡献，又为深化经济改革、发展文化产业，特别是加快高科技发展等重大课题提出了一系列的新见解，对完善社会主义市场经济体制的实践起着积极的指导作用。《人民日报》《光明日报》《经济日报》等分别以“探讨现代财富及其源泉的力作”“现代财富多样化的探讨”“着力完善科技创新体系”为题，对该书做出高度评价。著名经济学家张卓元、卫兴华、赵人伟等对该书的学术价值及创新性给予了充分肯定。《四川日报》、四川电视台等媒体全面宣传了该书的主要观点、学术价值和创新性等，在社科界以及国内外引起广泛关注和重大影响，被学术界誉为“21 世纪的新国富论”。

5. 完善社会主义市场经济体制与公民财产权利理论创新研究

中国的市场化改革过程，是一场涉及社会成员之间利益结构调整和财产权利重新配置的深刻的社会变迁。改革开放 40 多年来，社会财产权结构发生了一系列新的变化，当前我国财产权结构矛盾的主要表现是社会成员间财产占有的差距过大，财产权利分配失衡。对此，由刘灿教授领衔的学术团队依托国家社科基金重点项目的资助，历经 3 年多的潜心研究，出版了《完善社会主义市场经济体制与公民财产权利研究》一书。全书以马克思主义所有制理论、财产权理论为基础，以历史唯物主义的制度分析为基本方法，立足于中国特色社会主义政治经济学的重大原则，借鉴经济思想史上近现代财产权理论和现代产权理论研究的积极成果，借鉴西方国家财产权制度构建的实践经验，在对中国经济改革与公民财产权利法律保护制度的实践过程以及当前公民财产权利结构分析的基础上，对我国公民财产权利结构及矛盾进行了财产权拥有、财产权所得、财产权行使（保护）和财产权结果四个维度的分析，提出了一个社会主义市场经济条件下公民财产权利制度创新的整体性制度架构。

该书的核心思想是，财产占有不均和利益冲突是转型期社会经济结构的内生性矛盾。资本主义财产权的核心实质是资本强权，分配不公、贫富差距和阶级分化源于财产权占有的不平等。马克思的产权正义思想体现了追求实质正义和平等的社会主义核心价值观，我们在构建与社会主义市场经济相适应的财产权制度时应该坚持这种价值取向，在财产权制度上体现经济自由、人的全面发展、社会和谐与利益均衡。基于此，构建与社会主义市场经济相适应的财产权制度，需要在宪法层面、财产立法层面、行政法律法规层面和经济调节层面进行制度设计。政府在财产权结构和收入分配上应该做到积极有为，在法治条件下处理好政府与市场的关系。本书的研究结论和重要观点，取得了积极的社会影响，并因此获得了 2016 年第十七次四川省哲学社会科学优秀成果一等奖。

6. 中国特色社会主义收入分配制度理论创新研究

该研究依托 2015 年中央马克思主义理论研究和建设工程重大项目、国家社科基金重大项目“中国特色社会主义政治经济学研究”。项目由南京大学洪银兴教授领衔，刘灿教授为该重大项目首席专家之一，中特中心多位研究人员为项目主要成员。标志性成果为“十三五”国家重点出版物规划项目《中国特色社会主义收入分配制度研究》。该研究以习近平新时代中国特色社会主义思想为指导，立足于推动构建中国特色社会主义政治经济学理论体系和话语体系，系统研究中国特色社会主义收入分配制度的理论与实践问题。内容主要包括：①从经济思想史角度系统梳理收入分配理论的演进，着重研究马克思主义收入分配理论和按劳分配思想及其在实践中的发展；②系统地总结和研究中国特色社会主义收入分配制度形成、演进与改革创新；③研究我国转型期收入分配结构的突出矛盾和深层原因，对此进行马克思主义政治经济学的分析；④提出与市场经济相适应的、中国特色社会主义收入分配制度的指导思想、价值取向和整体架构，研究深化收入分配制度改革的路径和破解难题的关键问题。

7. 统筹城乡发展中的政府与市场关系理论创新研究

成都市自2003年开始实施“统筹城乡经济社会发展、推进城乡一体化”发展战略，历经了“城乡一体化”“三三六”的最初探索阶段、成都“试验区”的先行先试阶段、农村新土改的创新深化阶段。由李萍编著的《统筹城乡发展中的政府与市场关系研究》围绕统筹城乡发展中若干理论与实践问题，特别是政府与市场作用及其关系问题进行了创新性的理论和实证研究。本书通过对经济学理论中有关城乡发展、政府与市场关系论述的系统回顾和检视，以及对世界各主要国家城乡经济社会发展实践中政府与市场关系的历史流变进行深入比较分析，创新性地构建了一个关于我国统筹城乡过程中政府与市场关系研究的新理论模型——包括三个理论假说和一个互补共生模式，并据此提出了一个重构和优化政府与市场关系的“三阶段论”，以期赋予“政府与市场”这一经济学古老命题以新的内涵，为我国实施城乡统筹发展的重大战略举措提供具有普遍意义的理论支撑。该书的创新价值和重要观点引起了社会反响，也因此获得了2012年第十五次四川省哲学社会科学优秀成果一等奖。

8. 基于社会资本视角下的反贫困理论创新研究

以王朝明为代表的学术团队长期研究和关注反贫困问题。《社会资本视角下政府反贫困政策绩效管理研究：基于典型社区与村庄的调查数据》一书立足于中国转型时期背景，着重探讨嵌入社会资本的政府反贫困政策绩效管理问题。该专著在提出政府反贫困政策绩效管理的一般理论框架和社会资本理论模型的基础上，深入研究可供选择的政府反贫困政策绩效管理的定量测度和评估疗法，并应用所选择的绩效评估疗法和典型调查的经验数据，对社会资本与政府反贫困政策绩效管理的互动关系进行实证检验分析，对典型调查地区政府反贫困政策绩效进行评估，对政府现行扶贫政策体系及实施成果进行分类、评价和反思，期望通过重新审视和调整得出在新时期最为有效和最具可行性的政府反贫困政策措施。

该专著对扶贫理论框架中的一些基础概念及物质资本、人力资本、社会资本三维资本结构分析进行了原创性界定和延伸。例如，对社会资本的内涵进行了拓展，对贫困概念做了新的归纳，提出了“政府反贫困政策绩效管理”这一新概念并做了原创性界定。同时，该专著还构建了物质资本、人力资本和社会资本三维资本结构的扶贫理论框架及作用机制，建立了政府反贫困政策绩效管理的评估方法，等等。这些都具有创新价值，对扶贫理论的发展有重要意义。该书获得了2014年第十六次四川省哲学社会科学优秀成果二等奖。

9. 新中国经济制度变迁的政治经济学研究

深刻解读新中国70年历史性变革中所蕴含的内在逻辑，讲清楚历史性成就背后的中国特色社会主义道路、理论、制度、文化优势是新时代中国哲学社会科学工作者的历史责任。李萍教授领衔的《新中国经济制度变迁》一书站在新时代新的历史起点上，回望、检视我国社会主义经济制度的70年变迁，描绘和勾勒出我国社会主义经济制度经历的建立、探索、改革、转型与完善过程中艰难曲折的发展脉络，理解新中国经济制度70年的变迁路径、特征及其绩效，更加清醒地认识新时代中国特色社会主义的历史方位，更加自觉地增强对中国特色社会主义经济制度的价值认同，更加坚定地坚持对中国特色社会主义经济制度的高度自信，是极具理论与实践创新的重大而深远的历史和现实意义的。《新中国经济制度变迁》一书从马克思主义生产力与生产关系、经济基础与上层建筑辩证关系的基本命题出发，描绘70年来我国社会主义经济制度演进变迁特有路径的“全景图”。本书既在时间上体现为一个包括改革开放前后两大时段、各时段内亦包含若干阶段的连续性动态变迁的渐进过程，又在空间上体现为包括中央和地方，城市和农村，东部、中部和西部，农业、工业和服务业，微观、中观和宏观等层面、各个领域、各个维度、各个方面的关联性互动变迁的复杂过程。本书对新中国经济制度70年变迁路径的马克思主义政治经济学解释以及对中国特色社会主义未来的展望，内含理论的抽象性和实践的具体性辩证关系的探索，展现出我国社会主义经济制度变迁中“否定之否定”的规律性特征和演变轨迹的历史语境和历史逻辑。

三、西南财经大学政治经济学学科的社会贡献及影响

（一）学者贡献及影响

长期以来，西南财经大学政治经济学科一批专家学者为经济社会发展特别是西部地区的经济社会发展做出了突出贡献。

1. 著名经济学家刘诗白

刘诗白教授现任西南财经大学名誉校长、教授、博士生导师。

主要社会兼职：第七届全国人民代表大会代表（1988—1992年），第八届全国政协委员、常委（1993—1997年），四川省政协副主席（1993—1997年）。曾任四川省社会科学联合会主席、四川省社会科学学术基金会理事长、全国高等财经院校《资本论》研究会会长等。现兼任经济理论权威刊物《经济学家》杂志主编、四川省社会科学联合会名誉主席、新知研究院院长、全国高等财经院校《资本论》研究会名誉会长等。长期任四川省科技顾问团顾问，积极参与四川省经济体制改革活动。

主要研究领域：致力于马克思主义政治经济学的理论探索。主要从事资本论、政治经济学基本理论、社会主义市场经济、社会主义所有制、产权理论与国有企业产权制度改革、宏观经济运行、科技创新与高科技经济等重大问题研究。

获奖和荣誉：主要成果曾获孙冶方经济科学奖（1990年），吴

玉章奖（1992 年），教育部高校科学研究优秀成果奖（人文社科）二等奖，四川省哲学社会科学优秀成果一等奖（1983 年、1986 年、1994 年、2005 年），中央纪念党的十一届三中全会三十周年论文奖（2008 年），国家社会科学基金优秀成果奖（1999 年），中宣部经济理论“五个一工程”奖（1988 年），中宣部纪念改革开放十周年论文奖（1988 年），吴玉章人文社会科学终身成就奖（2017 年）等。曾先后荣膺“影响新中国 60 年经济建设的 100 位经济学家”称号、“改革开放进程中的经济学家”称号、“影响四川·改革开放 30 周年”十大最具标示性“风云人物”称号、“2011 成都全球影响力人物”称号。2017 年获得“四川省社会科学杰出贡献专家”称号。以个人名字命名的“刘诗白经济学奖”业已成为我国经济学界最具影响力的经济学奖项之一。

（1）媒体关于“刘诗白经济思想研讨会”的部分报道。

人民网暨《人民日报》：刘诗白经济思想研讨会提出继承优秀学术研究传统（见图 7-1）。

中国共产党新闻网 http://cpc.people.com.cn

学习贯彻党的十七届六中全会精神

人民网 >> 理论 >>

刘诗白经济思想研讨会提出继承优秀学术研究传统

刘方健钟山

2011年12月22日07:24来源：人民网-《人民日报》

日前，西南财经大学举办了“刘诗白教授从教65周年庆典大会暨刘诗白经济思想研讨会”。与会者认为，在新的时代条件下，我们要继承和发扬老一辈经济学家的优秀学术研究传统，为我国改革发展提供理论支持。　与会者探讨了刘诗白关于社会主义商品经济理论、社会主义所有制和产权理论、现代财富理论等的研究成果，总结了刘诗白进行学术研究的主要特点。一是坚持以马克思主义为指导。用马克思主义经济学解释、说明现实问题，在解释、说明现实问题中发展马克思主义经济学。二是具有开放性和包容性。不拘泥于传统观点，对学术研究持开放态度。既坚持以马克思主义经济理论为研究和分析问题的思想武器，又借鉴西方经济学中的有益思想和方法，还吸收哲学、社会学、美学、科技史等方面的研究成果，显示了学术大家的理论功底和广博知识。三是现实性与前瞻性相统一。深入现实生活，紧密结合中国实际探索社会主义经济规律。同时，对社会经济问题的研究具有超前性、前瞻性。四是坚持解放思想、与时俱进。始终立足于改革开放的前沿领域进行学术研究，着力推进社会主义经济理论创新发展。

图 7-1　人民网暨《人民日报》相关报道

资料来源：中国共产党新闻网。

《中国经济时报》：商品经济理论、产权理论、现代财富论——刘诗白经济思想研讨会综述（见图 7-2）。

深度阅读　首页 > 原创频道 > 深度阅读

商品经济理论 产权理论 现代财富理论

中国经济新闻网 2011-12-29 08:43:58

——刘诗白经济思想研讨会综述

■刘方 健钟山

日前，西南财经大学隆重举行了刘诗白教授从教六十五周年庆典大会暨刘诗白经济思想研讨会。国家教育行政学院院长顾海良教授、中国证券监督管理委员会副主席刘新华、四川省政协副主席解洪、中国人民大学荣誉教授卫兴华、中国社会科学院经济研究所原所长赵人伟教授、国家发改委宏观经济研究院原副院长黄范章研究员、南京大学党委书记洪银兴教授、南开大学原副校长逄锦聚教授、四川大学原副校长杜肯堂教授、武汉大学副校长李斐教授、吉林财经大学校长宋冬林教授、厦门大学校长助理庄宗明教授和十三个国家经济学基地负责人出席了此次盛会。与会代表就刘诗白教授的经济思想作了深入探讨。

与会代表认为刘诗白教授的经济研究涉足众多，但他能够始终坚持用马克思主义的基本立场、观点和方法分析和解决现实问题。

逄锦聚认为，刘诗白教授的学术思想有三个显著特点：一是其立足点始终站在大多数人利益的立场上；二是在坚持马克思主义的分析方法，如历史的、逻辑的和抽象的方法的同时，还注重与数学方法相结合；三是强调经济学是"致用之学"，研究经济学的目的是经世济民。庄宗明认为，刘诗白教授在学术研究中始终坚持马克思主义的立场与方法，与时俱进，联系中国、世界的实际。中国人民大学张宇教授认为，刘诗白教授理论功底扎实，坚持从马克思主义的基本理论出发，坚持科学性与革命性的统一。而现实的很多经济学家，则往往由于理论上的混乱，导致研究结论上的不一致。武汉大学经济与管理学院叶永刚教授认为，我们探讨刘诗白的经济思想，其中最为基本的也是最重要的就是坚持用马克思主义的基本立场、观点和方法去分析实际问题。面对当今世界的现实，不管是国际问题，还是国内问题，马克思主义的利益分析都不能少。

与会代表主要探讨了刘诗白关于社会主义商品经济理论、社会主义所有制和产权理论以及现代财富理论方面的研究成果，并认为这些成果都是与中国的实践紧密联系起来的，刘诗白教授不仅坚持马克思主义，而且以与时俱进、开拓创新的精神发展马克思主义，是马克思主义时代化、中国化和大众化的一个典范。

宋冬林认为刘诗白教授的可贵之处在于深入现实生活，探索社会主义市场经济规律，其研究成果的逻辑线索就是直面中国的现实问题，源于实践，立足于中国的实际。中国社会科学院钱津研究员就刘诗白教授的经济思想谈了三点看法：一是从社会主义所有制研究入手，深入走向产权理论研究；二是对科技财富、科技劳动的研究，注意到劳动工具的变化，突破了我国传统经济理论局限于人与人的关系的研究范畴，进行了人与自然的关系的研究；三是在金融危机之后，对危机的实质作了深入的研究。重庆工商大学校长杨继瑞教授总结了刘诗白教授的主要研究成果，一是对社会主义商品经济理论的研究；二是对所有制和产权问题的研究；三是对现代财富理论的研究。而这些研究又体现了三个方面的特质：即始终坚持马克思主义的立场、方法和观点与中国实践相结合；始终坚持跟踪改革开放的实践；始终坚持经济学为"致用之学"。山东大学黄少安教授从自己的博士论文的研究方向谈到刘诗白教授在产权理论方面的研究，并谈到当今社会出现的诸多经济现象，如从事实业的赚钱慢，搞流通、金融的赚钱快，移民、资产转移到国外，等等，都与产权有关，进而说明产权研究的重要性。上海财经大学赵晓雷教授认为刘诗白教授是在产权理论上做出了贡献的学者，并指出产权理论是中国当今政治体制、经济体制改革的核心，认为中国经济思想史研究应当向近、当代延伸。武汉大学简兴华教授就刘诗白教授的学术贡献结合当前国内面临的经济发展方式难转、结构难优、内需难扩等问题谈了自己的看法。他认为，对各级政府而言，方式转变、结构调整是软任务，而经济增长（GDP）、财政收入则是硬任务。因此，自然会出现重视硬任务、不重视软任务的现象；内需难扩之所以难，在于经济条件的限制、经济发展阶段的限制，如收入水平、城市化水平较低；发展方式转变难，在于虽然提出了科学发展观，但是发展的观念并没有得到真正的转变。中国人民大学李义平教授认为，刘诗白教授学术思想的特点是：⑴坚持以马克思主义经济学为指导，去解释、说明、解决现实问题，在解释、说明、解决现实问题中发展马克思主义经济学；⑵开放性和包容性。刘诗白教授学术思想的理论武器既包括马克思主义经济学，又借鉴西方经济学，更吸收哲学、社会学、美学、科技史等研究成果，具有大家所需的坚实基础和广博知识。不拘泥传统的观点，对科学研究持开放的态度；⑶对社会经济问题的研究具有超前性、前瞻性，如刘诗白教授于2005年出版的《现代财富论》中有关文化产业和文化产品的理论和观点与十七届六中全会提出的文化强国战略相契合；⑷始终坚持改革开放，力推社会主义市场经济建设，认为这是中国经济发展强大的唯一出路。西南财经大学王朝明教授重点谈到了他对刘诗白教授《现代财富论》的认识，他认为这本著作是政治经济学基础性研究的力作，其对现代生产方式如高科技、文化生产的新特点的研究，对现代财富构成的本体论的研究，有很高的学术价值和理论价值。

来源：中国经济新闻网-中国经济时报 作者：刘方 健钟山 编辑：张丽敏

分享到...

图 7-2　《中国经济时报》相关报道

资料来源：中国经济新闻网。

（2）刘诗白教授获“吴玉章人文社会科学终身成就奖”（见图7-3）。

图 7-3　刘诗白教授获“吴玉章人文社会科学终身成就奖”

2017 年 9 月 28 日，“第七届吴玉章人文社会科学奖和第六届吴玉章人文社会科学终身成就奖”颁奖典礼在中国人民大学举行。中共中央政治局委员、国务院副总理、吴玉章基金委员会主任马凯出席颁奖典礼并讲话。著名经济学家、我校名誉校长刘诗白教授被授予“吴玉章人文社会科学终身成就奖”。

颁奖典礼前，吴玉章基金委员会名誉主任，原中共中央政治局常委、中共中央组织部部长、101 岁的宋平同志；宋平同志夫人，101 岁的陈舜瑶同志；吴玉章基金委员会名誉主任，102 岁的中国人民大学老校长袁宝华同志亲切接见了刘诗白教授等获奖者代表。吴玉章基金委员会名誉主任，原中共中央政治局常委、国务院总理、第九届全国人大常委会委员长李鹏同志专程发来贺信。

马凯副总理向刘诗白教授颁发了“吴玉章人文社会科学终身成就奖”奖杯，并在随后的讲话中对刘诗白教授获奖表示热烈祝贺，对他的学术成就和贡献给予高度评价。他指出：“刘诗白先生是理论经济学研究方面的名师大家，是我国社会主义市场经济理论研究的先驱者，在政治经济学基本理论、社会主义产权理论等基础性、前沿性研究领域中取得了卓越的成绩。”他还指出，刘诗白教授与一同获得终身成就奖的中国人民大学著名新闻史学家方汉奇教授都是言传身教、桃李天下的老教师，为祖国人才的培养做出了重要贡献，他们获此殊荣实至名归。

中央民族大学校长黄泰岩教授代表吴玉章基金委员会宣读了颁奖词。颁奖词中提到，刘诗白教授是当代杰出的经济学家，长期致力于马克思主义政治经济学的理论探索，在社会主义产权理论、转型期经济运行机制、国有企业市场化改革、金融体制改革等方面进行了大量卓有成效的研究，是较早提出社会主义所有制多元性的学者之一和中国社会主义市场经济理论的先驱研究者；他还是卓越的教育家和学科带头人，他人品高尚，才学精深，杏坛执鞭70载，对国家经济学学科建设和人才培养做出了重要贡献。从他那卷帙浩繁的著作里，可以触摸到中国特色社会主义经济建设的起步、发展、繁荣的历史脉络。

刘诗白教授在颁奖典礼上发表了获奖感言，他从1946年起在大学从教、1950年5月5日在《华西日报》上发表首篇理论文章开始，深情回顾了自己的教学科研生涯。他表示，中国共产党创造的中国特色社会主义市场经济体制，解放了生产力，中国出现了30多年经济高速增长，取得了举世瞩目的成就。他指出，高校的经济学研究要响应习近平总书记发出的构建中国特色哲学社会科学的号召，积极研讨，编写有中国特色、中国风格、中国气派的社会主义政治经济学教科书和理论专著，要站得更高，以更广的学术视野来充实经济学研究，既要坚持马克思主义的基本原理，又要充分汲取西方经济学的成果，更要充分吸收中国经济实践，彰显中国智慧。最后他说，中国的经济学研究任重而道远、大有可为，自己虽然年事已高，但仍要发挥余力，有一分热、发一分光。

“吴玉章人文社会科学终身成就奖”是吴玉章基金委员会为表彰人文科学、社会科学领域做出卓越贡献的学者设立的专门奖项，于2012年首次颁发。该奖项已成为与“国家自然科学奖”“国家技术发明奖”“国家科技进步奖”齐名的中国人文社科领域的最高荣誉。

2. 其他专家与学者贡献与影响（详见附录二：西南财经大学政治经济学学科部分专家学术声誉、学术兼职和成就一览表）

我校政治经济学学科，拥有一批具有影响力的知名专家和学者。目前，有5位专家享受“国务院政府特殊津贴”，1位专家被评为国家“万人计划”教学名师，1位专家入选教育部“新世纪优秀人才支持计划”，7位专家被评为“四川省有突出贡献的优秀专家”，10多位学者入选“四川省学术和技术带头人”和“四川省学术和技术带头人后备人选”。

我校政治经济学学科教师学术成果丰硕，近四年来，在SCI和SSCI期刊上共发表学术论文190余篇；获得教育部人文社科基金、国家自然科学基金和国家社会科学基金共18项；承担省级及重大和重要横向科研项目16项；一批优秀的科研成果获得了教育部、四川省和各学术团体的奖励；一批优秀的研究报告获得了国家领导人和省部级领导人批示（见图7-4）。

近年来本学科学老师完成的部分学术著作

近年来本学科老师发表的部分期刊论文

近年来本学科老师撰写的部分研究报告

近年来本学科老师获得的部分奖励

图7-4　我校政治经济学学科教师学术成果

我校政治经济学学科教师，积极参与学术活动，多位教师在中国《资本论》研究会、全国马克思列宁经济学说史学会、中国区域经济学会、中国经济规律研究会、全国高等财经院校《资本论》研究会、中国经济发展研究会、中华外国经济学说史研究会和中国政治经济学年会等全国性和省级学术团体任会长、副会长和常务理事等。

本学科专职教师部分社会兼职：

刘诗白教授，兼任四川省社会科学联合会荣誉主席，全国高等财经院校《资本论》研究会名誉会长，学术团体“新知研究院”院长，《经济学家》主编。

刘灿教授，兼任教育部专业设置和学科发展专家委员会委员、教育部经济学类学科专业教学指导委员会委员、国务院学位委员会学科评议组成员、“马工程”首席专家、全国马克思列宁经济学说史学会副会长、中华外国经济学说史研究会副会长等。

杨继瑞教授，兼任成都市社科联副主席、中国《资本论》研究会副会长、国家开发银行专家委员会委员等。

丁任重教授，兼任中国经济规律研究会副会长、全国高等财经院校政治经济学研究会会长、四川省科技顾问团宏观经济组组长，等，并担任《经济学家》常务副主编。

李萍教授，兼任全国高等财经院校《资本论》研究会常务理事、四川省《资本论》研究会副会长、《财经科学》主编。

姜凌教授，兼任中国世界经济学会常务理事、中国亚非发展交流协会常务理事、全国美国经济学会理事。

盖凯程教授，兼任中国《资本论》研究会常务理事、全国高等财经院校《资本论》研究会常务理事、全国马克思列宁经济学说史学会常务理事、四川社科联理事等。

赵磊，曾先后担任西南财经大学出版社副总编辑、《财经科学》杂志常务副主编、四川省文科学报研究会副理事长。

杨慧玲，兼任全国高等财经院校《资本论》研究会常务理事、西南财经大学经济学院教授委员会委员。

吴垠，兼任中国《资本论》研究会理事、全国马克思列宁经济学说史学会理事等。

韩文龙，全国马克思主义经济学青年论坛常务理事、执委，中国青年政治经济学学者年会常务理事、执委，中国政治经济学学会理事，全国马经史学会理事，四川省社会科学学术基金会监事，中国人民大学长江经济带研究院研究员。

（二）《经济学家》的理论引导

《经济学家》杂志是由刘诗白、胡代光、宋涛等 80 余位著名经济学家共同倡议创办，由西南财经大学承办的大型经济理论刊物。1989 年创刊伊始，《经济学家》就以高起点、高水平和高质量为办刊宗旨，以马克思主义为指导，以促进社会主义精神文明和物质文明建设为己任，着力发展和繁荣有中国特色的社会主义经济理论，促进国际文化交流。经过 30 多年的锤炼，《经济学家》已成为国内外经济学界的权威经济理论期刊之一，被中宣部遴选为政治经济学专业重点期刊。图 7-5 为《经济学家》期刊网站。

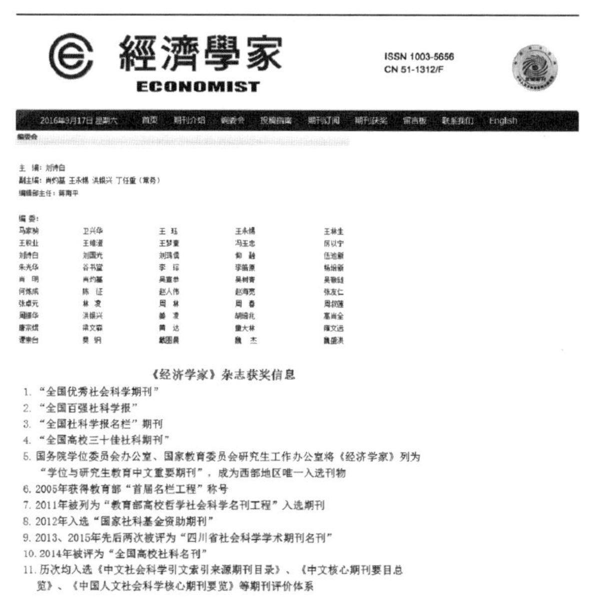

图 7-5　《经济学家》期刊网站

在选题方面，《经济学家》杂志立足于改革开放的伟大实践，准确定位，特色鲜明：①坚持马克思主义经济学基本理论研究，特别是社会主义市场经济基础理论的研究；②坚持理论联系实际，跟踪探讨改革时期重大理论问题，注重反映当前经济理论与实践中的热点、难点问题，在理论经济学和应用经济学研究方面，特别是在解决国家或地区经济社会发展问题中，注意刊发具有理论创新、全局性和战略性的优秀论文；③坚持思想性和学术性的统一，注重研究的理论深度和思想内涵，坚持“思想性优先”的选稿原则。

《经济学家》一直高举马克思主义伟大旗帜，坚守中国特色社会主义理论阵地，服务于中国经济改革和发展的伟大实践，坚持理论联系实际，着力推进马克思主义政治经济学的理论研究，为中国经济学的进步和发展打造了一流学术平台，为中国特色社会主义政治经济学的发展起到了引领作用，为中国特色社会主义经济建设和社会发展贡献了力量。

（三）刘诗白经济学奖的学术推动

为推动哲学社会科学的繁荣发展，推出更多经济学研究的精品力作，推进中国特色、中国风格、中国气派的经济学研究，西南财经大学和刘诗白奖励基金会面向全社会设立的经济学奖项“刘诗白经济学奖”，面向全社会开展申报评审工作。2012 年启动首届申报评审工作，每两年评审一次，分设学术专著奖和学术论文（包括研究报告、调查报告）奖两类，学术专著奖奖金每项 8 万元，学术论文奖奖金每项 4 万元。刘诗白经济学奖评奖对象是我国经济理论工作者和实际工作者公开发表的具有较高理论水平和学术价值，对研究和解决重大现实问题有较强指导意义和应用价值，并获得较好社会反响的经济学研究成果。评奖范围涵盖理论经济学和应用经济学的各个领域。评奖工作秉持创新和质量的评价导向，坚持开放、公开、公平的评奖原则（见图 7-6、图 7-7）。

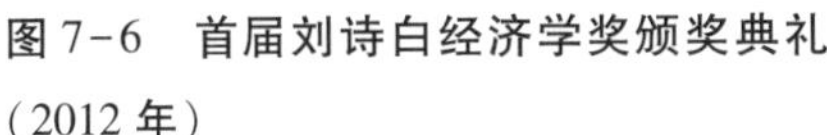

图 7-6　首届刘诗白经济学奖颁奖典礼（2012 年）

图 7-7　第二届刘诗白经济学奖颁奖典礼（2014 年）

“刘诗白经济学奖”对于从事学术研究和理论创新的人来说，是一种激励和鼓励，鼓励获奖者立足于中国的实践，踏踏实实地深入到中国经济改革的实践大潮中，去发现中国问题，进行中国研究，最后取得中国气派的研究成果；对于社会来说，是一种示范和展示，同时也鼓励更多的人，投身于学术研究和社会研究，对中国改革开放的经验总结和探索起到了很大的作用。

首届“刘诗白经济学奖”共收到申报成果 125 项，涉及应用经济学和理论经济学的多个方面，申报者的单位超过 60 家，经过评审委员会专家通讯评审和会议评审，最终评选出获奖成果 5 项。第二届“刘诗白经济学奖”共收到申报成果 94 项，涉及应用经济学和理论经济学的多个方面。申报成果来源单位涉及 39 所高校、8 个科研院所、2 所党校和 6 个其他事业单位。经过评审委员会专家通讯评审和会议评审，评选出获奖成果 8 项。第三届“刘诗白经济学奖”申报成果的时间范围为 2014 年 1 月 1 日—2015 年 12 月 31 日。评审工作分为同行专家初审和评审委员会终审两个阶段。同行专家初审于 2016 年 5—6 月进行，评审委员会终审于 2016 年 6—7 月进行，获奖成果公示于 2016 年 7—8 月进行，颁奖会于 2016 年年底举行。第四届“刘诗白经济学奖”申报成果的时间范围为 2016 年 1 月 1 日—2017 年 12 月 31 日。评审工作分为同行专家初审和评审委员会终审两个阶段。同行专家初审于 2018 年 5—6 月进行，评审委员会终审于 2018 年 6—7 月进行，获奖成果公示于 2018 年 9 月进行，颁奖会于 2018 年年底举行。第五届“刘诗白经济学奖”申报成果的公开出版时间范围为 2018 年 1 月 1 日—2019 年 12 月 31 日。评审工作分为同行专家初审和评审委员会终审两个阶段。同行专家初审于 2020 年 6—7 月进行，评审委员会终审于 2020 年 8 月进行，获奖成果公示于 2020 年 9 月进行，颁奖会于 2020 年年底举行。

第一届“刘诗白经济学奖”获奖名单：

①中国人民大学黄锟，《中国农民工市民化制度分析》（专著）；

②中国人民银行货币政策二司伍戈，《中国的货币需求与资产替代：1994—2008》（论文）；

③复旦大学陈诗一，《节能减排、结构调整与工业发展方式转变研究》（专著）；

④西南财经大学刘崇仪，《经济周期论》（专著）；

⑤南京大学沈坤荣，《投资效率、资本形成与宏观经济波动——基于金融发展视角的实证研究》（论文）。

第二届“刘诗白经济学奖”获奖名单：

①东北财经大学吕炜，《变革的逻辑：中国经济转轨的实践认知与理论思辨》（专著）；

②复旦大学田素华，《外商直接投资进入中国的结构变动与效应研究》（专著）；

③山东大学韦倩，《社会合作秩序何以可能：社会科学的基本问题》；

④武汉大学王今朝，《中国经济发展模式：政治经济学解读》（专著）；

⑤北京大学余淼杰，《加工贸易与中国企业生产率：企业异质性理论和实证研究》（专著）；

⑥四川省农村信用社联合社段胜，《中国巨灾指数的理论建构与实证应用——基于综合巨灾风险管理的视角》（专著）；

⑦西南财经大学中国家庭金融调查与研究中心，《中国家庭金融调查报告·2012》（专著）；

⑧中央财经大学严成樑；《社会资本、创新与长期经济增长》。

第三届“刘诗白经济学奖”获奖名单：

①吉林大学李晓，《国际货币体系改革：中国的视点与战略》（专著）；

②南开大学周广肃，《收入差距、社会资本与健康水平——基于中国家庭追踪调查（CFPS）的实证分析》（论文）；

③中国社会科学院张友国，《中国碳排放效率改善的途径及其影响——基于区域和产业视角的分析》（专著）；

④中国人民大学王孝松，《贸易壁垒如何影响了中国的出口边际》（论文）；

⑤西南财经大学霍伟东，《人民币区研究》（专著）；

⑥南京财经大学周绍东，《分工与创新：发展经济学的马克思主义复兴》（专著）；

⑦上海财经大学赵晓雷，《中国现代经济思想的发展》（专著）；

⑧西北大学任保平，《经济增长质量的逻辑》（专著）；

⑨南京财经大学杨继军，《“中国制造”对全球经济“大稳健”的影响——基于价值链的实证检验》（论文）；

⑩中国人民银行金融研究所钟震，《系统重要性金融机构的识别与监管研究》（专著）。

第四届“刘诗白经济学奖”获奖名单：

①西北大学郭晗，《结构变化与增长力：中国在经济增长率的测算及其结构转换研究》（专著）；

②辽宁大学赵德起，《权利配置、政府约束、契约完备与农民收入关系研究》（专著）；

③南京审计大学戴翔，《要素分工与国际贸易理论新发展》（专著）；

④中国人民大学刘晓光，《农业劳动力转移与中国经济发展》（专著）；

⑤山东财经大学彭红枫，《人民币国际化研究：程度测算与影响因素分析》（论文）；

⑥中国人民大学方福前，《寻找供给侧结构性改革的理论源头》（论文）；

⑦中国社科院杨静，《通往共享之路——马克思社会共同需要思想的当代阐释及运用》（专著）；

⑧广东外语外贸大学陈伟光，《全球经济治理与制度性话语权》（专著）；

⑨中山大学杨子晖，“Quantitative Easing and Volatility Spillovers across Countries and Asset Classes”（论文）；

⑩上海财经大学邵帅，《中国雾污染治理的经济政策选择——基于空间溢出效应的视角》（论文）①。

（四）国际、国内学术交流

1. 国际学术交流与互访

我院政治经济学学科非常注重国际交流与合作。在领导、老师和同学们的共同努力下，国际合作交流发展迅速，取得了可喜的成果，促进了本学科的建设和发展。目前，本学科已与美国马萨诸塞州立大学阿默斯特分校，俄罗斯莫斯科国立罗蒙诺索夫大学、日本立命馆大学和东京首都大学等知名大学建立了学术交流和合作关系。先后邀请美国著名马克思主义经济学家大卫·科茨教授，日本知名马克思主义经济学者宫川章教授等来我院讲学。我院相继选派了青年教师和博士研究生到美国波士顿大学、犹他大学、加州大学伯克利分校、马萨诸塞州立大学阿默斯特分校等知名大学交流与学习。

我院国际学术交流与互访部分项目：2012 年 4 月 27 日，日本立命

① 上述数据均来自西南财经大学科研处官方网站公开数据。

馆大学经济学院院长松原豊彦一行到访我院，上午与校院领导会谈，下午与部分学院师生进行了学术研讨（见图7-8）。2014年4月9日—14日，马克思主义经济学研究院代表团一行赴日本立命馆大学和东京首都大学进行了学术访问（见图7-9）。2014年5月5日—6日，世界著名马克思主义经济学家、美国马萨诸塞大学阿默斯特分校经济学系教授大卫·科茨教授应邀来访马克思主义经济学研究院（见图7-10）。2014年6月1日—5日马克思主义经济学研究院代表团赴美访问UMass Amherst，探讨两校（院系）合作事宜（见图7-11）。2015年6月9日—12日，由马克思主义经济学院长刘灿教授带队，马克思主义经济学研究院吴垠副教授一行两人赴巴黎参加了主题为“危机中的调节学派”的国际学术研讨会。2015年8月30日—9月5日，马克思主义经济学研究院副院长李萍教授带队一行赴俄罗斯国立莫斯科罗蒙诺索夫大学进行学术交流。2015年10月18日上午，日本早稻田大学政治经济学院藤森赖明教授、清华大学社会科学学院经济所李帮喜博士一行访问我院。2016年3月8号上午，日本立命馆大学经济学部部长松本朗教授以及松野周治教授、高屋和子教授、田中宏教授、曹瑞林教授一行五人到访我院。2017年3月6日，日本立命馆大学学校法人、经济学部部长松本朗教授，副部长高屋和子教授，社会体系所所长田中宏教授等一行四人访问我校，文洪毅书记、刘灿教授、李萍教授、盖凯程教授等参加会见。会见期间，根据商定，立命馆大学社会体系研究所与我院正式签署了合作备忘录，文书记与田中所长签署并交换了备忘录。备忘录以促进研究人员的互访交流、推进研究国际化、提高学术水平为目的，就双方之间的研究人员合作科研、互访互派、学生交流等具体事项做了明确的制度性约定。2018年中特中心和研究院相继邀请世界著名马克思主义经济学家莫斯利教授等做客马克思主义经济学研究院双周论坛。2019年10月19日—20日，日本经济理论学会第67次大会（Japan Society of Political Economy，the 67th annual conference）在日本东京驹泽大学成功举办。会议云集了日本国内和国际政治经济学领域众多知名学者，就“资本主义的多样性与发展阶段”“数理马克思主义经济学”“新自由主义全球化与国家战略”等议题展开深刻的学术报告与研讨。李怡乐副教授在“中国政治经济学”专场就中国经济的利润率波动以及近期重点经济政策的内在逻辑做了报告，并与日本学者展开了深入研讨。2019 年 5 月 22 日上午世界著名马克思主义经济学家大卫·科茨教授受邀到访经济学院，并于 5 月 24 日做了“特朗普任期内的政治经济学”主题演讲。2019 年 7 月 1 日上午，美国曼荷莲学院经济系教授、世界著名马克思主义经济学家弗雷德·莫斯利（Fred Mosley）教授到访经济学院和中特中心。2019 年 10 月 25 日上午，美日本著名马克思主义经济学者大西広（Hiroshi Onishi）教授到访经济学院和中特中心。

图 7-8　日本立命馆大学经济学部一行 5 人到访我院

图 7-9　我院代表团一行赴日本东京首都大学学术访问

图 7-10　世界著名马克思主义经济学家大卫·科茨教授到访我院

图 7-11　我院代表团赴美访问 UMass Amherst

2. 参加国内学术会议

我院历来重视参加本学科学术会议，通过参与学术会议提高本学科的影响力，通过参与学术会议为本学科的发展做出应有的贡献。近五年来，我院老师先后参加了国内具有影响力的专题性学术研讨会和全国性学术会议。

我院参与国内学术会议交流部分项目：2013 年 8 月 6 日—7 日，马克思主义经济学研究院副院长李萍教授带队参加“全国马克思列宁经济学说史会”第 14 次学术研讨会（见图 7-12）。2013 年 9 月 26 日，马克思主义经济学研究院院长刘灿教授教授参加“全国第七届马克思主义经济学发展与创新论坛”并做主题发言（见图 7-13）。2013 年 10 月 26 日—27 日，马克思主义经济学研究院院长刘灿教授带队参加“全国高校社会主义经济理论与实践研讨会第 27 次年会”（见图 7-14）。2013 年 12 月 21 日—22 日，马克思主义经济学研究院院长刘灿教授带队参加“第七届中国政治经济学年会”。2014 年 7 月9 日—10 日，马克思主义经济学研究院副院长李萍教授、盖凯程副教授一行参加“全国第八届马克思主义经济学发展与创新论坛”。2015 年 7 月 18 日—19 日，马克思主义经济学研究院院长刘灿教授、盖凯程教授、吴垠副教授、李怡乐和韩文龙等老师应邀参加“全国马克思列宁主义经济学说史学会（2015 年）论坛”。2015 年 7 月 24 日—28 日，经济学院蒋南平教授、杨慧玲教授、盖凯程教授等一行参加“全国高等财经院校《资本论》研究会 2015 年第三十二届学术年会”。2015 年 11 月 28 日—29 日，马克思主义经济学研究院院长刘灿教授带队，经济学院王朝明教授、程民选教授和盖凯程教授等一行四人参加了“全国高校社会主义经济理论与实践研讨会第 29 次年会”。2015 年 11 月 7 日刘灿教授参加“全国综合大学《资本论》研究会第 15 次会议”。2015 年 10 月 17 日—18 日王朝明教授和程民选教授等参加“中国经济发展研究会第十七届年会”。2015 年 12 月 26 日，刘灿教授、丁任重教授和韩文龙老师等参加了由《中国社会科学》编辑部主办，中国人民大学经济学院、广州大学经济与统计学院承办的“开拓当代中国马克思主义政治经济学新境——第二届中青年马克思主义政治经济学研讨会”（见图 7-15）。2016 年 6 月 18 日—19 日，我院盖凯程教授和韩文龙老师参加了“中国《资本论》研究会第 18 次学术研讨会”。2016 年 5 月起，我院政治经济学教学团队刘灿教授、陈志舟副教授、盖凯程教授相继为四川省委政研室的领导及全体人员讲授政治经济学基本理论。2016 年 7 月 9 日，我院青年教师韩文龙参加“第十六届中国青年经济学者论坛”，并做主题报告。

图 7-12　李萍教授带队参加“全国马克思列宁经济学说史会”学术研讨会

图 7-13　刘灿教授参加“全国第七届马克思主义经济学发展与创新论坛”

图 7-14　刘灿教授带队参加“全国高校社会主义经济理论与实践研讨会第 27 次年会”

图 7-15　刘灿教授等参加“第二届中青年马克思主义政治经济学研讨会”

2017 年 4 月 10 日下午，由中国人民大学经济学院、全国中国特色社会主义政治经济学研究中心主办的“《中国政治经济学发展报告（2016）》发布会”在北京举行。我院青年教师韩文龙副教授参与撰写了分报告《关于农村土地问题和城乡一体化发展的研究进展》，并在发布会上就报告的具体内容做了分报告。2017 年 4 月 22 日—23 日，“全国马克思列宁主义经济学说史学会第十六次年会”在河南大学召开，我院政治经济学学科团队刘灿教授、盖凯程教授、吴垠副教授应邀参会并提交参会论文。学会副会长、我院刘灿教授做关于收入分配的主题发言；学会理事、经济学院经济系主任吴垠副教授作为召集人主持了分会场讨论。2017 年 4 月 23 日，由南京大学经济学院、南京大学全国中国特色社会主义政治经济学研究中心、中国特色社会主义经济建设协同创新中心联合主办的“中国特色社会主义政治经济学重大理论问题研讨会”在南京大学安中楼召开，中特中心刘灿教授、盖凯程教授应邀出席会议并做主题发言。由中国青年政治经济学学者年会、云南大学经济学院共同主办的以“经济发展新阶段与政治经济学新发展——理论与政策”为主题的第七届“中国青年政治经济学学者年会”2017 年 5 月 6 日—7 日在云南大学成功举办，我院副教授韩文龙参加了此次年会，并宣读了论文《做强做优做大国有企业原因之理论阐释》。由全国高校社会主义经济理论与实践研讨会领导小组主办的“全国高校社会主义经济理论与实践研讨会论文评审会”于 7 月 15—17 日在北方民族大学成功举办，中特中心学术委员会主任刘灿教授参加。2017 年 7 月 15 日—16 日，由全国高等财经院校《资本论》研究会主办、江西财经大学经济学院和《经济学家》杂志社联合承办的“全国高等财经院校《资本论》研究会 2017 年第三十四届学术年会”在南昌召开，中特中心副主任盖凯程教授率团参加。2017 年 9 月 15 日—17 日，经济学院博士生导师程民选教授带领 2016 级政治经济学博士研究生冯庆元、张海浪参加了“中国经济发展研究会第 19 届年会暨学术研讨会”。2017 年 9 月 16 日，由教育部人文社科重点研究基地——西北大学中国西部经济发展研究中心承办的“《中国西部发展报告：2017》发布会暨第一届中国西部经济社会发展智库论坛”在西安成功举行，我院副院长盖凯程教授应邀出席论坛并做主题发言。“第十七届中国青年经济学者论坛”于2017年9月23日—24日在暨南大学开幕，我院刘灿教授做了题为“中国转型期个人收入和财产差距的政治经济学分析”主题演讲；韩文龙副教授的论文《转型期中国收入结构的主要矛盾及改革路径选择——经典马克思收入分配理论的视角》入选本次论坛。2017年11月3日—5日，“第十一届中国政治经济学年会（2017）”在安徽大学召开，经济学院蒋南平教授、李怡乐老师应邀出席。2017年11月4日—5日，“全国高校社会主义经济理论与实践研讨会第31次年会”在中国人民大学国学馆举行，马克思主义经济学研究院刘灿教授、盖凯程教授、杨慧玲教授、袁正教授、韩文龙副教授、李标老师以及基地班葛泽坤同学一行七人参加了研讨会。2017年11月12日，由中国特色社会主义经济建设协同创新中心和经济科学出版社等主办的“学习贯彻十九大精神暨《中国特色社会主义政治经济学通论》首发理论研讨会”在京举行，我院盖凯程教授和李梦凡老师受邀代表西南财经大学全国中特色社会主义政治经济学研究中心参加了研讨会。吴垠教授受林毅夫教授团队邀请，于2017年12月23日赴北京大学新结构经济学研究中心（院）（CNSE）做了主题发言，并详细介绍了西南财经大学经济学院基地班本科生和各专业硕士研究生、博士研究生的培养目标和发展方向，特别介绍了我院理论与应用经济学优秀本科、硕士、博士学生的培养方案。

2018年1月15日，西南财经大学经济学院全国中国特色社会主义政治经济学研究中心刘灿教授、吴垠教授、李梦凡老师受邀参加由厦门大学经济学院、王亚南经济研究院和南京大学全国中国特色社会主义政治经济学研究中心联合主办的“新时代中国特色社会主义政治经济学理论体系研讨会”。2018年4月21日上午，由中国人民大学经济学院、全国中国特色社会主义政治经济学研究中心主办的“《中国政治经济学发展报告（2017）》发布会”在北京举行。中特中心韩文龙副教授和政治经济学专业研究生祝顺莲同学参与撰写了分报告《关于经济全球化和推进全面开放新格局的政治经济学研究》，韩文龙副教授在发布会上就报告的具体内容做了分报告。2018年5月19日—20日，“中国《资本论》研究会第20次学术研讨会——纪念马克思诞辰200周年暨中国改革开放40周年”在中国人民大学召开，我校中特中心杨继瑞教授、盖凯程教授、杨慧玲教授、肖磊副教授以及中心新进青年教师张志博士等参加了本次研讨会。由中国青年政治经济学学者年会、四川大学经济学院共同主办的以“加快构建现代化经济体系：理论源流与现实挑战”为主题的“第八届中国青年政治经济学学者年会”于2018年5月19日在四川大学成功举办，吴垠教授、韩文龙副教授、李怡乐副教授、李梦凡老师、刘璐博士生、陈航研究生等参加了此次年会。2018年7月20日，由全国哲学社会科学话语体系建设协调办公室与上海市委宣传部指导，中国浦东干部学院、中国社会科学院—上海市人民政府上海研究院、上海市社会科学界联合会共同主办，中国社科院当代中国马克思主义政治经济学创新智库、复旦大学经济学院协办的“中国哲学社会科学话语体系建设浦东论坛——政治经济学学术话语体系建设2018”在中国浦东干部学院召开，中特中心韩文龙副教授应邀参加了此次论坛，提交了论文《政府收入再分配职能与手段的演进：国际经验与启示》，并与参会学者进行了学术交流。2018年10月12日—14日，“中国经济发展研究会第二十届年会”在天津南开大学举行，会议的主题是“改革开放四十年回顾与新时代中国经济发展前瞻”。我院程民选教授、王朝明教授、袁正教授以及王彦西等博士生参加了此次大会。2018年10月20—21日，“第十二届中国政治经济学年会”在中南财经政法大学召开，会议由中南财经政法大学经济学院以及中南财经政法大学中国特色社会主义政治经济学研究中心承办。西南财经大学副校长、全国中国特色社会主义政治经济学研究中心主任尹庆双教授，中心吴垠教授一行参加了本次会议。2018年10月27日—28日，以“改革开放与政治经济学的重要贡献和发展”为主题的“第七届全国马克思主义经济学论坛暨第八届全国马克思主义经济学青年论坛”在浙江大学召开，会议由中国社会科学院马克思主义研究学部等单位主办，浙江大学马克思主义学院等单位承办。西南财经大学中特中心韩文龙副教授、李梦凡老师以及研究生陈航等人参加了本次会议。2018 年 12 月 1 日—3 日，中特中心研究团队参加了“全国高校社会主义经济理论与实践研讨会第 31 次年会”。

2019 年 6 月 29 日—30 日，由辽宁大学经济学院承办的“全国马克思列宁主义经济学说史学会第九届会员代表大会暨第十七次学术研讨会”在辽宁大学蒲河校区召开。我校中特中心尹庆双副校长、吴垠教授、肖磊副教授、张志讲师受邀参加研讨会。2019 年 5 月 26 日上午，由北京市经济学总会和中国人民大学经济学院主办的“新中国 70 年经济建设实践与理论研讨会暨中国政治经济学年度发展报告发布会”在中国人民大学举行。中特中心韩文龙副教授参与撰写《中国政治经济学发展报告（2018）》并做分报告。2019 年 5 月 10 日—12 日，以“新中国成立 70 周年经济发展回顾与展望”为主题的“第九届中国青年政治经济学学者年会”在山东省日照市曲阜师范大学召开，韩文龙副教授等一行参会。2019 年 9 月 27 日—29 日，以“新中国成立 70 周年与马克思主义政治经济学的发展和重要贡献”为主题的“第八届全国马克思主义经济学论坛暨第九届全国马克思主义经济学青年论坛”在西南大学召开，西南财经大学经济学院政治经济学研究所吴垠老师、韩文龙老师、葛浩阳老师一行三人参加了本次会议。2019 年 10 月 26 日—27 日，“全国高校社会主义经济理论与实践研讨会第 33 次会议及教育部高等学校经济学类专业教学指导委员会第三次全体会议”在南开大学举行，中特中心丁任重教授、易敏利教授、盖凯程教授、韩文龙副教授、李标副教授、王军老师、田世野老师、姚常成老师也应邀参加了本次会议。2019 年 4 月 20 日，我院吴垠老师参加了“南方高校数量与制度政治经济学研究联盟成立仪式暨首届数量与制度政治经济学论坛”。

3. 举办学术会议

我院历来重视本学科学术会议的举办，通过举办学术会议提高本学科的影响力，通过举办学术会议为本学科的发展做出应有的贡献。近五年，我院先后举办了一系列专题性学术研讨会和承办了一系列全国性学术会议。2013 年 5 月 5 日“《陈豹隐全集》出版发行仪式暨陈豹隐学术思想研讨会”在我校隆重举行。2013 年 7 月 27 日“全国高等财经院校《资本论》研究会成立 30 周年纪念大会暨第 30 届学术研讨会”在我校隆重召开。2015 年 6 月 2 日“新常态下马克思主义政治经济学创新研讨会”在我校顺利举办（见图 7-16）。2015 年 10 月 17 日—18 日“第九届中国政治经济学年会（2015）”在我校举办（见图 7-17）。2015 年 11 月 14 日—15 日“中华外国经济学说研究会”第 23 届年会在我校召开。2016 年 7 月 25 日“全国高校社会主义经济理论与实践研讨会审稿会”由我院承办。2017 年 12 月 9 日，由西南财经大学全国中国特色社会主义政治经济学研究中心主办，马克思主义经济学研究院、经济学院和《经济学家》编辑部承办的首届“中国特色社会主义政治经济学本硕博（西部）论坛”在我校光华校区住友苑举办。由马克思主义经济学研究院和经济学院共同主办的“全国青年马克思主义经济学者研讨会”于 2017 年 4 月 22 日—23 日在四川成都召开。9 月 26 日上午，西南财经大学宣传统战部、全国中国特色社会主义政治经济学研究中心、科研处联合举办“学习习近平 7. 26 讲话和构建中国特色社会主义政治经济学理论体系”座谈会。2017 年 11 月 24 日，由西南财经大学全国中国特色社会主义政治经济学研究中心、南京大学全国中国特色社会主义政治经济学研究中心主办、西南财经大学经济学院承办的“贯彻落实十九大精神与理论经济学学科建设专家座谈会”在西南财经大学光华校区光华楼 509 会议室成功举行。2018 年 7 月 1 日上午，中特中心政治经济学青年工作坊在光华楼 409 会议室成功召开。工作坊由复旦大学、西南财经大学特聘教授孟捷作为点评专家，听取了中特中心李梦凡老师、四川大学经济学院李亚伟副教授的工作论文汇报。政经所全体青年教师、兄弟院校青年教师和在读博士生同学共同参与了研讨。2018 年我院主办了“纪念改革开放 40 周年暨《经济学家》杂志创刊 30 周年研讨会”；与西南财经大学习近平新时代中国特色社会主义思想研究中心共同主办了“习近平新时代中国特色社会主义思想高端论坛”；主办了“纪念改革开放40周年暨《刘诗白全集》发布会”；参与承办了“刘诗白经济学奖评奖暨颁奖会”；主办了“马克思诞辰200周年座谈会”；主办了“中国特色社会主义政治经济学本硕博全国大学生西部论坛（第二届）”；参与承办了“全国高等财经院校《资本论》年会”。

2019年4月20—21日，由西南财经大学全国中国特色社会主义政治经济学研究中心、经济学院、马克思主义经济学研究院共同主办，《经济学家》《财经科学》协办的“全国青年马克思主义经济学者研讨会（2019年）”在成都召开。5月24日，由西南财经大学全国中国特色社会主义政治经济学研究中心主办，经济学院、马克思主义经济学研究院、《经济学家》和《财经科学》编辑部承办的“中国特色社会主义政治经济学本硕博论坛（2019年）”在柳林校区举办。2019年12月14日—15日在成都共同主办“中国政治经济学40人论坛·2019”。

图7-16　举办新常态下马克思主义政治经济学创新研讨会

图7-17　承办第九届中国政治经济学年会（2015）

4. 马克思主义经济学研究院双周论坛

为推动马克思主义经济学基础理论的创新发展与中国改革发展实践的紧密结合，研究院从2013年起特设“马克思主义经济学研究院双周论坛”，就马克思主义经济学研究的新进展、西方马克思主义经济学研究的新成果，以及当前人们高度关注和研讨的热点问题，包括转变经济发展方式的新路径，收入分配改革的新问题，房改、医改、教改等民生的新焦点，区域经济发展的新态势，后危机时代开放发展的新趋势等议题，举办系列学术讲座（见图 7-18 至图 7-21）。

图 7-18 著名经济学家洪银兴教授来我院讲学

图 7-19 世界著名马克思主义经济学家大卫·科茨教授做客“马克思主义经济学研究院双周论坛”

图 7-20 中国人民大学杨瑞龙教授做客“马克思主义经济学研究院双周论坛”

图 7-21 清华大学人文社会科学学院孟捷教授做客“马克思主义经济学研究院双周论坛”

2013 年，研究院相继邀请中国人民大学经济学院院长杨瑞龙、四川大学马克思主义学院院长蒋永穆教授、清华大学人文社会科学学院孟捷教授、中国人民大学《资本论》教学与研究中心主任邱海平教授做客“马克思主义经济学研究院双周论坛”，他们受到我校师生的广泛关注和欢迎。

2014 年，研究院相继邀请中国人民大学邱海平教授，西南交通大学贺洪涛教授，西南财经大学李萍教授、王朝明教授、程民选教授，山东大学黄少安教授，上海财经大学赵晓雷教授，美国马萨诸塞州立大学阿莫斯顿分校大卫·科茨教授做客“马克思主义经济学研究院双周论坛”，他们受到我校师生的广泛关注和欢迎。

2015 年，研究院相继邀请南京大学原党委书记洪银兴教授、中国人民银行研究生部谢平教授、中国人民大学贾根良教授、复旦大学史正富教授和韦森教授、蒙特利尔魁北克大学 Sylvain Gauthier 研究员、经济学院的马文武和周宗社博士做客“马克思主义经济学研究院双周论坛”，受到我校师生的广泛关注和欢迎。

2016 年，研究院邀请日本立命馆大学经济学部部长松本朗教授以及松野周治教授、高屋和子教授、田中宏教授、曹瑞林教授进行了专题研讨会和讲座，他们受到我校师生的广泛关注和欢迎。

2017 年，中特中心和研究院相继邀请《中国社会科学》杂志社编辑陈凤仙、《求是》杂志社编辑吴晓迪、《经济研究参考》杂志社编辑宋艳波、《财经科学》杂志社编辑刘宇浩、浙江大学马克思主义学院卢江副教授等做客“马克思主义经济学研究院双周论坛”。

2018 年，中特中心和研究院相继邀请世界著名马克思主义经济学家莫斯利教授，武汉大学经济与管理学院教授，博士生导师简新华教授，复旦大学孟捷教授、清华大学社会科学学院李帮喜副教授等做客“马克思主义经济学研究院双周论坛”。

2019 年 7 月 1 日上午，美国曼荷莲学院经济系教授、世界著名马克思主义经济学家弗雷德·莫斯利（Fred Mosley）教授到访经济学院和西南财经大学中特中心。5 月 22 日上午，世界著名马克思主义经济学家大卫·科茨教授受邀到访经济学院。2019 年 4 月 22 日下午，在经济学院学术活动室格致楼 911A，复旦大学特聘教授孟捷做了一场题为《作为参照系的相对剩余价值生产：一个思想史的考察》的学术报告。2019 年 10 月 25 日上午，日本著名马克思主义经济学者大西广（Hiroshi Onishi）教授到访经济学院和西南财经大学中特中心。

（五）立足中国特色社会主义实践，发挥智库作用

1. 为地方经济发展提供政策咨询

本学科以“高层次、着眼国家、立足西部、解决重大问题”为导向，瞄准国家和地方经济社会发展急需，积极承接国家、省部级重大课题研究，承担地方政府和社会委托的重大研究项目（横向课题），参与地方区域发展规划、改革方案设计和有关文件起草工作，为中央和地方提供了高质量决策咨询服务（见图 7-22 和图 7-23）。

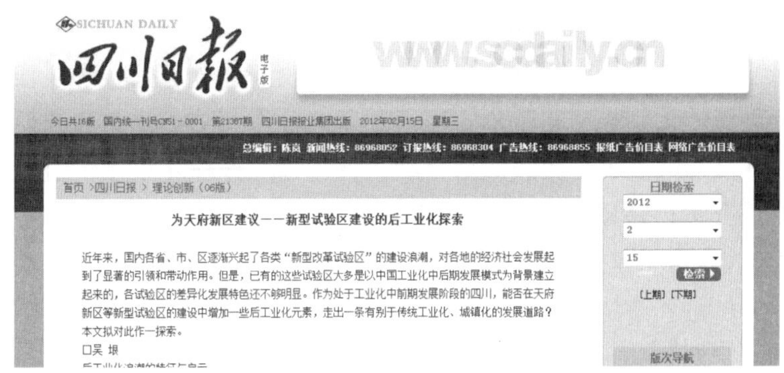

SICHUAN DAILY
四川日报 电子版
www.scdaily.cn

今日共16版　国内统一刊号CN51－0001　第21367期　四川日报报业集团出版　2012年02月15日　星期三

总编辑：陈岚　新闻热线：86968052　订报热线：86968304　广告热线：86968855　报纸广告价目表　网络广告价目表

首页 >四川日报 > 理论创新（06版）

为天府新区建议——新型试验区建设的后工业化探索

近年来，国内各省、市、区逐渐兴起了各类“新型改革试验区”的建设浪潮，对各地的经济社会发展起到了显著的引领和带动作用。但是，已有的这些试验区大多是以中国工业化中后期发展模式为背景建立起来的，各试验区的差异化发展特色还不够明显。作为处于工业化中前期发展阶段的四川，能否在天府新区等新型试验区的建设中增加一些后工业化元素，走出一条有别于传统工业化、城镇化的发展道路？本文拟对此作一探索。

□吴　垠

日期检索
2012
2
15
检索
［上期］［下期］
版次导航

图 7-22　我院吴垠副教授在《四川日报》发表的理论文章获得时任四川省委书记刘奇葆同志批示

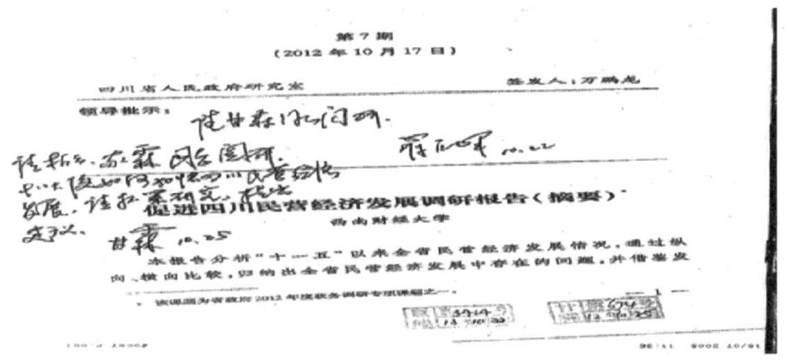

第 7 期
（2012 年 10 月 17 日）

四川省人民政府研究室　　签发人：万鹏龙

领导批示：

促进四川民营经济发展调研报告（摘要）*

西南财经大学

本报告分析“十一五”以来全省民营经济发展情况，通过纵向、横向比较，归纳出全省民营经济发展中存在的问题，并借鉴发

* 该课题为省政府 2012 年度政务调研专项课题之一。

图 7-23　调研报告获得时任四川省省长蒋巨峰同志批示

2013年12月，刘诗白教授撰写的《以科技创新稳增长、促转型的若干建议》决策咨询报告被教育部社会科学委员会专家建议采纳并上报中央领导；2014年9月，胡小平研究员领衔的课题组提交的委托调研项目报告《成都农村产权交易所调研情况报告》得到中央农村工作领导小组办公室的批复；吴垠副教授发表在四川日报（2012年2月15日）的文章《为天府新区建议——新型试验区建设的后工业化探索》得到时任四川省委书记刘奇葆同志的重要批示；刘方健教授牵头的四川省政府政务调研专项课题报告《促进四川民营经济现状调研报告》经四川省政府研究室编发《调研报告》（2012年第7期）交省政府领导审阅，时任四川省省长蒋巨峰和副省长甘霖做出重要批示；李萍教授主持完成的省政府课题研究报告《四川省新型城镇化投融资问题研究》得到了时任四川省委书记王东明和副省长甘霖的批示，相关成果已纳入四川省全面深化改革的金融专项改革方案；易敏利教授《关于发展混合所有制经济的建议》被《党外人士意见建议》（第45期）刊载，并得到时任四川省政府主要领导的批示。刘灿教授领衔撰写的《四川农村土地产权制度改革》系列政策建议为四川农村土地制度改革提供了决策咨询，撰写的《完善四川省产权保护制度》系列政策建议为四川产权制度设计与保护提供了决策咨询；甘犁教授领衔的中国家庭金融调查与研究中心撰写了《中国家庭金融调查报告》和《中国农村家庭金融发展报告》等系列报告，为中国家庭金融问题研究提供了全面的金融微观数据，并为阿里巴巴、汇付天下、中国农业银行、省政研室等提供了决策咨询；李萍教授为四川省“十三五”规划提供了决策咨询；徐承红教授为成都“十三五”规划提供了决策咨询；刘璐副教授多次就楼市问题接受中央电视台和四川电视台访谈。

2. 为干部培训讲授政治经济学基本理论

党的十八大以来，习近平总书记连续多次在不同场合强调发展当代马克思主义政治经济学。中国特色社会主义政治经济学不仅被上升到了理论层面和学科高度，而且被上升到了政治决策和治国理政的层面。在此背景下，学界、政界掀起了学习、研究和运用政治经济学的高潮。为夯实政策研究人员理论基础，提升其决策服务、综合性研究的素质和水平，应四川省委政策研究室和成都市委政策研究室的特别邀请，2016 年 5 月起，我院政治经济学教学团队刘灿教授、陈志舟副教授、盖凯程教授相继为政研室的领导及全体人员讲授政治经济学基本理论。我院政治经济学教学团队为国家级教学团队，“政治经济学”为国家级精品资源共享课，团队领衔人和成员多次获得国家级教学成果奖和省级教学成果奖。此次走出课堂，服务社会，充分体现了我院教师自觉的时代使命感和责任担当，为推动中国特色哲学社会科学繁荣发展和中国特色社会主义政治经济学实践运用贡献了自己的力量。

3. 以重大课题研究为依托，服务四川农村改革实践

2013 年 7 月，本学科中国特色社会主义政治经济学研究团队承担了四川省哲学社会科学规划重大项目《四川农村土地产权制度改革研究》（项目负责人：刘灿教授），该项目立足于新时期经济改革发展和农村土地产权制度创新的重大理论与实践问题，以四川省、成都市近年来土地确权颁证和承包经营权流转的改革经验为典型案例，研究进一步推进四川农村土地产权制度改革，激发各类经济主体发展新活力，构筑农村经济长期发展基础的路径。该项目研究团队由本学科学术骨干、青年教师和在校博士研究生共 12 人组成，历时两年，开展了四个子课题的研究。在此期间，课题组相继赴成都市（温江、郫县、都江堰、邛崃、崇州、彭州）、德阳市（什邡市）、重庆市（海龙村）、内江市（威远四方村和尚腾新村）、攀枝花市（盐边县国胜乡）以及安徽省六安市等地开展田野调查，就确权颁证、土地流转、农村新型合作经济组织、土地规模经营、乡村治理等问题，以“走村乡、接地气”的方式，拜访基层干部和村民，深入田间地头，找寻问题的答案，为课题研究积累第一手的丰富材料和数据；对典型案例进行了持续跟踪研究；就农地流转、农户意愿、农户权益等领域的核心问题对相关微观个体进行了入村实地问

卷调查；通过召开专题研讨会和专家咨询会，研究有关理论、观点和基本判断，形成了四川农村土地产权制度改革的对策措施。本课题取得了有重要学术价值和实践意义的成果。本课题研究提出，四川省在已有经验的基础上进一步推进农村产权制度改革，其基本思路应是：在确权颁证基础上推进“三权分置”，明确农村产权权属，保障农民的根本权益，激发和释放农村发展的活力和动力；通过建立健全农村产权流转交易体系，实现生产要素在城乡之间自由流动，发挥市场配置土地资源的作用，发展土地适度规模经营和现代农业；构建以用益物权为内涵属性的农村土地使用权制度，让土地使用权人分享土地增值价值，获得财产性收入，在农村建立长久稳定的土地产权关系。在此基础上，课题组先后撰写了《关于依法完善农村土地使用权制度的政策建议》《土地确权、合理流转与粮食生产规模化组织——基于安徽调研结合我省实际的政策建议》《关于引导新型农业经营主体种植粮食作物的若干政策建议》《关于解决我省攀枝花市农地产改中面临难题的政策建议》等政策咨询报告，为四川省农村经济改革做出了实质性贡献。系列政策建议以《西南财经大学成果要报》《四川社科联成果要报》等形式上报教育部、四川省相关部门和省市主要领导，其中《关于依法完善农村土地使用权制度的政策建议》被教育部社科司采纳并上报，产生了重要影响。2015 年 5 月 25 日，由马克思主义经济学研究院院长刘灿教授领衔的四川省哲学社会科学规划重大项目《四川农村土地产权制度改革研究》顺利结项，并被鉴定为优秀等级。

4. 深度调研民营经济运行，服务四川市场经济发展

2012 年 4 月，受四川省政府政务调研项目和省非公办委托，由经济学院刘方健教授、刘金石副教授、陈志舟副教授共同领衔，组织老师和学生成立课题组，深入调研并撰写了系列调查报告。该系列报告由六份研究报告组成，包括《四川民营经济现状调查报告》《促进民间投资专题调研报告》《培育发展四川省私营企业研究》《培育发展四川省个体工商户研究》《加快培育发展我省市场主体研

究总报告》和《国内外培育发展市场主体的相关理论和实践研究》。报告基于四川部分地市的实地调查，从培育发展市场主体、激活四川省市场活力的视角全面分析国内外培育市场主体的相关理论和实践及其对我省培育市场主体的启示，对2006年以来我省民营经济和民间投资进行理论研究和实地调研，对于准确把握四川民营经济发展的现状和趋势，科学判断民间投资促进四川经济发展的贡献具有重要意义。报告通过纵向、横向比较，归纳出全省民营经济存在问题，分析这些问题背后的深层次原因，根据四川“十二五”经济社会发展目标要求，对我省培育发展市场主体提出有针对性的政策建议，提出推动我省民营经济稳定、健康、可持续发展的可行路径，并进一步提出促进四川各地市场主体发育的有效措施。

本研究报告具有重要价值，得到时任四川省省长蒋巨峰和甘霖副省长的重要批示，并被相关部门采纳，为四川省政府领导和有关部门在促进民营经济发展和激活民间投资方面的决策工作提供了有益的参考，是我校服务地方经济发展的重要成果。其中，《培育发展四川省个体工商户研究》是国内首部关于区域性个体工商户的系统调研报告，为学界进一步研究四川及全国其他地区的民营经济发展提供了一个可资借鉴的范本。该系列报告对于四川全面深化改革，增强四川经济发展内生动力，提高整体实力，实现四川省“三个翻番”“五个提升”的目标，加快西部经济发展高地，具有十分重要的意义。基于此，《四川民营经济现状调查报告》被收录发表于《中国西部工业发展报告2013》，《培育发展四川省私营企业研究》和《培育发展四川省个体工商户研究》被四川省非公办采纳，《国内外培育发展市场主体的相关理论和实践研究》和《加快培育发展我省市场主体研究总报告》四川省政府研究室采纳，《促进四川民营经济发展调研报告（摘要）》获得四川省领导的重要批示，这些报告供四川省领导决策参考，扩大了我校作为重要智库的影响，为提升我校服务地方经济和社会发展的水平做出了一定的贡献。

5. 协同创新绿色发展指数研究，推动国家绿色发展战略部署，

凝聚社会绿色发展理念共识

在我校发展研究院李晓西教授的大力倡导下和校领导的大力支持下，由李晓西教授主持，本学科刘方健教授、刘金石副教授、李丁副教授等共同参与，联合北京师范大学和国家统计局编制《中国绿色发展指数年度报告》，自 2010 年以来连续 6 年推出《中国绿色发展指数报告》。报告指数包括三大类一级指标，即经济增长绿化度、资源环境承载潜力和政府政策支持度，下面又分 9 个二级指标和 50 多个三级指标，形成了一个比较完整的评估绿色发展的指标体系。报告全面评估中国各地区和城市的绿色经济发展现状，为贯彻落实科学发展观、实现经济发展方式转变提供参考。

《中国绿色发展指数报告》的推出产生了广泛而深刻的社会影响。每年的报告均由吴敬琏、厉以宁、张卓元、魏礼群、陈锡文、刘世锦、卢中原、辜胜阻等 30 余名全国著名学者撰写评审意见，之后根据专家的建议进行修改完善。每年报告的发行均得到中央电视台“新闻联播”或“新闻三十分”等栏目以及其他广大媒体的深度报道。报告还成功入选国家新闻出版总署 2011 年度“经典中国国际出版工程”，其英文版已由德国斯伯林格（Springer）出版公司面向全球出版发行。报告课题组还成功申报 2014 年国家自然科学基金重大课题立项。报告先后获评“第二届中国软科学奖”“第六届高等学校科学研究优秀成果二等奖”等。

该报告得到地方和中央政府的高度重视。其中青海省的绿色发展在 2010 年的报告中排名第二，青海省政府专门联系本课题组开展更为深入的调研，认为青海尽管排名靠前，但是生态脆弱，要加强保护。成都的绿色发展在 2010 年排名靠后，与我们主观的直觉不尽相同，课题组与成都市政府各部门开展联合座谈调研，就成都的绿色发展提出建议。特别需要指出的是，2016 年习近平主席在向全世界华人同胞发表新年贺词时办公桌上摆放了《2015 中国绿色发展指数报告》，这是对绿色发展的高度重视，是对该研究成果的重要肯定，扩大了我校在绿色发展研究领域的影响，激励我校进一步推进绿色发展研究。

我校一直重视对绿色发展的研究，2014 年，我校还联合国家环保部环境与经济政策研究中心共同推出《中国绿色金融报告 2014》，联合北京师范大学经济与资源管理研究院共同推出《人类绿色发展报告 2014》。六年多来，绿色发展研究成为我校的一个特色产品，2015 年党的十八届五中全会将绿色发展纳入五大国家发展理念，绿色发展的理念已深入广大民众，成为社会共识。

6. 以基础数据收集为依托，服务国家各部委政策制定

2010 年，中国家庭金融调查与研究中心依托国家社科重大项目《中国家庭金融数据库建设及家庭金融行为研究项目》（项目负责人：甘犁教授），分别于 2011 年、2013 年、2015 年在全国范围内开展了三次入户调查访问，收集有关中国家庭的金融微观数据，包括家庭住房资产和金融财富、负债和信贷约束、收支、社会保障和保险、代际转移支付、支付习惯等，弥补了中国在家庭金融领域的数据空白。中国家庭金融调查的团队成员主要由本学科的学术骨干、青年教师徐舒、贾男、马双等组成。

中心采用计算机辅助调查系统（CAPI）与学生访员相结合的访问模式。在抽样方法上，中心采用三阶段 PPS 随机抽样方法，在保证数据全国代表性的同时，还保证了数据的省级代表性和重点城市代表性。2015 年 7 月—8 月，来自 60 余所高校的 2 500 余名学生奔赴全国，累计收集了 29 个省、363 个县、1439 个社区的 40 000 户家庭、12 000 个个体的微观数据，使中国家庭金融调查成为中国非官方调查中样本量最大的调查项目。

自 2012 年以来，中国家庭金融调查项目已取得一系列重要结论，获得了重要的学术价值和实践意义。2014 年，根据中心季度电话回访数据撰写的季度宏观经济报告均获得国务院研究室主任宁吉喆批示，并转批给国务院研究室经济形势分析小组。2014 年 2 月，中心撰写的《家庭信贷可得性专题报告》获中国人民银行周小川行长、刘士余副行长、潘功胜副行长等领导批示。中国人民银行以专报的形式详细介绍中心家庭可支配收入和资产分配状况、家庭金融

可得性和金融普惠程度、城镇住房供需状况及对多套房持有家庭征收房产税等主要数据和结论，并报送给李克强、张高丽、汪洋、马凯、杨晶等国家重要领导人。

2012 年以来，中心与财政部、中国人民银行、中央编译局及四川省政府等政府部门合作开展课题研究，服务中央部委及四川省政府的政策制定。2014 年，中心与财政部税政司合作，共同承担党的十一届三中全会决议中提出的“建立中国个人收入与财产系统”的重要任务。受中国人民银行委托，中心开展了“农村普惠金融评价指标体系构建”“浙江丽水农村金融改革评估方案”“金惠工程项目评估”项目。2014 年，中心与中央编译局合作开展“中国城乡社区治理调查”。2014 年，中心成功中标北京城建研究中心“北京房屋大数据整合与应用”项目。中心还与四川省政府研究室合作开展四川省第三次经济普查课题；与乐山市政府、乐山市商业银行合作开展“家庭振兴计划”。2017 年 7 月中旬，民盟中央反馈，中心常务副主任易敏利教授的研究报告《关于促进重大技术装备制造业转型升级和创新发展的建议》获得李克强总理批示。为夯实政策研究人员理论基础，提升其决策服务、综合性研究的素质和水平，应相关部门的特别邀请，2016—2017 年，中心政治经济学教学团队刘灿教授、丁任重教授、陈志舟副教授、盖凯程教授等相继为四川省政策研究室、成都市政策研究室以及四川省发改委的领导及机关研究人员等讲授中国特色社会主义政治经济学基本理论。2018—2020 年，吴垠教授、韩文龙副教授等在人民网和光明网等中央媒体连续发表专题文章 50 篇，解读和阐释相关理论专题。2020 年，丁任重、陈师、韩文龙、赵劲松、李梦凡等发挥智力优势为四川省、成都市撰写决策咨询报告，其中韩文龙等撰写的报告《新冠肺炎疫情背景下启动农村“四新建设”扩大内需的政策建议》获得全国人大常委会副委员长丁仲礼同志采纳。中心的研究结论也取得重大的社会影响。2012 年以来，中心的研究报告一经发布，国内重要财经媒体《第一财经》《21 世纪经济报道》《南方周末》《参考消息》等均予以报道或转载。

第八章　新时期（2014—2019 年）理论经济学一流学科建设情况

进入新时代，理论经济学学科紧紧围绕西南财经大学建设国际知名财经特色鲜明高水平研究型大学战略目标，构建以马克思主义政治经济学为核心的理论经济学学科体系，探索新财经建设中以理论经济学为坚实基础的学科交叉融合与协同创新，坚持立足西部，面向全国，努力实现“新财经”探索中政治经济学国家重点学科的传承与理论经济学学科的全面创新，走在创建学科发展规律与中国国情相结合的中国风格、中国特色、中国气派理论经济学学科发展前列。

其间获批中宣部首批全国中国特色社会主义政治经济学研究中心（全国共 7 家，为中西部地区唯一一家）。《经济学家》获中宣部重点支持建设的马克思主义政治经济学专业类期刊（全国共 5 家，为中西部地区唯一一家），同时被纳入国家社科基金资助学术期刊目录（经济学类）。《财经科学》获全国高校社科名刊。我院举办了 4 届刘诗白经济学奖评选活动。国家经济学基础人才培养基地入选首批国家一流本科专业；承担中央“马工程”、国家社科重大项目能力不断增强。聚焦中国特色社会主义政治经济学重大理论与实践问题等领域，学科老师在 *Science*、*JPE*、《经济研究》等期刊发文数快速增长，一批研究报告受到国家和省部级领导批示。形成理论经济学“一基多元、融合共生”格局下“学术大师+学科首席专家+青年拔尖人才+中青年学术骨干”的学科队伍，已获“吴玉章人文社科终身成就奖”等重要奖项14项，出版高质量专著论文200余项。加强了马克思主义经济学研究的美、日、俄等国际国内学术交流与合作。

一、新时期理论经济学对建设一流学科（应用经济学）的支撑

1. 培基铸魂，提供正确的基础理论指引

理论经济学以马克思主义经济学为核心，依托中宣部全国中国特色社会主义政治经济学研究中心，推动构建中国风格、中国特色、中国气派的中国经济学理论体系，为应用经济学奠定了以马克思主义为指导原则和思想基础的鲜亮底色，为其追求“中国特色、世界一流”特质把稳正确的理论航向。

2. 守正创新，构筑坚实的教研育人支撑

适应新财经，优化课程体系，引领经管学术型和双创型人才培养模式，构建覆盖经管学科群的开放性中国经济学课程体系，创新“政治经济学理论+现代经济学方法+中国经济改革”的大学科教学模式。内外联合、协同攻关、竞争创新，围绕金融思想史、行为金融、应用微观等联合承担国家重大项目，在JPE、《经济研究》等期刊发文。

3. 交叉融合，注入不竭的学科发展动能

全国中国特色社会主义政治经济学研究中心、中国金融研究中心、中国家庭金融调查研究中心国家平台相互支撑，政治经济学、金融学、统计学国家重点学科互促互动。经管学科群师资、课程、科研资源共建、共享。理论经济学衍生出以马克思金融学为引领，量化金融史、行为金融、世界金融、宏观金融等新兴增长点交叉关联、竞相发展、协同创新的学科生态，为应用经济学建设注入强大的发展动力。

二、新时期理论经济学学科思想政治教育情况

1. 坚持立德树人，构建三全育人大思政新格局

坚持以德为先、五育并举的理念，把思政教育融入育人全过程，价值观深度融入通识、专业和双创教育之中，健全“十大”育人体系，教师思政与学生思政、思政课程与课程思政、线上思政与线下思政同向同行，有机协同。师生入选“马工程”专家、全国青羊马克思主义者培养工程（以下简称“青马工程”）人才，获首批国家一流本科专业、国家教学成果二等奖。

2. 筑牢思政思维，打造经济学课程思政金课群

深化课程教学供给侧改革，打造纵向贯通、横向一体、覆盖经管学科群本硕博的“政治经济学基础+现代经济学方法+中国经济改革实践”金课群，形成大学科、开放性、广视野的中国经济学课程思政育人体系。上线“学习强国”和“爱课程”国际平台，获五门省级精品课。参编“马工程”教材。课程思政案例在教育部网站、全国高校思政网选登，被《光明日报》报道。

3. 强化思想传播，搭建思政德育宣传交流平台

获批中宣部中特政经研究中心，成立习近平思想研究中心。举办“刘诗白经济学奖”评选活动。搭建马克思主义经济学高端论坛、国际名家讲坛、中青年论坛、本硕博论坛四大平台。举办中国政治经济学 40 人论坛；特设党的十九大精神宣讲系列讲座。邀请高校思政课教指委主任、工程首席专家逄锦聚、洪银兴等名家来校宣讲党的十九大精神。

三、新时期理论经济学学科师德师风建设情况

1. 大师引领，形塑师德师风的精神向标

以名家大师学识品格率先垂范，以德立身、立学。“刘诗白经济学奖”影响广泛，全国规划办、社科网、《人民日报》《光明日报》等给予相关报道。刘诗白获“吴玉章人文社科终身成就奖”并捐赠百万奖金，被教育部主页、中国教育报、央广网报道。出版《刘诗白选集》，被央视、人民网、光明网、新华网广泛报道。

2. 大道铸魂，打造信仰坚定的学科梯队

传道者明道信道。形成信仰坚定、传承有序、梯次配置的“学术大师+学科首席专家+青年拔尖人才+中青年学术骨干”政经团队。发挥中宣部平台优势，引导海归围绕中国经济学体系形塑研究方向和教学思路，变“西化”为“化西”。向“马工程”办提交研究报告。教师入选当代马克思主义经济学家、“马工程”首席专家、国务院参事。外籍教师参加国务院外国专家座谈会等。

3. 大德立身，锻造以德为先的师资力量

建章立制，实施“政治+师德”二维聘、育、管长效机制，构建师德师风约谈、督查、约束机制，职称、评优、考核一票否决制，创新海归教师红色基地教育模式，造就政治过硬、正德正礼、业务精湛的师资队伍。教师获四川省师德楷模称号、国家经济学基地建设贡献奖等。教师对口扶贫、援藏、援疆 10 余人次。教师事迹被《教育导报》《光明日报》多次报道。

四、新时期理论经济学学科师资队伍情况

1. 创新“师德为先+引育并重+四大工程”聚才模式

建立“政治+师德”双审查机制，创新“年薪制+聘用制”机

制，健全长期教职制及分流退出制，优化“引得进、留得住、用得好”机制，超常规集聚海外优秀师资，形成海内外人才集聚效应。以“光华英才工程”锁定学术领军人才，以“海归集聚工程”吸引全球人才，以“柔性引才计划”聘用兼职教授，以“优青计划”定向储备、培养优秀青年教师。

2. 构建“学术大师+学科首席专家+青年拔尖人才+中青年学术骨干”多层次学科人才体系

经过多年发展，理论经济学学科形成了一支年龄、学历、学缘结构合理，层次鲜明、传承有序的教学科研梯队，专任教师86人，教授占37%，副教授占41%。博士生导师占44%，海归教师占35%。包括著名经济学家刘诗白教授，中央“马工程”首席专家、国家级人才计划、教育部跨世纪优秀人才、国家优青等国家和省级优秀人才20余人。生师比合理（8.16∶1），国家级教学团队1个，省级教学团队1个。教师团队获全国高校青教赛一等奖、全国高校思政课教师影响力人物等荣誉。

3. 形成“中国气派+世界视野”的理论经济学一流师资研究力量格局

在学科队伍中，既有立足于马克思主义经济学中国化的著名经济学大师，如刘诗白等，扎根中国大地，在社会主义所有制、社会主义产权、社会主义收入分配、社会主义市场经济、国有企业改革等领域进行了创新性研究，对中国特色社会主义政治经济学理论体系构建做出了有益贡献。又有世界计量经济学会院士等，在世界实验与行为经济学、机制设计等领域不断发出“中国声音”。在学科队伍中，海归博士占比达到35%。本学科以中国特色社会主义政治经济学理论体系构建为统领，变“西化”为“化西”，化“欧美模式”到“中国特色”，引导海归教师知中国、服务中国，将其研究领域与方向融入中国经济学理论体系构建之中。

4. 形成“潜心学术+关注社会”的理论经济学一流师资研究力量格局

经过长年发展，本学科形成了以国家经济学基地、国家重点学科为专业和学科发展载体，以中宣部全国中国特色社会主义政治经济学研究中心（2017）和四川新型智库（2017）等国家级“思想库”和省级新型智库为平台，科学研究与社会服务相统一、潜心学术和关注现实相统一的师资研究力量和研究格局。在师资队伍中，有国务院参事、中央“马工程”首席专家、中国与全球化智库主任、省委决策咨询委员会副主任委员、省级经济社会发展规划咨询专家等，不断为国家和地方重大发展战略提供决策咨询和政策建议，成果多次获国务院总理和省委省政府主要领导批示，成果多次提交中宣部理论局和中央“马工程”办公室。

5. 形成“内生发展+外向辐射”的理论经济学学科队伍人才格局

西南财经大学理论经济学学科队伍始终站在时代前沿和国家战略高度，与时代同呼吸，与国家同命运，将自身学科发展融入时代潮流和民族复兴大业中。一方面，站在厚重的学科积淀和优良的历史传承之上，源源不断地形成一以贯之、独居一格的学科自我发展动力，为中国经济学理论体系构建发出“西财声音”，贡献“西财力量”；另一方面，积极参与国家经济学教育教学改革暨理论经济学学科建设公共事务，学科队伍中有国务院理论经济学学科评议组成员、教育部经济学专业教指委委员、教育部高校思政课教指委委员、国家社科基金会评专家、中央“马工程”重点教材评审专家，国家自科、国家社科、教育部项目通讯评审专家，国家级人才计划评审专家等，与国内同行共同构成推动中国经济学学科发展的坚实力量。

五、新时期理论经济学学科科学研究情况

1. 传承与创新中国特色社会主义政治经济学的基础理论研究

我校理论经济学学科在新的发展过程中进一步强化已有政治经济学国家重点学科的学科优势，重点依托 2017 年中宣部首批“全国

中国特色社会主义政治经济学研究中心”、习近平新时代中国特色社会主义思想研究中心、马克思主义经济学研究院等学术平台，在马克思主义政治经济学基础理论创新，中国特色社会主义基本经济制度，习近平思想学术化、学科化、学理化研究，新时代中国特色社会主义政治经济学理论体系构建等领域实现新的重要突破方面，取得了系列前瞻性基础研究和引领性原创成果。

近五年，学院参与承担中央“马工程”重大项目、国家社科基金重大项目“中国特色社会主义政治经济学研究”、主持“研究阐释党的十九大精神”国家社科基金重大专项项目“完善促进人民美好生活消费需要的体制机制创新研究”；撰写出版了《中国特色社会主义收入分配制度研究》，受中央“马工程”办委托编撰《习近平讲故事》；承担“十三五”国家重点出版物出版规划项目《中国道路》丛书之《中国收入分配体制改革》；参编中国《大百科全书——经济卷》《现代经济学大典》；参编《中国特色社会主义政治经济学》等中央“马工程”重点教材，打造“习近平新时代中国特色社会主义经济思想”精品课，着力建设习近平新时代中国特色社会主义经济思想研究高地。众多成果发表在《马克思主义研究》《马克思主义与现实》《政治经济学评论》《经济学家》等国内顶级学术期刊，研究成果获总理批示，在人民网、求是网等发表中国特色社会主义政治经济学理论阐释文章 100 余篇。2019 年理论经济学学科重镇——西南财经大学经济学院被中国人民大学书报资料中心选为“复印报刊资料重要转载来源机构”。世界著名马克思主义学者大卫·科茨、莫斯利，日本知名马克思主义学者宫川彰、松本朗等均对本学科特别是政治经济学进行了高度评价。

2. 形成了多个具有国内外影响力的理论经济学科研团队

理论经济学通过以“学术大师+学科首席专家+青年拔尖人才+中青年学术骨干”的学科团队总体建设思路，重点打造了学术大师引领、涵盖全部二级学科的 9 大“学科首席专家+青年拔尖人才+中青年学术骨干”的创新团队和学科建设新机制，不断提升学科人才实力，构筑学术共同体。

政治经济学科研团队目前拥有刘诗白先生在内的29名师资队伍，中青年骨干占70%以上。2016年以来，1人新入选中央“马工程”首席专家，1人为中央“马工程”重点教材编写专家，3人为中央“马工程”重大项目专家，6人入选省级人才项目。2名中青年教授被中宣部重点期刊《当代经济研究》推介为当代马克思主义经济学家，该团队已颇具国内影响力。刘诗白奖励基金会设立了“刘诗白经济学奖”，刘诗白教授2017年获得吴玉章人文社科终身成就奖。收录了刘诗白教授70多年来从事经济学研究的著述11部、论文200余篇的《刘诗白选集》（共13卷17册，近500万字）隆重出版，被中央电视台、人民网、新华网、光明网、《光明日报》等权威媒体广泛报道。团队为推进中国特色、中国风格、中国气派的政治经济学建设做出了贡献。

行为经济学研究团队由具有全球学术声望的世界计量经济学会院士领衔10余名海内外高层次人才，建立了中国行为经济与行为金融研究中心，致力于打造实验经济、行为经济和行为金融研究国内外学术高地。目前已在经济学、心理学、社会学、人类学和政治学等社会科学的实验交叉研究上取得了显著进展，团队成员已有论文在国际五大刊终审。西方经济学团队拥有包括50%以上海归教师在内的26名教师，近5年在 *Journal of Political Economy Game and Economic Behavior*、*Journal of International Economics*、*Annals of Statistics*、*Journal of Econometrics* 以及《经济研究》等国内外顶级学术期刊发表20多篇，立项国家社科基金重大专项1项，在宏观经济理论与政策、应用微观经济学、计量经济学理论等领域发表了一些原创性、引领性理论成果。

3. 着力搭建起一批高水平、有重大影响力的国内外学术交流平台

理论经济学学科致力于拓展扩大与国内外知名大学和研究机构相关学科的交流与合作，不断增强理论经济学科的国际国内的影响

力。重点打造了马克思主义经济学高端论坛、国家名家讲坛中青年论坛、本硕博大学生论坛四大学术平台。通过弹性引进美国波士顿大学、英国约克大学、日本立命馆大学等多名特聘教授，以及师生长期保持与英国约克大学、曼彻斯特大学、日本立命馆大学、莫斯科国立大学、澳大利亚昆士兰大学、加拿大多伦多大学等国际合作与交流。本学科学生赴境外学习交流27次，境外学生来华学习交流39次。本学科举办大型国际性学术会议10余次，与美国斯坦福大学、耶鲁大学、英国约克大学、新加坡国立大学、清华大学、北京大学等60余所海内外著名高校保持深入交流。2018年与The Society for Promotion of Mechanism and Institution Design共同筹办的经济理论与应用国际研讨会邀请了国际经济计量学会院士、美国艺术和科学院院士、美国国家科学院院士、美国斯坦福大学教授Paul Milgrom，国际经济计量学会院士、美国耶鲁大学教授Johannes Horner，国际经济计量学会院士、美国西北大学教授Jeffrey Ely，美国斯坦福大学教授Matthew Jackson等专家学者，有效地推动了本学科的国际交流与合作。近5年来，通过高质量的国际交流与科研合作，师生共发表外文论文100多篇，其中被SCI/SSCI收录80余篇，ESI高被引论文3篇。

六、新时期理论经济学学科社会服务情况

1. 立足长期发展形成的政治经济学深厚理论积淀，为经济社会发展提供理论指导

本学科政治经济学团队长期致力于前瞻性基础研究，搭建中宣部全国中特中心、四川新型智库等。1人次入选中央“马工程”首席专家，2人次入选省决策咨询委员会副主任，4人次入选省委宣讲团专家成员。为研究生编写《高级政治经济学》教材，编写“十三五”国家重点出版规划项目《中国特色社会主义收入分配制度研究》

（获第八届高等学校科学研究优秀成果奖人文社科二等奖），参与《现代经济学大典》《中国大百科全书》的编撰写作。面向全国举办刘诗白经济学奖评奖暨颁奖会、中国政治经济学 40 人论坛、新时代中国特色社会主义政治经济学重大理论问题研讨会、中国《资本论》年会、习近平新时代中国特色社会主义经济思想暨改革开放 40 年理论与实践研讨会、经济理论与应用国际研讨会、中国政治经济学 40 人论坛等多场国内外学术研讨会，得到人民网、光明网《中国社会科学报》《四川日报》等主流媒体的报道。向中央“马工程”办提交关于收入分配与共享理论研究等共 5 项研究报告；获批阐释党的十九大精神国家社科重大专项；先后完成 11 篇新华社内参，4 次央视采访，70 余次中央媒体级报刊网络采访、报道及发表文章。

2. 面向国家和地方重大战略需求，打造高端智库助力经济高质量发展

“关于促进重大技术装备制造业转型升级和创新发展的建议”等一批成果获李克强总理批示。发展经济学团队立足国家绿色发展和创新创业等重大需求，每年编制《中国绿色发展指数年度报告》，团队成员王辉耀教授任中国与全球化智库（CCG）理事长（该智库是国内最大的社会智库型研究集团），获选改革开放 40 年中国智库建设 40 人，作为智库界代表被国务院总理李克强聘任为国务院参事，曾为《国家中长期人才发展规划纲要》起草组特邀专家，在人才战略、企业国际化、国际商务和中国海归创新创业等方面出版著作近 50 部，每年主编《国际人才蓝皮书》《企业国际化蓝皮书》等系列研究报告。学科下辖的四川区域发展研究新型智库，近五年来围绕成渝经济区和西南钻石圈、房地产税改革、新时代社会主要矛盾转化等国家和地方重大经济问题，提交了 8 份新华社内参。“关于探索资源型城市转型发展经验及路径、助推四川经济高质量发展的建议、关于加强疫情防控恢复农业生产的建议、关于四川省扩大南向开放的对策建议”等研究报告获得了四川省委书记、省长、常务副省长等省委省政府主要领导批示 10 多次。团队持续围绕成渝经济发展重

要问题，接受人民网、网易新闻《四川日报》等重要媒体或报刊采访35次。相继参与四川省、重庆市、成都市、自贡市、宜宾市等各级各类以及各地区各部门地方发展“十三五”总体规划和子规划数十项。

3. 勇担社会责任，助力援藏援疆以及四川藏区精准扶贫

刘灿教授受聘新疆财经大学理论经济学学科“天山学者”，对口援助其理论经济学学科建设。赵曦教授领衔的团队围绕西藏、四川经济社会发展各领域的热点问题，长期参与川藏铁路建言、边疆治理、四川脱贫攻坚等社会服务工作，得到四川藏区和四川省领导批示，每年赴藏区开展援藏扶贫项目。学科精准扶贫研究团队对由中宣部理论局牵头的通俗理论电视节目《厉害了，我们的新时代》第三季《决战脱贫攻坚》的策划方案提供专家咨询和修改意见；学院教师先后10余人次参与援疆、援藏以及对四川藏区的精准扶贫，为新疆财经大学、西藏大学等学科建设和人才培养进行对口支援和智力帮扶。教师挂职扶贫四川金川县驻村扶贫干部，多次参与四川公益讲座，为四川甘孜等县干部开展脱贫公益培训，并为贫困地区干部进行“习近平新时代中国特色社会主义经济思想”授课。理论经济学多个科研团队每年组织在读学生赴川、渝、黔、藏等西部地区调研，毕业生中亦有50%以上扎根西部。

七、新时期理论经济学学科科教协同育人情况

（1）畅通“科研体系→教材体系→育人体系”协同育人通道。将科研成果转化为教材体系，以荣誉课程、专题讲座、科研训练课程体系激发学生学术潜力。参编“马工程”教材，培养出“马工程”专家、全国“青马工程”人才等。

（2）构建科研和育人协同培养机制。国家科研基地深度开放，引导学生早进项目。实施重大项目课程化机制，实施学术型人才培

养项目，设立学生科研流动站。学生在《经济研究》《经济学（季刊）》《红旗文稿》等发文多篇。

（3）构筑科教融合、多元培养协同育人平台。打造科教协同培育联盟，与世界一流大学联合打造生源、师资、课程、教材、科研资源“共建、共享、共治”联动育才模式，助力学生融入世界一流学术群体。学生进入 QS 排名前 50 位的大学深造、师从诺贝尔经济学奖获得者等。

八、新时期理论经济学学科人才培养情况

进入新时代，本学科秉持“德育为先，育人为本，理论为基，学术为根，创新为魂”的理念，按照“厚基础、宽口径、重学术、精专业、高精尖”的思路，以国家经济学基地为载体，以国家重点学科为支撑，遵循拔尖人才成长规律，创新拔尖人才选育机制，形成特色鲜明的拔尖人才培养体系，着力培养信仰坚定、学贯中西、引领未来的马克思主义经济理论拔尖人才。

1. 构建“四位一体”拔尖创新人才培养模式

以国家经济学基地和全国中国特色社会主义政治经济学研究中心等国家级平台为载体，以国家重点学科优势为支撑，以国家教学团队和国家精品课程为保障，将思政教育、通识教育、专业教育、双创教育相结合，价值引领、知识传授、能力培养、素质提升相统一，构建了思想政治教育、基础理论教学、科研训练和社会实践“四位一体”创新拔尖人才培养模式，屡获国家教学成果一、二等奖。如图 8-1 所示。

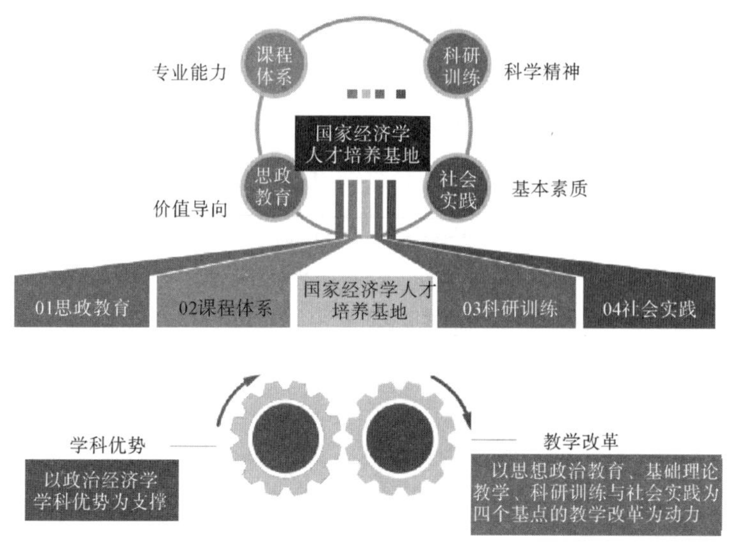

图 8-1　“四位一体”理论经济学拔尖创新人才培养模式

2. 打通“一制三化”全链路精英化培养路径

遵循“提前录取、二次选拔、动态进出、优胜劣汰、贯通培养”选才路径，“入口→过程→出口”全流程精英化培育。构建导师制和小班化、个性化、国际化“一制三化”培养模式，构建以本科生为基础，硕博士学术创新为出口，本硕博贯通一体化的培养机制，实施学术创新型人才培养项目，实施研究型特色教学模式，培养学术创新型拔尖人才，入选国家教育体制改革试点项目 3 类人才培养序列。

3. 构筑汇聚优质资源的协同培养平台

获中宣部首批全国中国特色社会主义政治经济学研究中心和教育部中国家庭金融调查与研究创新引智基地，搭建习近平新时代中国特色社会主义思想研究中心、马克思主义经济学研究院学科特区和中国行为经济与行为金融研究中心，科教融合，以大平台聚合师资、课程、人才优质资源。

4. 打造特色鲜明的课程和教材集群体系

将中国特色社会主义政治经济学理论体系和话语体系贯穿拔尖

培养体系中。大学科、开放性、广视野的以政治经济学为主导的课程和教材体系日臻完善，构建纵向贯通、横向一体、覆盖本硕博各层次学生的“政治经济学基础理论和方法+现代经济学理论和方法+中国经济改革与实践”课程和教材集群体系。如图 8-2 所示。

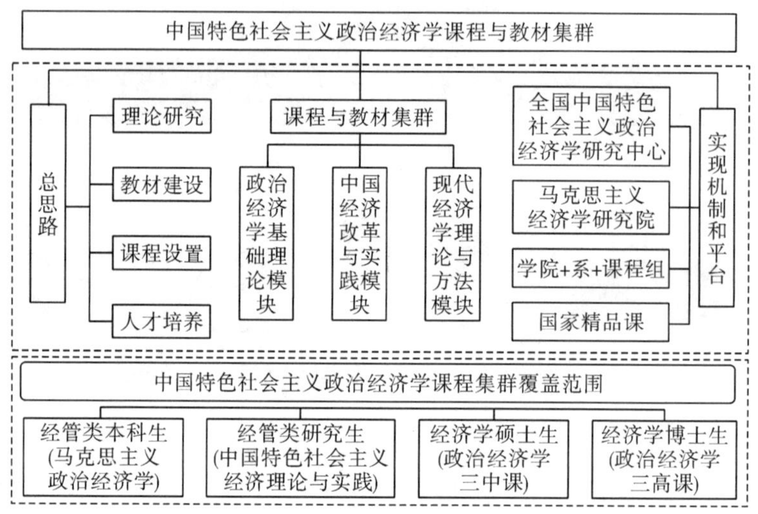

图 8-2　中国特色社会主义政治经济学课程与教材集群体系

5. 打造“通识+基地+学科联盟”协同育人培养模式

发起“高校通识教育联盟”，组成“国家经济学基地人才联盟”和“政治经济学南方联盟”，探索高校优质通识和经济学教育资源共建、共治、共享新路径，建立“点、线、面、体”相结合、跨校跨地区拔尖人才协同合作选人育人机制，在全国高校中具有良好的引领示范作用。

经过建设，取得良好成效：

底色鲜亮。坚持和发展当代马克思主义政治经济学，革新中国经济学课程体系、教材体系和拔尖人才培养体系，有效地克服了传统经济学教育教学中“重教书、轻育人”“重专业、轻思政”“重技术、轻思想”的痼疾。获批首批全国中国特色社会主义政治经济学研究中心和首批国家一流本科专业建设点。

成果丰硕。深造率在 50% 以上，重点流向“双一流”建设高校和 QS 排名前 50 位的国际一流大学。培养出中央“马工程”专家、全国“青马工程”人才、当代马克思主义经济学家等一大批中青年经济理论骨干，活跃在 CCTV、人民网、光明网等央媒影响力学者。学生在《中国社会科学》《经济研究》《管理世界》发文多篇。

引领示范。陈宝生部长评价本学科为“政治经济学学科建设和基础理论研究的重镇”。人才培养经验在国务院学科评议组会议上交流汇报。获国家教学成果二等奖和省级教学成果一等奖。教育部主页《光明日报》《中国教育报》中国社科网、全国高校思政网等广泛报道。

第九章　理论经济学学科可持续发展之路

一、基于学科目标定位的西南财经大学理论经济学：发展目标、任务和基本思路

发展目标：承继西南财经大学理论经济学学科建设的优良传统，创新学科建设的体制机制，进一步凝练学科研究方向，打造学科特色，全面提升理论经济学学科建设水平和质量，使我校理论经济学学科建设水平进入全国高校的第一方阵。

建设任务：巩固和提升政治经济学国家级重点学科的地位和水平，把西方经济学建设成为省级和国家级重点学科，把世界经济、人口资源与环境经济学建设成为省级重点学科，加强师资队伍与资源建设，进一步提升科学研究水平、人才培养质量和学科声誉，力争使我校理论经济学在下一轮全国学科评估中迈上一个新台阶。

发展思路：进一步凝练学科研究方向，加强专家队伍和创新团队建设，优化教学和人才培养体系，加强高水平科研成果建设，巩固和改进社会服务能力建设，加强学术交流与合作，改革学科创新的保障机制，全面提升理论经济学的学科建设水平。

二、理论经济学的可持续发展之路：七大建设计划

理论经济学一级学科的可持续发展，需要以各个二级学科（政

治经济学、西方经济学、经济思想史、经济史、世界经济、人口资源与环境经济学）的持续发展作为支撑。根据学校各二级学科发展的现状，当前亟须在以下七个方面加强建设：①学科体系（研究方向）建设；②专家队伍和创新团队建设；③教学和人才培养体系建设；④“三高”成果建设；⑤社会服务能力建设；⑥学术交流合作平台（项目）建设；⑦学科创新保障机制建设。通过这七个方面的建设，有效提升西南财大理论经济学的整体发展水平。

（一）理论经济学二级学科——政治经济学的七大建设计划

1. 学科体系（研究方向）建设

以促进学科内涵发展为要求，紧跟学科发展前沿，瞄准学科发展的趋势，拓展学科发展的研究领域，凸显西南财大政治经济学基础理论领域的传统优势和研究特色，确保本学科点在我国政治经济学学科领域的前列地位和在西部高校、国内同类高等财经院校中的引领和示范作用。以该项目的建设为核心全面带动人才培养、科学研究、师资队伍、学术交流和社会服务的进一步发展，促使我校理论经济学学科建设上一个新台阶。

以促进学科内涵建设的要求进一步凝练现有国家级重点学科——政治经济学的方向，凸显政治经济学学科研究特色，寻找政治经济学学科建设与发展新的增长点。未来三年，按照“构建大平台，组建大团队，承担大项目，贡献大成果”的思路，集中力量建设三个有一定基础和相对优势的研究方向：①马克思主义经济学中国化及当代创新的基本理论问题研究；②中国特色社会主义理论体系政治经济学基础研究；③中国市场化改革及经济转型的理论与实践问题研究。

2. 专家队伍和创新团队建设

师资力量是评估指标体系中的最核心和最重要的指标。凝练政治经济学学科研究方向，立足现有师资资源，坚持“培养为主，加大引进”的原则，改善师资队伍的学缘和学历结构，加快打造学术研究平台和学术创新团队，形成一批以博士生导师为学术带头人，学术水平较高，年龄、知识、学历、学位、学科结构较为合理的专家队伍。

着力引进和培养政治经济学学科学术领域的领军人物。鼓励有条件的老师积极参与申报国家级人才计划，力争培育出至少 2 名学术领军人物。通过重点引进与重点培养将帅之才，使其能在国内外拥有学术影响力和学术话语权。此外，依托“政治经济学”国家级重点学科和省级重点学科，积极申报国家级和省级人文社科基地、引智基地、创新团队等。

贯彻“高起点、高要求、少而精”原则，未来三年，加大政治经济学学科人才引进力度，按照每年 2~4 人的额度引进。依托西南财经大学全国中国特色社会主义政治经济学研究中心“中国特色社会主义政治经济学本硕博论坛”，密切关注与精准跟踪政治经济学领域的新秀或具有巨大发展潜力与发展前景的青年学者，一经发现，重点引入。同时，考虑到政治经济学学科的特殊性以及西财政治政治经济学学科的传统优势，确保留用本校政治经济学专业的优秀博士。

依托马克思主义经济学研究院和全国中国特色社会主义政治经济学研究中心既有的“马克思主义经济学与中国改革发展的理论和实践论坛”和“国际名家讲坛”，外聘本学科领域内的顶尖级马克思主义经济学专家学者来校讲学，并给予特聘教授、客座教授、兼职教授等形式，组建高水平的教学科研创新团队。

在现有师资队伍中，加大对中青年教师的培养力度，每年保持 1~2 名中青年教师到国内外进修培养。55 岁以下教师 100%博士化。实施“中青年教师成长”项目，加大师资建设力度，扩大投入规模，力争本学科师资数量、结构、质量等指标达到教育部评估的优秀水平。

3. 教学和人才培养体系建设

中国经济学教育和人才培养目前面临三大重要任务：一是坚持和发展马克思主义，坚持马克思主义在经济学教育中的主导地位；二是按照建设中国特色社会主义的需要创新中国经济学人才培养模式；三是为中国特色社会主义事业培养一批以马克思主义为指导、了解中国国情，具有国际视野的经济学理论创新人才，使之能够成为中国经济学学科未来领军人物和在大学、科研机构及国家经济部门的经济学家。

中国经济学教育要以马克思主义为指导，把中国经济学学术话语体系贯彻于人才培养的环节之中，构建中国经济学的教学体系。这一体系包括：

（1）经济学学科基础教育和课程设置。要加强马克思主义政治经济学基础理论，同时积极吸收人类社会优秀文明成果，从大学科、开放性的视野出发，构建以“马克思主义政治经济学基础理论和方法+现代经济学理论和方法+中国经济改革与实践”为内容的三大板块的经济学课程体系。在博士生课程中设置“高级政治经济学”“高级《资本论》研究”“政治经济学经典著作研读”等马克思主义经济学的“三高”课程，以此强化马克思主义经济学的主导地位。在课程目标上，要强化课程的思想性，提升课程的研究内涵；在课程内容上，把教学与科研更好地结合起来，把马克思主义中国化和中国经济学创新的研究成果转化为教学内容。

（2）学术训练和科学研究。要以马克思主义经济学方法论和马克思主义的基本理论、基本范畴作为经济学专业学生特别是研究生学术训练的主线，使其成为经济学专业学生的基本功，使学生能够用其来解释、分析经济现象和中国特色社会主义建设中的实际问题，强化马克思主义方法论的掌握及运用。还要全面提升博士研究生学位论文质量。

（3）社会实践。中国经济学教学体系应加强实践性，强调理论联系实际，当前最大的实际就是全面深化改革和转变经济发展方式，完善社会主义市场经济体制。经济学人才培养和教学体系建设应抓住这一实践方向，将教学、科研和社会实践有机融合，构筑课内外一体化、多种形式的实践教学体系。

（4）学术开放和学术交流。中国经济学教学体系不是封闭的，它内含着学术开放和学术交流，包括在一些课程教学、教师学术管理、学科发展上可以引入世界通用的学术标准；开放性、多方式的引进师资，与国外大学联合培养学生等。更为重要的是，我们的教学理念、学术成果要“走出去”，在国际学术领域中扩大影响，包括体现中国经济学学术话语体系和教学体系建设的成果（教材、著作、论文）在国外出版，教师在国外大学讲坛和国际会议上讲课或演讲，发出“西财声音”。

4.“三高”成果建设

以国家级重点学科——政治经济学为中心，立足于马克思主义经济学的历史传承和社会主义经济理论研究领域的长期积累，以知名专家为学术梯队带头人，以政治经济学学科博士生导师、中青年骨干教师（特别是新体制教师）为主体，以培养中青年学术带头人和教学科研骨干为重点，凸显我校在马克思主义政治经济学基础理论领域的研究优势和特色，瞄准教育部学科评估“科学研究”指标体系的主要得分点，力争产出一批在国内领先、在国际上有一定影响的学术研究成果，增强本学科的核心竞争力。具体而言：

（1）建立开放的项目合作研究平台。广泛调动学科骨干教师力量，充分整合校内外学术资源，组建跨学科、跨院系、跨校内外、跨国内外的项目和研究方向团队，聘请优秀学术带头人为各研究方向负责人，倡导和鼓励海外归来学者、中青年教师参与项目建设。建立老、中、青年龄结构合理，知识结构优化的学术研究梯队，分工合作，充分发挥团队优势。实施负责人固定制，成员流动制，科研管理、资金使用、人员搭配均落实到研究团队，形成生气勃勃、积极进取、奋勇创新的氛围。

（2）瞄准学科评估得分点，产出标志性成果。未来 3 年，依托

《西南财经大学核心期刊目录》，争取发表 CSSCI 收录的代表性学术论文 80~100 篇，同时重点增强所发论文的学术影响力，增加其转载、他引次数，争取出版学术著作 20 部。力争新增立项国家级课题 10 余项、省（部）级课题 10~15 项，完成前期国家级课题、省部级课题 10 项左右；力争承接横向课题项目 10~15 项。此外，鼓励本学科研究人员全力申报教育部高校科研优秀成果奖和四川省哲学社会科学奖，争取获得教育部高校科研优秀成果奖 1~2 项，四川省哲学社会科学奖一、二、三等奖 15 项左右。

（3）加大政治经济学领域优秀科研人才引进力度；加大科研经费投入力度，全力支持学术研究；完善相关机制，完善学术休假制度，保证项目和方向负责人以及主研人员有充足的时间和精力投入科学研究；完善学术论文交流机制，如依托马克思主义经济学研究院“双周论坛”，定期加强研究人员工作论文交流。

5. 社会服务能力建设

以“高层次、着眼国家、立足四川、解决重大问题”为导向，立足于国家和地方“十二五”经济社会发展的重大实践需要，理论联系实际，密切与地方政府和企业展开多种形式的合作，深入社会实践调研，形成有重大理论价值和富有指导意义的调研报告，提交中央、地方政府和企业参考，成为解决国家特别是西部地区社会经济发展重大理论与实践问题的思想库和智囊团。积极构建与社会各界之间的“开放、联合、互助”的新型交流发展机制。为地方政府、工商企业界等提供培训服务，同时聘请政府部门及工商企业界的社会名流和精英人才做学术兼职。

重点以马克思主义经济学研究院和全国中国特色社会主义政治经济学研究中心为平台，借鉴中国人民大学宏观经济论坛的运作模式，巩固马克思主义经济学研究院既有的“马克思主义经济学与中国改革发展的理论和实践论坛”的固有成果。承接国家、地方重大横向课题项目，产出一批理论联系实际、能够解决国家和社会经济发展中的重要理论与实践问题的应用性成果。形成一系列服务社会的高层次平台，定期面向社会发布《中国特色社会主义政治经济学研究报告》《当代马克思主义经济学研究报告》《中国资本论年刊》等。预期产出有重大影响力的应用性研究及政策建议（获国家领导人和省委、省政府主要负责人批示）2~4项。

6. 学术交流合作平台（项目）建设

加大促进学生国际学术交流的力度。依托前期与美国马萨诸塞大学阿默斯特分校经济学系、日本立命馆大学、莫斯科大学、日本首都大学等搭建的国际学术交流合作项目，积极鼓励学生赴境外交流，加大联合培养力度。

未来3年本学科力争新增国际合作研究项目，互派学生（本硕博）交流（包括攻读学位）20 ~30 人次；派出教师出国讲学或学术访问、进修5 ~8 人次。保证派出教师所学为政治经济学方向，跟随大卫科茨、宫川彰等国际一流马克思主义经济学家深造。

继续保持和发展与国内高校政治经济学领域的专家、学者的长期交往、交流与合作的关系，鼓励和加强教师与国内外学科同行的高水平合作研究，进入国际学术前沿。力争举办3 ~5 次重要的、高水平国际学术会议；力争有高水平的国内外专家8 ~10 人次来校讲学讲座；聘请外籍教师讲学；办好“刘诗白经济学奖评奖会”，重点打造马克思主义经济学“高端论坛”“国际名家讲坛”“中青年学者论坛”“本硕博论坛”四大学术平台，继续坚持参加并积极申报主办“《资本论》年会”“全国高校社会主义经济理论与实践研讨会”“全国高等财经院校《资本论》研究会”等，办好《中国〈资本论〉年刊》。以《经济学家》《财经科学》为阵地，形成学术交流网络，提升政治经济学学科的学术影响力。

7. 学科创新保障机制建设

依托马克思主义经济学研究院和全国中国特色社会主义政治经济学研究中心作为政治经济学发展与创新的主要平台，以政治经济学研究所为主要力量，联合院内外、校内外资源，充分整合政治经济学研究力量，依据学科贡献度原则确定激励约束机制。建立和完善学科建设绩效考核评价体系和实施细则。对政治经济学学科建设和发展全过程进行科学动态管理，定期考核，并依考核结果分期发放经费。实施依据贡献大小、层次分明的激励措施，对学科建设过程中能够直接瞄准学科评估得分点、为学科建设做出直接显著贡献的，在资金上予以重点倾斜，并在职称评定和岗位津贴发放等方面有所体现，对主要贡献者予以奖励。

（二）理论经济学二级学科——西方经济学的七大建设计划

1. 学科体系（研究方向）建设

西方经济学经过长期的发展和建设，某些研究领域已经在国内外学术界具备一定的影响：一是应用微观经济研究领域；二是实验经济学与行为经济学领域；三是依托于学校重大研究项目“中国家庭金融调查”的数据支持，“收入分配”和“家庭金融”领域已经在国内外学术界形成了不小的影响，而且可以预期未来三年一定还会有大量的成果涌现。因此，未来三年，本学科以“打造重点研究领域，争当国内学术领袖”为指导方针，重点打造五大研究领域：①应用微观经济研究；②中国收入分配问题研究；③房地产和城市经济学；④经济增长与经济波动研究；⑤实验经济学与行为经济学。在课程设置、人才培养、课题申报、论文发表等方面都以这五大重点领域为核心，在已有成果的基础上进一步拓展、延伸，科学整合现有研究力量，积极鼓励校内、校外合作，力争成为行为经济和实验经济学领域的国内学术领袖。

2. 专家队伍和创新团队建设

一是大力培养中青年教师。结合本学科师资队伍的年龄特征，将“教育部新世纪优秀人才支持计划”“青年拔尖人才支持计划”“中青年科技创新领军人才”四川省“学术和技术带头人及后备人选”和“四个一批”人才培养工程作为申报重点，竭力保障条件接近成熟的教师积极开展申报。对于条件成熟的教师可以优先申报，此后条件成熟一个、申报一个，有步骤地培养中青年教师。

二是以“中国行为经济与行为金融研究中心”（以下简称“中心”）为主体，筹备“教育部引智基地”的申报工作。该领域在 JPE 等 TOP5 不断发文，在国内外学术界产生了非常大的影响，以此研究优势作为基础，大力开展相关领域的研究，必定能使本学科成为这一领域的学术领头羊。因此，未来三年，随着新一轮调查的进一步开展和影响的进一步扩大，“中心”也将逐步具备申报教育部基地的条件。

三是进一步引进优秀人才。目前，西方经济学研究所承担了全校几乎所有经济管理类专业、各个层次的西经类公共课程，特别是宏观经济学的教学压力相当大，因此，未来将持续引进国内外知名学府的优秀博士毕业生、中青年学术带头人、资深专家等多层级的优秀人才，尤其是海外归国优秀人才，以增强本学科的教学科研实力、创新能力和提高国际化水平。

3. 教学和人才培养体系建设

近年来，西方经济学在硕士和博士研究生的教学改革和课程优化上取得了一定的成绩，在录取分数逐年上升的情况下学生规模还在逐年扩大。未来三年，将紧密围绕四大重点研究领域，进一步推进教学内容、教学方式、课程设置和人才培养方案改革。

在教学方面，已获得 4 门省级精品课程，未来还将努力把“西方经济学”建设成为国家级精品课程，努力将“中级微观经济学”和“高级微观经济学”建设为省级精品课程。“宏观经济学”教材即将出版。该书内容丰富，符合中国学生学习实际，未来将努力将其建设成为省级精品教材。由西方经济学研究所开发的“宏观讲学平台”已经获得了校教学优秀成果奖，未来还将继续申报省级教学优秀成果奖。

在人才培养方面，力争将学科发展方向与人才培养相结合，提高硕士研究生、博士研究生的动手能力和创新能力，尤其是针对市场需求，培养具有较高数据处理能力的人才。要求硕士研究生、博士研究生开展形式灵活多样的学术交流活动，包括学术论文主题研讨会、最新文献追踪、中国经济热点问题头脑风暴等，营造浓厚学术氛围，鼓励教师和硕士研究生、博士研究生多参加交流研讨，以加强学术训练、促成合作研究，保证高水平学术论文、高质量学位论文的形成。

4.“三高”成果建设

一是大幅度提高他引次数。从学科评估指标排名来看，国外论文的他引次数排名第 10，而国内论文的他引次数排名 24，可见国内论文上升的空间非常大。针对这一不足，未来三年，将西方经经济学领域教师已发表的科研成果通过公众号等媒介广泛传播，扩大影响，让校内外同行和学生及时了解老师们的最新研究成果。

二是鼓励课题申报。力争新增立项国家级课题 10~15 项、省部级课题 10~15 项，完成前期立项国家级、省部级课题 20 余项。鼓励以团队形式承接横向课题，力争承接横向课题 10 项，扩大团队社会影响力。

三是有针对性地申报成果奖励。全力支持、有效组织教师申报“教育部高校科研优秀成果奖”和“四川省哲学社会科学奖”，力争获得教育部高校科研优秀成果奖 2~3 项，四川省哲学社会科学奖 10 项。

5. 社会服务能力建设

本学科未来三年的社会服务重点凸显在以下三个方面：

（1）以“中国家庭金融调查”数据为纽带，立足国家和地方“十二五”经济发展的重大实践需要，围绕城镇化、收入分配、房地产等重大经济热点问题，与学术界、政策部门、金融界和实业界合作开展数据分析、重点调研、政策创新等形式的合作研究。

（2）加大横向课题承接，服务地方经济发展。发挥中国家庭金融调查“季度数据”的及时性优势，为地方经济提供有针对性、及时性地诊断，并以数据优势带动横向课题的承接。具体做法是：大力宣传季度数据的时效性和准确性，吸引各政府部门、企业、研究机构主动与我校合作进行课题研究，从而极大地提高我校的社会影响和服务能力。

（3）推广“宏观经济学教学平台”的应用，服务高校教学创新。本研究所与中经网联合开发的“宏观经济学教学平台”，是宏观经济学教学形式的一大创新。未来三年，大力推广该平台的应用，将其特色广泛介绍推荐给其他兄弟院校，以扩大本学科的社会影响力。

6. 学术交流合作平台（项目）建设

采取“走出去、请进来、加强国际合作”的总体思路来建设西方经济学的学术交流合作平台。具体措施包括：

走出去：鼓励教师参加各种国内外高水平学术会议，鼓励教师到高水平院校举办讲座（seminar）、参加专题研讨会（workshop）等各种形式的学术交流活动。

请进来：建立常设的 Seminar 制度，定期邀请国内外知名学者、中青年学者来我校进行学术讲座（经济管理学院目前已经做得很好，经济学院的西方经济学研究所还需加强，拟每年邀请 10 名左右校外学者来我校讲学）；

加强国际合作：力争每年派出 1~2 名教师出国访学，利用部分老师的海外背景，争取建立 3~5 项国际合作研究项目，互派学生（硕、博）进行 3 个月以上的学术交流或攻读学位。邀请国际知名专家担任讲座教授，以开设讲座、短期课程等形式学习国际前沿成果、加强学术交流。

7. 学科创新保障机制建设

本学科科研团队以中青年学者为主，具有精力充沛、思维活跃、创新意识等特点，因此只要给予其必要的保障机制，相信一定能有丰硕的创新成果产出。未来三年，主要从两个方面建立健全创新保障机制：

（1）建立具有鲜明导向的激励机制。有激励才会有动力，激励机制应该导向鲜明、避免“吃大锅饭”。在教学、科研、社会服务等多个领域，细化奖励办法、加大奖励力度，力争做到公平、公正、公开。鼓励教师多元化发展，不论领域，只要做出贡献的都予以奖励，但依据贡献大小，奖励力度体现出差异，从而形成“人人想做事、人人有事做”的积极局面。

（2）发挥团队整合优势。打破学院行政壁垒，实现经济学院与经济与管理研究院、发展研究院以及其他单位的“三大共享”：资源共享、数据共享、平台共享，构建全校“大经济学”平台，在课程讲授、学术探讨、论文撰写、课题申报等方面推动合作交流、协同创新。

（三）理论经济学二级学科——经济思想史的七大建设计划

1. 学科体系（研究方向）建设

西南财经大学经济思想史学科自 1990 年设立硕士点以来，逐步建立起了中国经济思想史、外国经济学说史两个主要研究方向。在新一轮的学科建设规划中，拟重点建设以下两个研究方向：第一，中国经济思想发展研究，主要建设由刘方健教授领衔的研究团队；第二，外国经济学说史发展研究，主要建设由史继刚教授领衔的研究团队。

中国经济思想史方向的研究特色为：①注重相关学科之间的相互渗透，吸收中共党史学科、政治学科的理论研究的新成果，拓展经济思想史学科研究的广度和深度。②以当前经济社会生活中的现实问题、经济管理理论研究中的热点问题为切入点，有针对性地开展相关主题的中国经济思想史的研究。

外国经济学说史方向研究人员运用现代经济学的理论与分析方法探讨了外国经济思想史中的诸多专题。主要包括：①关于剑桥资本争论的研究。主要是把凯恩斯经济学与斯密、李嘉图和马克思强调“社会经济关系”分析的古典传统联系起来，试图表明财产所有权和收入分配对这些宏观变量的作用，并解释新古典理论的逻辑一致性问题。②经济增长因素理论研究。

2. 专家队伍和创新团队建设

目前西南财经大学经济思想史学科有专职教师 3 人，拟培育 1 名“马工程”专家，拟特聘 1 名“马工程”首席专家。同时，拟引进3~5 名国内外高校优秀研究人才，充实学科队伍，形成职称、年龄结构合理的研究团队；并通过开放式双轨制和质量导向、长周期绩效考核体系来确保师资队伍建设质量，引导教师进行高水平的学术研究，多出具有重大影响的学术成果。

3. 教学和人才培养体系建设

在人才培养机制上，目前经济思想史方向每年招收 2~3 名硕士研究生，生师比基本达到 1∶1。课程设置方面，在现有教学资源水平上，拟申报经济学说史、中国经济思想史两项校级精品课程，在此基础上申报省级精品课程。

经济思想史硕士研究生培养阶段，统一规划学生毕业论文选题；在学生参与国际交流方面，拟每年资助派出 50%以上专业学生到合作院校短期访学，参加国际学术会议进行交流。

在教材建设方面，拟编写《中国经济思想史》《经济学说史》两部教材。在新的学科建设中，增加经费投入支持，对致力于教材编写的教师给予适当奖励。

在学科资源整合方面，拟与全国中国特色社会主义政治经济学研究中心、马克思主义经济学研究院、发展研究院共建（师资、资料等）资源整合平台，对现代经济思想史研究中涉及马克思主义经济思想的中国化问题进行深入研究。

4.“三高”成果建设

目前，学科方向有教授 2 人，未来 3~5 年内，拟新增 1~2 项省部级课题研究；申报省部级课题奖励 2 项以上；切合社会热点问题，新增 2 篇以上他引率高的 B1 级刊物专业论文发表；引导本专业博士生论文写作与研究方向紧密结合，多出高水平研究成果。

5. 社会服务能力建设

根据传统思想研究的特点，积极寻求将传统思想研究服务于社会，同时开展学术研究和政策咨询。

6. 学术交流合作平台（项目）建设

本学科将在已有的基础上，在国内交流中继续采取“请进来”模式：聘请国内经济史学界在相关研究领域有深厚造诣的学者担任本学科的兼职教授，召开经济史研究和教学的学术讨论会，请国内外名家前来交流、研讨研究和教学问题，以及“走出去”模式：本学科的师生积极利用各种机会参加国内各类学术会议、参与各种学术交流与合作，提高本学科成员的学术水平，扩大本学科在国内的学术影响。

在国际交流方面，同样坚持“走出去”和“请进来”的办学方法，与国际经济史学界保持密切的交往，聘请国际经济史学知名学者人兼职教授、来校讲座；利用国家和学校向国外输送研究生的条件，选拔本专业的优秀研究生和青年教师出国学习交流、参加各类国际学术会议。

7. 学科创新保障机制建设

增加研究经费的投入。经济思想史学科是一个基础学科，又是一个规模较小的学科，因此在国家和省部级科研课题立项中选题较少，经费偏低。加大出版费用的投入和在本校学术期刊发表研究成果的支持力度，以推出西南财经大学经济思想学科教师和研究生的高水平的科研成果。加强师资队伍和教材建设。引进有志于经济思想史教育和研究的优秀人才；积极组织参与国家和学校教材立项，并请学校有关部门给予相应支持。

加强对学科成员参与国内外学术交流活动的支持。首先，鼓励成员加入国际学术会议组织，例如美国经济学会、经济思想史学会等，这样激励成员紧跟国际学术前沿水平；其次，对论文入选国内外重要会议宣讲的学科成员，考虑给予一定奖励。

（四）理论经济学二级学科——经济史的六大建设计划

西南财大经济史学科本身有着深厚的历史积淀。学科奠基人汤象龙先生被誉为“中国经济史学科的主要奠基者与创始人”，在国内经济史学界有着崇高的学术声望。汤象龙在抄录和收集的大量历史资料的基础上，建立了本学科重视史料与理论结合、重视计量研究的特点。通过几代经济史学者的耕耘，目前，本学科建立了一支以近代经济史、财政史为研究重点的学术团队，是拥有经济史博士点的全国 9 所高校之一。

1. 学科体系（研究方向）建设

未来 3~5 年，本学科拟建设两个主要研究方向：

（1）近代经济发展史。研究特色为：①方法国际化。紧跟国际经济史微观计量的研究前沿，研究成果能够与国际接轨。②视角多元化。融合经济学、历史学、社会学、历史地理学等多学科理论和方法，发挥学科交叉的优势，将中国近代经济发展放在历史文化和社会制度环境变迁的背景下，在微观上结合中外典型企业的经营发展史研究，探索中国经济改革与发展的特殊逻辑规律。

（2）金融史。财政金融史研究方向是我校经济史学科新的增长点，通过研究金融危机、金融市场等问题，为现代金融决策提供历史经验。

2. 专家队伍和创新团队建设

（1）专家队伍方面：本学科目前有教授 2 人、副教授 1 人，组成了年龄、职称结构基本合理的研究团队。未来 3~5 年，培育 1 名国家级人才。

（2）创新团队方面：由于微观计量方法引入经济史研究，可以将经济史和微观金融研究结合起来。结合本校金融学科建设资源，拟整合经济学院、经管院科研力量，建设 1 个金融史研究创新团队，通过交叉学科研究成果申报创新基地。

从本学科的长远发展着眼，目前学科队伍还需要进一步充实调整，尤其是在经济学院还需要通过选拔本学科优秀博士研究生到国外知名大学和研究机构学习、从国内外知名学府引进有志于从事经济史研究和教学的优秀青年教师 2~3 人充实到本学科队伍中，以增强本学科队伍的活力和创新能力。

3. 教学和人才培养体系建设

在经济史研究生教育方面，从经济史专题研究开始，系统培养前沿文献阅读、量化历史研究、史料收集能力。专业课程开设参考国际前沿研究，要求研究生熟悉本领域的中英文前沿文献。

在教学建设上，基于现有省级精品课程基础，申报中国经济史研究课程为国际级精品课程；编写 1 部“马工程”中国经济史教材。

4.“三高”成果建设

未来 3~5 年，拟产出国内 A 级研究论文 2 篇以上，国际 B 级论文 1 篇以上；国家级课题 1 项以上，省部级课题 3 项以上。

目前，国际经济史学界研究普遍朝着计量史学转向，一流的学术期刊也强调用经济学方法研究历史题材，与经济学研究互为参考。目前，本学科的研究成果中，仅有一项发表于国内一流经济学研究期刊。因此，要发表高水平的研究成果，必须从转变研究方法开始。同时，要以学科为平台，从学科建设高度整合和指导团队研究。在系统性的研究成果的基础上，能进一步实现重大项目申请。

5. 社会服务能力建设

结合本学科特点，经济史学科的长项在于从历史发展中找寻规律，因此，对于经济发展的现实问题，能为解决现实问题提供相应政策借鉴以及政策效果评估。在社会服务能力方面，鼓励学科成员关注现实，为现实提供历史借鉴。

6. 学科创新保障机制建设

（1）充实资料和数据库。我校经济史学科发展在历史材料获取上面临极大困难。学校图书馆目前的数据库中，缺少历史类数据库，例如 JSTOR 数据库中历史类资源缺乏；另外，在中国经济史研究方面，国内经济史学科排名靠前的所有高校都购买的例如大成老旧刊数据库、晚清期刊全文库等，都属于经济史研究的重要资料来源。在新一轮学科建设中，解决数据库使用问题已是迫在眉睫的事情。

同时，经济史和经济思想史学科发展亟须建立本学科资料室，这也是一项有重大传承意义的事情。目前，经济史学科点已拥有汤象龙先生捐赠的个人藏书，以此为基础建立的汤象龙研究室，应当以建设健全本学科极大研究方向的历史资料。

（2）加大出版费用的投入和在本校学术期刊发表研究成果的支持力度，以推出西南财经大学经济史学科教师和研究生的高水平的科研成果。

（3）加强对学科成员参与国内外学术交流活动的支持。首先，鼓励成员加入国际学术会议组织，例如美国经济学会、计量经济史学会等，这样激励成员紧跟国际学术前沿水平；其次，对论文入选国内外重要会议宣讲的学科成员，考虑给予一定奖励。

（五）理论经济学二级学科——世界经济的七大建设计划

随着经济全球化发展及中国改革开放步伐的加大，世界经济及相关国际贸易与金融领域问题的理论与对策研究日益增多，国内外众多知名高校也越来越重视该学科的教学、研究与人才培养。因此，把世界经济学科建设成为我校理论经济学学科发展的一个新的增长点，是非常必要的。我们预期经过未来三年的建设，将我校世界经济学科建设成为国内有较大影响力和知名度的世界经济学科教学和研究中心。

主要建设内容和具体措施如下：

1. 学科体系（研究方向）建设

根据世界经济学科原有的优势及人员结构，以经济学院在编科研组织世界经济研究所为组织载体，包括所内专任研究人员以及校内外和国外有较大影响的专家教授。本着突出特色、发挥优势、凝练研究方向的原则，确定了“当代国际货币金融与投资理论与政策研究”和“全球化条件下产业创新、贸易结构转型升级与经济增长研究”两个研究方向。两个建设方向的关系为：前者侧重当代国际货币金融和资本等生产要素的运动规律及相应政策管理的研究，后者侧重对全球化条件下的技术进步、产业创新和贸易结构转型升级等经济理论与现实问题的研究；特别注重结合20世纪80年代以来集经济全球化、国际经济一体化和我国改革开放所出现的理论与政策实务为一体的研究。

围绕上述两个主要研究方向，通过结合承担国家级和省部级课题以及国际合作科研项目等方式，本学科还力争在“全球化条件下的中国国际收支平衡”“基于多个经济体之间的联动和传导效应”“人民币区域化进程中两岸四地货币合作”“开放经济条件下中国经济波动与财政政策效应”“全球化条件下中国西部高技术产业空间差异性及产业政策”“贸易自由化对我国工资差距的影响”等课题方面，取得在国内外具有较大影响的高水平研究成果。争取在3~5年内将我校世界经济学科建设成为全国重点学科。

2. 专家队伍和创新团队建设

建设目标：大力推进人才强基地战略。通过引进和在职培养优化人才，通过选拔和留住拔尖人才，进一步显著改善研究团队的年龄结构和知识结构，加大中青年教师培养力度，形成一批以博士生导师为学术带头人，学术水平较高、年龄、知识、学历、学位、学缘结构合理的高水平的教学科研创新团队。经过未来3年的建设，科研人员中有博士学位的比例达到100%；其中，非本校培养的博士学位教师的比例超过80%。在中青年教师中物色有发展潜力的人才，有步骤地培养学术带头人，力争有2~3名以上的中青年教师成为国内（同一学科）有影响的学术带头人和知名学者。

具体的建设措施：

（1）加大人才引进力度，优化人才选拔机制，提高引进人才质量。根据学科建设需求，努力创造条件积极引进国内外著名大学和研究单位的学科带头人，同时积极引进国内外高校毕业优秀的有良好培养潜质的博士毕业生；尤其注重引进有较好的数理和计量分析能力的优秀博士毕业生。

（2）加大世界经济研究所现有师资的培养力度，走出去、请进来，提高现有团队的研究创新能力。鼓励中青年骨干教师出国进修深造，增加国内外知名高校或研究机构的学习交流，提高现有师资的教学和科研水平。

（3）以世界经济研究所专任师资力量为主体，充分注意发掘、整合校内其他院所和国内外知名高校、实际经济部门研究力量，通过请进来讲学或系列专题讲座，以及课题合作等方式，力争在较短时期内推动学科建设力量和人才培养水平的快速提高。

（4）为本学科的科研积极分子、具有较大科研潜力的教师适当减负，切实落实学术休假制度，为他们提供更多的时间从事世界经济学的相关研究和科研成果积累。

（5）大力资助中青年教师参加高水平的学术会议、重大的研究项目，鼓励本学科教师积极参与地方经济建设。以研究项目为导向，走与实践相结合的道路。利用承接的各种纵向和横向课题，沉下来认真了解国情，以问题为导向，在实践中锻炼队伍。

3. 教学和人才培养体系建设

建设目标：教学建设力争以教育教学观念转变为先导，将素质教育、科学精神、个性发展、创新能力培养贯穿世界经济学人才培养的全过程。高水平人才培养不仅要依赖于对教学的重视和一般管理，而且也依赖于科研的创新和教学方法的创新。在未来三年中，我们将继续推动教师以科研推动教学内容和教学方式的改革，实现教学的前沿化、国际化和本土化。注重培养基础理论功底扎实、能力强、素质高、能适应改革开放和社会主义现代化建设需要的国际化经济学人才。

具体建设措施：

（1）借鉴国际上成熟的博士生培养制度，逐步拓展硕士—博士的连读制度，使那些真正有志从事经济学理论研究的学生能够获得4~5年连续学习和研究的机会。

（2）贯彻“走出去、请进来”的开放式教学。“走出去”是以学生赴教学实践基地调研实践的方式，为学生提供一个投身社会、观察社会、实际感受社会、亲历改革开放实践过程的机会，使学生能结合课堂理论学习，写出有一定价值的调研报告或论文；“请进来”是能请国内外专家学者走进课堂，使学生能够感受不同的教学风格和研究思路，启发和培养学生多角度、多侧面的思考问题。

（3）优化研究生的专业课程设置，抓好经济学基础理论课、方法课、财经类综合性专业核心课三大板块的教学。世界经济虽然是理论经济学二级学科，但多数硕士研究生的目标都是毕业后到实际经济部门就业。基于此种情况，在课程的设置上就应该既突出理论性，也要照顾到实际应用性。理论性的课程突出学科特点，而应用性的课程注重市场需求。

（4）考虑尝试贯通本硕博课程，建立9级课程体系，促进交叉学科研究生培养：跨专业考入的研究生可以选修较低级别的课程来弥补或加强基础知识，有潜力的本科生也可以选修较高级别的课程来提前接触学科前沿知识。这一改进可促进知识体系的系统完整、课程内容的有机衔接、专业知识的快速更新，促进了学科交叉，更有利于研究生创新意识的培养。

（5）抓好人才培养质量的教学环节：①将充分利用学校的先进教学条件，大力倡导启发式、互动式与开放式的创新教学方式。鼓励教师以科研推动教学内容和教学方式的改革，教学科研相互促进，将学科与科研优势转化为教学内容，让不同层次的教学和学生受益。同时要特别注意联系我国和本省改革开放的实际，既讲好基本原理，又讲好基本理论的运用。②注重国际经济理论的新动向与新发展，引导学生阅读有关国际经济理论创新观点或思路的专著与论文；创造条件，聘请一流的国外相关学者为研究生开设前沿理论课。③注重教与学的互动，在教学中把重点讲授、提问讨论、实例分析等有机地结合起来，启发学生思考问题，组织主题发言、评论发言等，改革考试方法，并将平时参与研讨、调研等情况计分归入学期成绩中。

（6）提高本学科研究生科学研究水平，促进博士生培养质量的全面提升，并大力开展优秀博士论文培育计划。具体措施主要包括：大力推行 workshop 制度，即鼓励教师组织研究生围绕前沿理论开展持续的专题讨论会和学术论坛，邀请国内外学者介绍他们的最新研究成果，同时进一步完善研究生学术沙龙活动，创造条件让更多的研究生参加全国和国际性高水平学术会议，为博士研究生们宣讲自己的工作论文而获得改进论文和促进学术交流的机会；设立优秀博士学位论文培育基金，面向一、二年级，且前期科研成果丰硕，有一定研究潜力的在学博士生进行奖励和激励，提供完成学位论文所需的科研和学术活动经费，引导他们从最初的开题阶段就向着做优秀论文方向发展；从博士研究生的课程设置、导师指导、论文选题、论文写作，到最后的论文评审，设立一系列严格的要求和相关措施。建立博士生培养指导小组，实行导师负责和指导小组集体指导相结合，论文开题后以学术报告会的形式进行中期检查。对于学位论文评审，不仅校内学位评定委员会层层把关，还采取外审和盲评的形式，严把博士生学位论文质量关。

（7）构建有效的管理制度和质量评估与保障体系，建立健全教学信息反馈及教学质量跟踪监督机制，并进一步探索有效的教学激励机制，以推动教学水平和教学质量的提高。

4.“三高”成果建设

世界经济二级学科要大力加强高水平科研成果建设，瞄准教育部学科评估“科学研究”指标体系的主要得分点，力争产出一批在学术界有一定影响的学术研究成果，增强本学科的核心竞争力。首先，要建立开放的项目合作研究平台。广泛调动本学科骨干教师力量，充分整合校内外学术资源，组建跨学科、跨院系、跨校内外的项目和研究方向团队，聘请优秀学术带头人为各研究方向负责人，倡导和鼓励海外归来学者、中青年教师参与项目建设。建立老、中、青年龄结构合理，知识结构优化的学术研究梯队，分工合作，充分发挥团队优势。实施负责人固定制，成员流动制，科研管理、资金使用、人员搭配均落实到研究团队，形成生气勃勃、积极进取、奋勇创新的氛围。其次，要瞄准学科评估得分点，产出高水平标志性科研成果。未来三年，依托《西南财经大学核心期刊目录》，本学科将争取发表代表性学术论文 30~40 篇。其中，A 级论文 10~15 篇，同时重点增强所发论文的学术影响力，增加其转载、他引次数。力争新增立项国家级课题 2~3 项、省（部）级课题 3~4 项。此外，鼓励本学科研究人员全力申报教育部高校科研优秀成果奖和四川省哲学社会科学奖。最后，加大科研经费投入力度，全力支持学术研究和相关机制，完善学术休假制度，保证项目和方向负责人以及主研人员有充足的时间和精力投入科学研究。

5. 社会服务能力建设

建设目标：服务于社会，不仅有助于了解市场、提高人才培养质量和科研水平，而且有助于扩大学科影响，夯实办学基础，对师资队伍的建设以及学生实际能力的提高，都有着重要意义。加强社会服务，使学科建设及科研、教学与改革开放的社会实践相结合。积极构建与社会各界之间的“开放、联合、互助”的新型交流发展机制。较大幅度提高理论研究与应用研究水平，增强以研究成果服务经济、社会、文化、政治建设的能力。

主要建设措施如下：

（1）加强与政府、金融等涉外经济部门的合作交流，充分发挥本学科经济学理论教学与研究的优势，为地方政府、工商企业界等提供相关专业的培训服务，培训一批懂得现代经济理论、具备现代价值理念的高素质理论人才和管理人才。

（2）组织教师以各种形式参与政府部门、工商企业界的改革实践，克服过去理论教学与改革现实“两张皮”“不搭界”的弊端，使理论源自实践，增强理论对现实的可解释性和指导性。

（3）鼓励世界经济研究所教师积极承担地方政府和社会委托的研究项目，参与地方政府的区域发展规划、改革方案设计和有关文件起草工作，为地方政府、金融等涉外经济部门提供决策咨询等，将自己的理论研究与改革开放和国际化经济社会发展实践紧密结合。

6. 学术交流合作平台（项目）建设

建设目标：国际化和开放化是提高本学科研究和教学水平的重要途径。积极扩大对外交流，建立、拓展与国内外相关学术团体、机构以及从事国际经济理论或实务的专家的联系。通过与西南地区高校和政府和金融机构的涉外经济部门的交流与合作，努力建设成为西南地区乃至全国有影响的学科建设和对外开放经济建设服务基地，发挥在西南地区高校的示范和辐射作用。

主要建设措施：

（1）积极邀请国内外著名教授和学者访问交流。坚持举办各种形式的学术讲座，邀请高水平的国内外专家讲学讲座；并鼓励世界经济学科教师出国讲学或学术访问、考察、进修，以进一步密切与国内外同行在教学研究方面的交流与合作。

（2）积极拓展与国外学者的合作，共同承担国际合作研究项目，通过和国外知名大学联合培养博士研究生，提高本学科的科研和教学水平。

（3）重视国内外学术交流，积极主办国际性或全国性的学术会议。资助所内教师参加国内外高水平的学术会议。在提交了学术论文，并且被会议接收，得到邀请函的国内外高水平学术会议可以得到定额资助。所有得到资助的教师参加会议后，需要在所内汇报会议收获。

（4）通过组织翻译国外世界经济学重要著作，建立和国外学者的合作关系。

（5）构建与政府和金融机构的涉外经济部门的合作交流平台，

可聘请政府部门及工商企业界的社会名流和精英人才来研究所兼职，也可组织教师以各种形式参与政府部门、工商企业界的改革实践。

7. 学科创新保障机制建设

学科创新能否取得明显成效，管理至关重要。完善管理制度与运行机制，加强对学科建设的全过程管理，是学科建设卓有成效的重要保障。学科创新保障机制主要包括学科创新管理运行机制、学科创新管理激励机制和学科创新管理监控机制。

（1）强化世界经济学科管理组织协调，创新学科管理运行机制。首先要理顺、调整组织结构，合理配置职能，做到责权分明，各司其职，各行其道；其次，重视管理协调研究，加强管理协调规范建设；最后，要建立完善灵敏的信息系统。机制运行必将产生矛盾，只有快捷的信息，协调才能及时，只有信息准确无误，协调才能得当，效率才能高。对学科创新要树立民主管理的理念，充分发动本学科教职工积极参与学科创新的各项工作，涉及学科建设的重大问题一定要由集体讨论和决定，真正实现群策群力。同时要坚持民主集中制的原则，学科带头人需集中师生的智慧和各方面的意见，适时修订和完善学科方向、师资队伍建设、科学研究、人才培养以及学术交流等方面的系列创新工作。

（2）本学科应积极筹措学科建设资金，进一步加强基础设施建设。一方面，继续积极争取获得国家拨付的各级各类学科建设和科研课题经费的大力支持；另一方面，还将通过多种途径、多种方式，千方百计筹措资金，全力支持教学和科研工作。为学科创新的教材建设、教学实习基地建设、试验条件和手段建设等奠定良好的物质基础。

（3）加强绩效考核，完善约束激励机制。学科创新关键在人，人力资源管理是学科管理的重点，其核心就是积极调动和激发教师和学生的积极性，开发其潜在能力，确保实现学科建设目标。建立科学的绩效考核机制，对为学科创新做出贡献的教师和学生实行奖励，并落实到位，从而有效激发本学科师生参与学科创新建设的积极性。

（4）完善学科创新管理的监控机制。约束机制是保障，通过约束监控机制的有效运行，发挥其调节、监督等作用，实现学科创新建设全过程管理和监控，及时解决机制运行矛盾，确保世界经济学科创新建设目标的实现。比如，进一步建立健全教学信息反馈及教学质量跟踪监督体系，使教学观摩、教研室听课、学生评教制度化、常规化；进一步完善学科创新中各部门建设负责人的岗位责任制和考核机制，并监控学科各项建设资金切实用到实处。

（六）理论经济学二级学科——人口、资源与环境经济学的七大建设计划

1. 学科体系（研究方向）建设

改革开放以来，尤其是近十多年以来，随着工业化进程的迅速推进，经济持续高速增长，由此导致的环境污染问题日益加剧，生态文明与环境友好型社会建设任务十分艰巨。这样的时代背景催生了人口资源与环境经济学学科，本学科具有交叉性、边缘性和综合性的特征。人口、资源与环境及可持续发展问题关系人民福祉、关乎民族未来，是我国当前和未来的工作重点。

本学科本着“立足西部，服务全国”的学科定位，重点对人口与资源、环境的协调发展、区域经济可持续发展、区域资源可持续利用、区域环境可持续支撑等领域进行系统深入的理论与实践研究，争取3~5年内形成在全国有一定影响力的具有西部特色的学科优势。本校的人口资源与环境经济学的研究方向紧扣学科研究热点，共设三个研究方向：人口资源环境与可持续发展、资源环境与企业发展战略、资源环境政策与管理。这三个研究方向体现了对学科基础理论、研究方法和应用领域的全面关注和统筹。三个研究方向之间既有明确分工，又有紧密联系：人口资源环境与可持续发展侧重对学科基础理论的提炼和建构，运用经济学原理解决人口、资源和环境问题；其他两个方向在研究相关理论问题的同时，推进理论在实践

中的应用。

2. 专家队伍和创新团队建设

该学科以人口经济学研究见长，资源经济学、环境经济学的研究力量还很薄弱，具有资源环境经济学博士背景的专职教师师资力量有待于进一步加强。

本学科 3~5 年内将进一步加强专家队伍和创新团队建设。我校人口资源环境经济学学科队伍建设需要注意“四个合理化”，即知识结构合理化、年龄结构合理化、学科梯队的合理化、“洋、土”结构的合理化。具体来说，第一，保持该学科在“自然灾害频发区域人口资源与环境的可持续发展”研究的国内领先地位。该研究团队以杨成钢教授为学科带头人，近 3 年来该团队共主持国家社科基金重点项目多项。以该团队为核心积极申报建设“省级创新团队”及“省级人文社科基地”。第二，搭建“西部人口资源环境经济学”研究平台。打破院系、学科、部门界限，依托我校中国西部经济研究中心，整合全校有志于西部人口、环境和区域经济研究的教学科研力量，精炼学科方向，力争新组建在全国有影响力的研究创新团队 1~2 个。第三，着力引进和培养资源与环境经济学学术领域的领军人物，特别是引进入选“教育部新世纪人才”的专家。第三，3~5 年内，每年引进 1~2 名特别是国外名校毕业的青年博士。力争本学科师资数量、结构、质量等指标在下一轮教育部评估中达到优秀水平。

3. 教学和人才培养体系建设

该学科学生招生规模较小，每年招收硕士 3~5 名、博士 1~3 名。学科 3~5 年内要以创新和质量为主题，大力发展研究生教学。在教学体系建设方面，应参考国内外名校相关专业的课程设置，引进和编写符合全球学科发展潮流和我校实际的硕士生、博士生专业教材。进一步深化教学范式改革，在现有教学资源水平上，争取申报校级精品课程。在人才培养方面，鼓励有条件的交叉学科、共建学科组织导师组进行集体指导，加强跨学科、复合型人才的培养。

博士生层面鼓励学术创新，开展学科前沿问题研究，积极参与国际学术交流，提升博士研究生学位论文质量，3~5年内争取有一篇以上论文进入全国百篇优秀博士论文评选范围。另外，争取在三年内取得人口资源环境经济学专业硕士的招生资格，扩大本学科的招生规模和社会影响。

4.“三高”成果建设

该学科3~5年内要加大高级别获奖、高级别课题、高水平论文的建设力度，增强本学科的核心竞争力。第一，鼓励本学科研究人员全力申报国家级科研教学优秀成果奖和四川省哲学社会科学奖，争取每年至少获得一项省级以上的科研及教学奖项。第二，鼓励本学科研究人员积极申报国家自然科学基金、国家社会科学基金、教育部人文社科基金、四川省人文社科基金等项目。力争新增立项国家级课题1~3项、省（部）级课题2~5项。第三，依托《西南财经大学核心期刊目录》，本学科将争取发表中英文代表性学术论文10~20篇，同时重点增强所发论文的学术影响力，增加其转载、他引次数，争取出版学术著作5~10部。

5. 社会服务能力建设

作为学校科学研究重地，该学科3~5年内应进一步借鉴国内外经验，积极为政府决策提供咨询服务，承担重大科研任务，广泛开展学术交流，为四川省委、省政府和成都市委、市政府的经济决策提供咨询和调研服务，同时为地方政府、工商企业界等提供培训服务。具体来讲，继续承办好每年一届的“西部人口论坛”，承接国家、地方重大横向课题项目5~10项、地方政府以及大型企业委托的研究项目和横向研究课题20~30项，预期产出有重大影响的应用性研究及政策建议（获国家领导人和省委、省政府主要负责人批示）1~2项。

6. 学术交流合作平台（项目）建设

加强我校人口资源与环境经济学与国内外资源环境经济学领域的国际性学术组织，如AERE、EAERE、ECOECO、RFF等以及国内环境经济学学会的联系和交流。鼓励师生积极参加国际性和全国性人口资源环境经济学学术研讨会，特别要鼓励院系举办国际性和全国性的学术研讨会。3~5 年内力争举办 1~3 次高水平国际学术会议；每年参加 3~5 次国内外高水平学术会议，邀请国内外专家 5~8 人次来校开设课程，举办讲座。

加强同美国南加州大学社会工作学院、美国佐治亚州立大学老年研究院、美国西华盛顿大学社会学系和澳大利亚国立大学已有的学术交流联系；积极鼓励师生赴境外交流，加强教师与国外学科同行的高水平合作研究，加大联合培养力度。3~5 年内力争新增 1~3 项国际合作研究项目，互派学生交流（包括攻读学位）10~15 人次；派出教师出国讲学或学术访问、进修 3~5 人次。

7. 学科创新保障机制建设

本学科将依托中国西部经济研究中心，坚持制度建设规范管理，努力提高学术创新保障机制的规范性、民主性和科学性。进一步深化《西南财经大学中国西部经济研究中心内部管理综合改革方案》《中国西部经济研究中心关于教师参加高水平学术会议的相关规定》《中国西部经济研究中心研究生学业奖学金评定办法》《中国西部经济研究中心教学、科研及获奖奖励办法》《中国西部经济研究中心党政联席会议事规则》《中国西部经济研究中心教授委员会议事规则》《中国西部经济研究中心财务管理制度》和《中国西部经济研究中心资产管理制度》。以合理的评价机制激励人，以实在的发展业绩鼓舞人，努力营造尊重劳动、尊重知识、尊重人才、尊重创造的良性环境。

三、加强理论经济学学科建设的机制和举措

在国际知名财经特色鲜明高水平研究型大学建设目标的指引下，按照内涵式发展道路的要求，在前期充分调研和讨论的基础上，针

对理论经济学学科目前存在的问题，积极采取措施加强理论经济学学科建设。加大人才引进力度，提高人才引进质量，注重培养优秀人才，完善以学科带头人为核心的学科团队建设；以“学科贡献率”为核心建立起新的激励机制，激励学院教师和员工围绕学科建设这一中心，不断改进科研、教学和管理工作，尽快产生一批优秀拔尖人才，形成一批较高水平的研究成果；进一步提高学生的培养质量，尽量使我校理论经济学一级学科建设在一年内有变化，三年内有突破，五年内有成效，并以此为契机促进经济学学科的发展，努力打造各学科交叉融合、互相支撑、协同发展的优势学科群。具体建设措施如下：

1. 立足改革创新、科学发展，强化学科优势和特色

我校理论经济学以国家经济社会发展战略和繁荣哲学社会科学为导向，特别是瞄准学科及社会经济重点领域未来发展趋势和紧缺人才需求特征，借鉴国际一流、国内先进高校的学科发展思路和理念，探索“中国气派、西财特征”的理论经济学发展的载体、平台、管理体制和运行机制。

——创新发展理念，做好顶层设计。制订未来5~10年理论经济学学科群发展战略规划，科学定位，确定不同阶段发展目标、战略重点、项目支撑和措施保障。

——构建促进理论经济学学科快速发展的创新平台和运行机制。以政治经济学、西方经济学、世界经济、经济史、经济思想史、人口资源环境经济学等二级学科为支撑，以法学、信息科学、经济数学等学科为基础，整合校内应用经济学、工商管理、法学等相关学科资源，聚合国内外优质学科，构筑开放型、跨学科的大平台。

——建设好“全国中国特色社会主义政治经济学研究中心”国家级平台。以西南财经大学经济学院政治经济学学科团队为主要力量，实行内外联合、竞争创新的开放式运行体制，充分联合校内外、国内外相关学术资源和研究力量，利用多种形式，致力于将本中心打造成为国家重要的经济学基础理论研究高级人才培养基地、解决

国家特别是西部地区社会经济发展重大理论与实践问题的思想库和智囊团以及我国西部地区重要的经济学国际学术交流中心。将我校的政治经济学打造成为实力更强大、特色更鲜明、优势更突出的一流学科，在国内居于先列，在国际上有一定影响，为不断开拓当代马克思主义政治经济学新境界和构建中国特色社会主义政治经济学理论体系贡献力量。

——建设好“马克思主义经济学研究院”学科特区。瞄准马克思主义经济学时代创新和中国化的重大需求，致力于中国经济学领域高水平人才培养、高水平科学研究和高品质社会服务，打造在国内有影响力的马克思主义经济学研究阵地。

——瞄准国家和区域经济发展关键领域，建设一批重点科学研究和实践基地，包括苏州城镇化发展研究院、宁波海洋金融研究院以及四川新型城镇化工业化研究基地、民营经济研究中心、统筹城乡发展和农村土地产权改革研究中心等，提升学科服务社会的能力，力争建成 1 个教育部人文社科重点基地（中心），2~3 个四川省重点研究基地（中心）。

——围绕学科前沿和中国经济改革发展重大理论与实践问题，凝练学科研究方向，汇聚学术队伍，开展重大课题研究和联合攻关，在马克思主义经济学中国化及当代创新的基本理论问题研究、现代西方经济学理论与中国改革开放实践研究、中国金融思想史、中国近现代经济史、当代国际货币金融与投资理论与政策研究、人口资源环境与可持续发展研究等方面形成有特色的研究领域并产出高辨识度的科研成果。

——创新学科发展管理机制。成立理论经济学学科建设领导小组及各二级学科工作小组，全面落实学科建设任务及责任，充分调动参与人及相关者的积极性；成立理论经济学学科建设专家委员会，委员会由校内理论经济学及相关学科学术带头人和特邀国内著名专家、经济学院院长组成，为学科发展提供学术引领和专家咨询意见。

2. 创新人才培养模式，着力提高研究生培养质量

以已有经济学拔尖人才培养改革实践为基础，面向国家需求，建立学校教育和实践锻炼相结合、国内培养和国际交流合作相衔接的开放式培养体系，建立经济学拔尖学生重点培养制度，实施特殊人才特殊培养，重点创新研究生培养机制，构筑本科“通识+专业”教育为基础，硕士或博士拔尖创新教育为出口，本硕博贯通一体化的培养体系。

——合理定位理论经济学所设各专业本、硕、博各层次人才培养目标，优化培养方案和培养路径，培养一批具有宽广的国际视野、扎实的基础知识、创新能力强的理论创新人才、学科领军人物和马克思主义经济学理论家。

——创新人才培养模式，深化教学改革。建设和发挥好经济学人才培养模式创新实验区（国家经济学基础人才培养基地），实施好学校“理论经济学研究基础人才培养计划”和教育部“中国经济学拔尖创新人才培养计划”，构建有财经特色的“通识教育+专业教育”的经济学理论创新人才培养体系，不断更新教学内容，推进教学方法改革。

——在培养制度上，按照“4（本）+2（硕）+3（博）”长学制贯通培养模式，从经济学基地班中选拔优秀的本科生生源，从大学三年级开始进入学术型创新人才培养计划项目学习；在硕士学习阶段，根据学生学习能力和兴趣建立相应的考核、分流机制，学习优秀者可直接攻读博士，其中博士生阶段实施“1+2（国外培养）”联合培养项目，参照世界一流大学经济学博士生课程设置方案，强化学科理论基础、学术研究规范和科研创新能力三大训练，培养学生具有良好的基础理论研究和创新能力。

——在课程设置上，重点建设 3~4 门有助于理论研究创新的基础性课程，诸如经济学理论及研究方法等，为进入研究生学习打下坚实理论基础；研究生阶段（其中硕士课程为中级过渡性课程）依据高端学术型创新人才培养目标，重点开设高级政治经济学、《资本

论》研究（高级）、高级微观和宏观经济学、经济学研究方法（高级）、高级计量经济学、经济学学科前沿等研究性课程。

——搭建学生科研创新平台。针对学生科研创新能力培养的需求，通过实施大学生科研创新计划、研究生学术训练及科研课题、优秀博士论文建设、开放性学科学术交流、“中国经济学创新”博士生学术论坛、经济学研究生暑期学校等相关科研训练项目，提升学生的科研素养和学术研究能力。

——推进人才培养的国际化，进一步开拓国际国内各种资源，在人才培养、教师学生交流、课程建设等方面拓展国际交流合作，与美国等知名大学联合举办中外合作办学项目，引入人才培养新机制。大力增加学生在学期间国外（境外）学习交流的人数。

3. 构建师资队伍建设新机制，打造经济学教学科研人才高地

以创新精神整体优化理论经济学育人用人体制机制，针对学科“专家+创新团队”高层次人才缺乏的重大问题，着力突破制约人才引进培养的关键障碍，完善高师资队伍发展路径和环境，利用学校大力实施师资队伍引进培养体制机制改革创新工程的有利条件，形成理论经济学学科人才发展新模式。

——进一步加大引进力度，着力引进优秀高端人才。配合学校实施的“光华学术大师成就计划”“海内外英才引智计划”“可持续发展师资人才储备计划”，在未来五年间，力争引进人才 30 名左右，其中海归博士 15 名左右；学院专职教师人数达到 80 人左右；实施学术休假制度。

——实施青年教师成长项目。紧扣学科发展规划和科研规划，立足理论经济学人才基础性培养和战略性开发，重点培养扶持青年拔尖人才，五年内力争有 10 名青年教师或博士候选人进入学校的师资储备计划；现有副教授、讲师职称的青年教师都有出国进修一年的经历。对于学科前沿研究项目、服务国家行业和地方经济社会重大需求的项目，学院优先立项。结合青年教师职业生涯规划，鼓励跨学科交叉融合领域的研究，鼓励青年教师在相对稳定、有发展前

景、可持续性的教学改革领域和研究领域自行选题、自由申报、公平竞争，促进青年教师尽快成长，提高教学水平和学术水平。

——与各层各类人才培养计划的对接拔尖创新人才。将人才培养与各类人才培养计划对接，积极申报各类人才培养项目，争取多名教师入选各类国家级和省级人才计划、“教学名师计划”“马工程”专家、教育部跨世纪人才等。

4. 以“学科贡献率”为核心，构建动态科学的激励机制

改变过去学院内部存在的“制度不完善、运行不规范、激励不充分、约束不得力”等问题，进一步深化改革，打破平均主义“大锅饭”，优化人力资源配置，建立健全人才竞争机制和教师管理制度，确立以“学科贡献率”为核心的考核评价和激励机制，创造有利于全体教师和优秀人才充分发挥工作潜能的制度环境。

——完善学院的教师教学科研工作量管理制度，探索对教学、科研、社会服务不同岗位的分类管理办法，实行岗位基本工作量+高水平业绩的考核制度。

——改革学院对教师教学、科研等方面的激励办法，按学科评估的得分点来设定相应的奖励措施，对学科评估有贡献的人才进行激励，包括师资队伍中的专家类、代表性学术论文及百篇优博指导教师实行终身激励制。

——完善学院年度评优制度。根据岗位业绩和学科贡献，每年评选“三大教学明星”“三大科研明星”“三大社会服务明星”和“五大杰出青年教师”，加大对先进、杰出、拔尖人才的宣传奖励力度，在学院形成创优争优的氛围。

5. 进一步凝练各个二级学科的研究方向，根据这些研究方向打造学术研究团队

在学院组织和推动下，理论经济学下各个二级学科在近期将进一步凝练研究方向，根据学科发展的趋势和二级学科的现有基础，梳理和确定比较稳定的、有特色的研究方向。在梳理和凝练研究方向的基础上，组建相应的学术团队，加大对这些学术团队的支持力

度，通过学术团队的建设来支撑学科研究方向。

加强研究所的建设，通过各个研究所来具体组织学科方向的凝练工作。研究所要在相应的二级学科建设中发挥更大的作用，学院将把学科建设的进展作为考核研究所的重要指标。各个研究所要在学科建设、师资队伍建设、科学研究水平的提升中发挥切实作用，为理论经济学的发展提供支撑。

学院将着力打造学术研究团队，一方面推动各个研究所内部组织相应的研究团队，另一方面将推动教师跨越研究所和二级学科组建学术研究团队，为各个学术研究团队的活动提供支持。通过打造有活力的学术研究团队，为各个二级学科的发展奠定坚实的基础。

6. 继续跟踪调研国内兄弟院校理论经济学学科发展动态，学习借鉴国内兄弟院校理论经济学学科建设的经验

在前期调研和对标分析的基础上，跟踪调研国内兄弟院校理论经济学学科发展动态，特别是加强对几个刚刚超越我们的兄弟院校的调研，学习并借鉴这些院校理论经济学学科建设的经验。近年来，浙江大学、上海财经大学和西北大学理论经济学发展势头很猛，对标对表，我们将重点调研这几所学校理论经济学的建设发展状况，为我校理论经济学学科建设提供经验。另外，中国人民大学、北京大学、武汉大学、南开大学、南京大学等学校的理论经济学建设发展处于国内领先地位，我们将继续跟踪调研，学习借鉴。

近期，成立了理论经济学学科建设信息咨询小组，在学院领导和资深教授的领导下，由相关二级学科的年轻老师组成经济学院理论经济学学科建设信息咨询小组，及时跟踪、收集和分析国内外理论经济学学科发展的信息，为理论经济学建设提供信息和战略咨询。

7. 进一步加强国际学术交流，提升学科建设和人才培养的国际化程度

通过“请进来、走出去”的形式，加大学科建设和人才培养的国际化力度。积极邀请国内外著名教授和学者访问交流。坚持举办各种形式的学术讲座，邀请高水平的国内外专家来校讲学。同时，

支持我院教师出国讲学或学术访问、考察、进修，以进一步密切与国内外同行在教学、科研方面的交流与合作。积极拓展与国外学者的合作，共同承担国际合作研究项目，通过和国外知名大学联合培养博士研究生，提高本学科的科研和教学水平。利用部分老师的海外背景，建立一批国际合作研究项目，互派学生（硕、博）进行三个月以上的学术交流或攻读学位。邀请国际知名专家担任讲座教授，以开设讲座、短期课程等形式学习国际前沿成果、加强学术交流。

参考文献

［1］林成西. 成都社会科学发展概述［J］. 西南交通大学学报（社会科学版），2006（3）：82-86.

［2］刘方健，徐志向. 新中国成立70年来四川理论经济学发展脉络［J］. 西华大学学报（哲学社会科学版），2019，38（5）：23-33.

［3］刘灿. 中国经济学教育教学改革与拔尖创新人才培养［J］. 中国大学教学，2012（1）：30-32.

［4］四川省经济研究中心改革反思课题组. 经济体制改革的回顾和近期深化改革的思考［J］. 管理世界，1987（4）：41-52.

［5］姚莉，陈祖琴.《国家哲学社会科学成果文库》影响力评价体系研究［J］. 西南民族大学学报（人文社科版），2016（6）：232-236.

［6］国务院学位委员会办公室. 中国学位授予单位名册［M］. 北京：中国科学技术出版社，2001.

［7］西南财经大学志编写组. 西南财经大学志 1952—2002［M］. 成都：西南财经大学出版社，2002.

［8］西南财经大学志编写组. 西南财经大学志 1958—2003［M］. 成都：西南财经大学出版社，2003.

［9］四川省地方志编纂委员会. 四川省志・外事志［M］. 成都：四川人民出版社，2001.

［10］四川省地方志编纂委员会. 四川省志・哲学社会科学志

[M]. 成都：四川科学技术出版社，1998.

[11] 四川省地方志编纂委员会. 四川省志·哲学社会科学志（1986—2005）[M]. 北京：方志出版社，2013.

[12] 西南财经大学. 西财力量 [M]. 成都：西南财经大学出版社，2015.

[13] 国务院学位委员会第六届学科评议组. 学位授予和人才培养一级学科简介 [M]. 北京：高等教育出版社，2013.

附录一　政治经济学学科部分代表性论文（2012.1—2020.6）

政治经济学学科部分代表性论文（2012.1—2020.6）

论文题目	第一作者	通信作者	发表时间	刊物名称	收录类型	期刊综合影响因子
《全面深化改革，推动体制转型》	刘诗白	刘诗白	2013/12	《经济学家》	CSSCI	2.803
《以科技创新促转型稳增长》	刘诗白	刘诗白	2013/11	《经济学家》	CSSCI	2.803
《陈豹隐与〈资本论〉理论在中国大学讲堂的传播》	刘诗白	刘诗白	2013/06	《经济学家》	CSSCI	2.803
《继续深化改革，进一步增强企业生命力》	刘诗白	刘诗白	2018/11	《财经科学》	CSSCI	1.585
《不断推进和深化经济体制改革》	刘诗白	刘诗白	2019/01	《经济学家》	CSSCI	2.814
《关于中国特色社会主义政治经济学研究的几点认识》	刘灿	刘灿	2016/02	《南京大学学报》	CSSCI	1.004
《资本积累、利润率下降趋势与经济周期——国外马克思主义经济学研究的述评》	刘灿	刘灿	2013/03	《经济学动态》	CSSCI	1.454
《国企改革的困境及出路：基于动态关系治理的新视角》	刘灿	韩文龙	2014/02	《当代经济研究》	CSSCI	1.239
《农民的土地财产权利：性质、内涵和实现问题——基于经济学和法学的分析视角》	刘灿	韩文龙	2012/06	《当代经济研究》	CSSCI	1.239

续表

论文题目	第一作者	通信作者	发表时间	刊物名称	收录类型	期刊综合影响因子
《探索中国经济发展道路的一部力作——评丁任重教授〈新时期中国经济发展道路研究〉》	刘灿	刘灿	2014/01	《经济学家》	CSSCI	2. 803
《深化农村土地产权制度改革的核心是赋予农民的土地财产权利》	刘灿	刘灿	2013/12	《经济学家》	CSSCI	2. 803
《多重价格区间与购房者的选择行为——兼论房价持续上涨的原因》	刘灿	韩文龙	2014/04	《经济评论》	CSSCI	2. 192
《深化收入分配制度改革，有效调节收入差距和财产差距》	刘灿	刘灿	2015/12	《财经科学》	CSSCI	1. 756
《小产权房的出路何在——基于产权经济学的分析视角》	刘灿	刘灿	2013/02	《当代财经》	CSSCI	1. 813
《构建以用益物权为内涵属性的农村土地使用权制度》	刘灿	刘灿	2014/11	《经济学动态》	CSSCI	1. 454
《我国转型期财产权结构及其矛盾的政治经济学分析》	刘灿	刘灿	2015/03	《政治经济学评论》	CSSCI	0. 78
《利润率下降规律研究述评——当代西方马克思主义经济学研究的新进展》	刘灿	刘灿	2013/04	《政治经济学评论》	CSSCI	0. 78
《构建以马克思主义为指导的中国经济学的教学体系》	刘灿	刘灿	2013/01	《政治经济学评论》	CSSCI	0. 78
《当代中国马克思主义政治经济学要关注西方马克思主义经济学研究新进展》	韩文龙	刘灿	2016/11	《政治经济学评论》	CSSCI	1. 303
《公民社会与财产权——兼论社会主义市场经济的公民财产权利》	刘灿	韩文龙	2012/11	《福建论坛（人文社会科学版）》	CSSCI	0. 609

续表

论文题目	第一作者	通信作者	发表时间	刊物名称	收录类型	期刊综合影响因子
《新型农村土地股份合作社的形成及治理机制——基于四川崇州调研案例的分析》	刘灿	黄城	2017/03	《四川师范大学学报（社会科学版）》	CSSCI	0. 582
《长江流域城镇化外溢与环境库兹涅茨曲线》	刘明辉	刘灿	2017/06	《现代经济探讨》	CSSCI	1. 348
《产业融合发展、农产品供需结构与农业供给侧改革》	刘灿	刘明辉	2017/11	《当代经济研究》	CSSCI	0. 817
《缩小收入差距，实现共同富裕》	刘灿	刘灿	2018/01	《政治经济学评论》	CSSCI	1. 303
《马克思关于收入分配的公平正义思想与中国特色社会主义实践探索》	刘灿	刘灿	2018/02	《当代经济研究》	CSSCI	0. 817
《人力资本积累对农民增收的门槛效应研究》	刘明辉	刘灿	2018/03	《软科学》	CSSCI	1. 290
《精准扶贫的可持续发展研究——基于〈资本论〉的贫困理论》	刘明辉	刘灿	2018/03	《苏州大学学报（哲学社会科学版）》	CSSCI	0. 689
《中国特色社会主义政治经济学的共享发展研究》	刘灿	刘灿	2018/06	《学术研究》	CSSCI	0. 641
《共享发展理念与中国特色社会主义的实践探索》	刘灿	刘灿	2018/11	《政治经济学评论》	CSSCI	1. 303
《完善社会主义市场经济体制与财产权法律保护制度的构建——政治经济学的视角》	刘灿	刘灿	2019/09	《政治经济学评论》	CSSCI	1. 303

续表

论文题目	第一作者	通信作者	发表时间	刊物名称	收录类型	期刊综合影响因子
《中国特色社会主义政治经济学要系统化研究社会主义基本经济制度的重大理论问题》	刘灿	刘灿	2020/01	《政治经济学评论》	CSSCI	1.303
《农村产权制度与乡村治理的理论新解——评〈农村产权制度变革与乡村治理研究〉》	刘灿	刘灿	2020/03	《财经科学》	CSSCI	1.585
《马克思主义经济学视阈下中国社会主义经济制度变迁的理论力作》	刘灿	刘灿	2020/03	《经济学家》	CSSCI	2.814
《论生产力的性质及评价》	丁任重	丁任重	2012/02	《马克思主义与现实》	CSSCI	0.842
《马克思的生态经济理论与我国经济发展方式的转变》	丁任重	丁任重	2014/09	《当代经济研究》	CSSCI	1.239
《马克思的劳动地域分工理论与中国的区域经济格局变迁》	丁任重	丁任重	2012/11	《当代经济研究》	CSSCI	1.239
《大区域协调：新时期我国区域经济政策的趋向分析》	丁任重	丁任重	2015/05	《经济学动态》	CSSCI	1.454
《我国区域经济合作组织：发展与组织转型》	丁任重	丁任重	2012/03	《中国经济问题》	CSSCI	1.507
《城镇蔓延与滞留型城镇化人口》	丁任重	丁任重	2016/04	《中国人口·资源与环境》	CSSCI	2.802
《改革以来我国城镇化进程中的“缺口”与弥补》	丁任重	李标	2013/04	《经济学动态》	CSSCI	1.454
《对我国城镇建设与发展的新探索》	丁任重	丁任重	2014/03	《经济学家》	CSSCI	2.803
《新时期中国全面深化改革的纲领——学习党十八届三中全会〈公报〉的体会》	丁任重	丁任重	2013/12	《经济学家》	CSSCI	2.803

续表

论文题目	第一作者	通信作者	发表时间	刊物名称	收录类型	期刊综合影响因子
《重视理论创新，助力改革实践》	丁任重	丁任重	2013/05	《经济学家》	CSSCI	2. 803
《供给侧结构性改革的马克思主义政治经济学分析》	丁任重	李标	2017/01	《中国经济问题》	CSSCI	1. 484
《深刻领会和把握新时代我国社会主要矛盾的变化与完善我国发展模式》	丁任重	丁任重	2017/12	《经济学家》	CSSCI	2. 814
《解码中国经济奇迹的一把钥匙——读〈中国特色社会主义政治经济学——学习与思考〉》	丁任重	丁任重	2018/01	《经济学家》	CSSCI	2. 814
《新时代政治经济学的学科定位》	丁任重	丁任重	2018/01	《政治经济学评论》	CSSCI	1. 303
《城市现代化的特征与路径》	丁任重	丁任重	2012/06	《城市问题》	CSSCI	
《新时期技术创新与我国经济周期性波动的再思考》	丁任重	徐志向	2018/01	《南京大学学报（哲社）》	CSSCI	0. 813
《新时代中国省际经济发展质量的测度、预判与路径选择》	徐志向	丁任重	2019/01	《政治经济学评论》	CSSCI	1. 303
《中国经济增长驱动因素识别研究——基于马克思扩大再生产理论的视阈》	徐志向	丁任重	2020/03	《政治经济学评论》	CSSCI	1. 303
《新冠肺炎疫情下如何复工复产：基于产业链视角》	丁任重	李俞	2020/05	《财经科学》	CSSCI	1. 585
《消费不平等的度量、出生组分解和形成机制——兼与收入不平等比较》	邹红	邹红	2013/04	《经济学》	CSSCI	5. 209
《中国经济周期深“V”型波动态势分析》	刘恒	刘恒	2012/12	《管理世界》	CSSCI	4. 013
《农村承包地产权收益的经济学解析》	杨继瑞	杨继瑞	2014/12	《中国农村经济》	CSSCI	3. 116

续表

论文题目	第一作者	通信作者	发表时间	刊物名称	收录类型	期刊综合影响因子
《回归农民职业属性的探析与思考》	杨继瑞	杨继瑞	2013/01	《中国农村经济》	CSSCI	3. 116
《农地经营权抵押贷款的实现与风险：实践与案例评析》	杨奇才	韩文龙	2015/01	《农业经济问题》	CSSCI	2. 911
《坚持创新发展建设创新型国家》	蒋南平	蒋南平	2016/06	《经济学家》	CSSCI	2. 803
《中国劳动力商品化程度的变动及其对劳动者报酬的影响》	李怡乐	李怡乐	2014/12	《经济学家》	CSSCI	2. 803
《中国失业率水平的适度调控目标区间研究》	任栋	李萍	2014/02	《经济学家》	CSSCI	2. 803
《走中国特色创新驱动道路，加快转变发展方式》	盖凯程	盖凯程	2012/12	《经济学家》	CSSCI	2. 803
《土地资源与城市化发展：理论分析与中国实证研究》	蒋南平	蒋南平	2012/04	《经济学家》	CSSCI	2. 803
《中国城镇化进程中的贫困问题：按要素分解分析》	王朝明	王朝明	2014/10	《中国人口·资源与环境》	CSSCI	2. 802
《"中等收入陷阱"：基于国际经验数据的描述与测度》	韩文龙	韩文龙	2015/11	《中国人口·资源与环境》	CSSCI	2. 802
《城镇化、工业化、信息化与中国的能源强度》	李标	李标	2015/08	《中国人口·资源与环境》	CSSCI	2. 802
《改革以来劳动力商品化和雇佣关系的发展——波兰尼和马克思的视角》	孟捷	李怡乐	2013/05	《开放时代》	CSSCI	2. 63
《极化效应下我国中等收入者群体的发展问题》	王朝明	王朝明	2013/06	《数量经济技术经济研究》	CSSCI	2. 567
《利率市场化对我国经济增长质量的影响：一个新的解释思路》	李萍	李萍	2016/02	《经济评论》	CSSCI	2. 192

续表

论文题目	第一作者	通信作者	发表时间	刊物名称	收录类型	期刊综合影响因子
《城镇家庭消费不平等的度量和分解》	邹红	邹红	2013/03	《经济评论》	CSSCI	2. 192
《社区居家养老的社会协同机制探讨》	杨继瑞	杨继瑞	2015/06	《经济理论与经济管理》	CSSCI	2. 192
《地方政府对城市土地供给的影响研究：理论与实证》	蒋南平	蒋南平	2015/01	《经济理论与经济管理》	CSSCI	2. 192
《经济学论文的思想性与技术性关系笔谈》	陆蓉	蒋南平	2013/10	《经济理论与经济管理》	CSSCI	2. 192
《中国农业现代化的一个途径：基于人—地关系的现代小农经济模式》	蒋南平	蒋南平	2012/03	《经济理论与经济管理》	CSSCI	2. 192
《生态安全与治理：基于复杂系统理论嵌入经济学视角的分析》	李萍	李萍	2012/01	《经济理论与经济管理》	CSSCI	2. 192
《中国特色新型城镇化：以刘易斯拐点期为背景的理论、模式与政策研究》	吴垠	吴垠	2015/02	《经济科学》	CSSCI	2. 11
《中国城市住房市场的脆弱性及其化解路径》	杨继瑞	杨继瑞	2014/05	《经济社会体制比较》	CSSCI	2. 061
《人口出生率的影响因素与政策选择：1994—2014 年》	任栋	李萍	2015/10	《改革》	CSSCI	2. 045
《志愿组织过往经历、定向目标及其行动能力》	杨海涛	杨海涛	2013/09	《改革》	CSSCI	2. 045
《中国农业保险公司的规模经济和范围经济研究》	孙蓉	韩文龙	201312	保险研究	CSSCI	1. 939
《收入水平、分配公平与幸福感》	袁正	袁正	2013/11	《当代财经》	CSSCI	1. 813
《关系契约与治理机制转轨》	袁正	袁正	2012/03	《当代财经》	CSSCI	1. 813

续表

论文题目	第一作者	通信作者	发表时间	刊物名称	收录类型	期刊综合影响因子
《马克思农业地租理论的当代辨析——基于发展中国特色社会主义政治经济学视角》	张鋆	杨慧玲	2016/08	《财经科学》	CSSCI	1. 756
《引导民间资本融入创新创业》	盖凯程	盖凯程	2015/12	《财经科学》	CSSCI	1. 756
《FDI 外溢效应的区域差异性与经济增长——基于门槛效应的实证研究》	韩文龙	李梦凡	2015/12	《财经科学》	CSSCI	1. 756
《城乡教育均衡发展、城乡收入差距与新型城镇化的关系》	王朝明	王朝明	2014/08	《财经科学》	CSSCI	1. 756
《工人议价力之构成的马克思主义经济学分析》	李怡乐	李怡乐	2014/05	《财经科学》	CSSCI	1. 756
《现代社会的双重困惑：经济危机与生态危机——詹姆斯·奥康纳“双重危机理论”之评析》	于开红	赵磊	2013/06	《财经科学》	CSSCI	1. 756
《我国交易行业交易效率及其影响因素》	李萍	李萍	2013/04	《财经科学》	CSSCI	1. 756
《金融部门利润与平均利润——基于资本功能维度的分析》	肖斌	王雪苓	2013/04	《财经科学》	CSSCI	1. 756
《财政赤字、利率波动与金融危机——美国金融危机再审视》	杨奇才	韩文龙	2013/01	《财经科学》	CSSCI	1. 756
《城镇化的古典模式与新古典模式》	吴垠	吴垠	2016/03	《中国人民大学学报》	CSSCI	1. 63
《量化宽松的潜在冲击与中国的反制政策》	吴垠	吴垠	2013/06	《中国经济问题》	CSSCI	1. 507

续表

论文题目	第一作者	通信作者	发表时间	刊物名称	收录类型	期刊综合影响因子
《我国城镇居民通货膨胀承受能力判断——基于消费者价格指数与主观效用指数的比较分析》	王朝明	王朝明	2013/04	《中国经济问题》	CSSCI	1. 507
《经济波动对不同收入群体的福利影响差异分析——基于中美两国消费数据的实证研究》	王朝明	王朝明	2012/03	《中国经济问题》	CSSCI	1. 507
《生态环境与经济协调发展的政治经济学分析》	盖凯程	盖凯程	2012/02	《中国经济问题》	CSSCI	1. 507
《跨越古典与新古典的边界——刘易斯观点研究新进展》	吴垠	吴垠	2012/01	《中国经济问题》	CSSCI	1. 507
《可能治理曲线与理想转型模式》	袁正	袁正	2014/03	《中国经济问题》	CSSCI	1. 507
《信任与幸福感：基于 WVS 的中国微观数据》	袁正	袁正	2012/06	《中国经济问题》	CSSCI	1. 507
《不能脱离马克思的理论框架来发展劳动价值论》	蒋南平	蒋南平	2013/10	《经济纵横》	CSSCI	1. 473
《新常态下中国的经济增长与发展》	盖凯程	盖凯程	2015/01	《经济学动态》	CSSCI	1. 454
《改革开放以来马克思主义经济学在中国的运用及经验》	蒋南平	蒋南平	2014/01	《经济学动态》	CSSCI	1. 454
《马克思主义经济学在中国社会主义实践中的运用及经验总结》	蒋南平	蒋南平	2013/07	《经济学动态》	CSSCI	1. 454
《消费不平等问题研究进展》	邹红	邹红	2013/11	《经济学动态》	CSSCI	1. 454
《社会资本影响东亚经济增长吗？——兼与西方经济体比较的视角》	金丹	刘灿	2013/03	《经济问题探索》	CSSCI	1. 29
《〈资本论〉与现代性批判》	韩文龙	谢璐	2016/07	《当代经济研究》	CSSCI	1. 239

续表

论文题目	第一作者	通信作者	发表时间	刊物名称	收录类型	期刊综合影响因子
《生态马克思主义消费思想对我国低碳消费的借鉴》	蒋南平	蒋南平	2016/06	《当代经济研究》	CSSCI	1.239
《金融不稳定性及其对我国金融监管的启示》	杨慧玲	杨慧玲	2016/02	《当代经济研究》	CSSCI	1.239
《国际垄断资本的全球扩张与中国国有企业改革》	杨慧玲	杨慧玲	2015/07	《当代经济研究》	CSSCI	1.239
《当前深化改革的若干理论与实践问题》	蒋南平	蒋南平	2015/05	《当代经济研究》	CSSCI	1.239
《关于当前国有企业改革的几个问题》	王朝明	李中秋	2015/03	《当代经济研究》	CSSCI	1.239
《粮食生产组织化程度的提高：市场内生与政府引导——基于安徽调研实例的分析》	程民选	程民选	2015/01	《当代经济研究》	CSSCI	1.239
《完善农村基本经营制度和农村土地产权制度改革研讨会会议综述》	韩文龙	李怡乐	2015/01	《当代经济研究》	CSSCI	1.239
《陈独秀对马克思主义经济学中国化的探索及其主要贡献》	蒋南平	蒋南平	2014/06	《当代经济研究》	CSSCI	1.239
《关于公益性国有企业的理论探讨》	程民选	程民选	2014/03	《当代经济研究》	CSSCI	1.239
《中国农业生产经营体制创新的历史逻辑及路径选择——基于马克思恩格斯农业发展思想的视角》	王朝明	王朝明	2013/11	《当代经济研究》	CSSCI	1.239
《美国经济利润率的长期趋势和短期波动：1966—2009》	鲁保林	赵磊	2013/06	《当代经济研究》	CSSCI	1.239
《中国经济绿色发展的若干问题》	蒋南平	蒋南平	201302	当代经济研究	CSSCI	1.239

续表

论文题目	第一作者	通信作者	发表时间	刊物名称	收录类型	期刊综合影响因子
《共同富裕：理论思考与现实审视——基于国家级城乡统筹实验区（成都）的经验证据》	王朝明	王朝明	2012/08	《当代经济研究》	CSSCI	1. 239
《长期经济波动理论研究述评》	肖磊	赵磊	2012/04	《当代经济研究》	CSSCI	1. 239
《李约瑟难题的王亚南解——一个马克思主义的经济学的贡献》	蒋南平	蒋南平	2012/02	《当代经济研究》	CSSCI	1. 239
《全国高等财经院校新〈资本论〉研究会第二十九届学术年会会议综述》	蒋南平	蒋南平	2012/01	《当代经济研究》	CSSCI	1. 239
《经济金融化何以可能——一个马克思主义的解读》	赵磊	赵磊	2012/01	《当代经济研究》	CSSCI	1. 239
《共有产权的起源、分布于效率问题——一个基于经济学文献的分析》	韩文龙	韩文龙	2013/01	《云南财经大学学报》	CSSCI	1. 222
《“马克思承诺”的再证明——经济维度、生态维度、劳动维度》	赵磊	赵磊	2012/08	《马克思主义研究》	CSSCI	1. 107
《马克思经济学范式中的现代系统思想——基于文献史的考察》	李季	肖磊	2012/07	《马克思主义研究》	CSSCI	1. 107
《我国住房问题的症结与公租房建设》	易森	赵磊	2012/05	《马克思主义研究》	CSSCI	1. 107
《农民土地财产权的内涵及实现机制选择——基于案例的比较分析》	韩文龙	刘灿	2013/04	《社会科学研究》	CSSCI	1. 077
《诱导性投资、被迫式竞争与产能过剩》	韩文龙	黄城	2016/04	《社会科学研究》	CSSCI	1. 077
《破解慈善公信力困境：可追溯系统原理运用的理论与实证》	张鹏	李萍	2016/03	《社会科学研究》	CSSCI	1. 077

续表

论文题目	第一作者	通信作者	发表时间	刊物名称	收录类型	期刊综合影响因子
《中国民间公共组织的演进逻辑》	杨海涛	杨海涛	2015/05	《社会科学研究》	CSSCI	1.077
《马克思主义经济学及其中国化的普适性问题》	蒋南平	蒋南平	2013/06	《社会科学研究》	CSSCI	1.077
《中国民间公共组织的演进逻辑》	杨海涛	杨海涛	2015/05	《社会科学研究》	CSSCI	1.077
《农地“三权分离”：经济上实现形式的思考及对策》	杨继瑞	杨继瑞	2015/10	《农村经济》	CSSCI	1.004
《农村金融发展对城乡居民收入差距的影响机理探析》	姜正和	姜正和	2014/06	《农村经济》	CSSCI	1.004
《虚拟价格何以可能——关于马克思土地价格理论的重大分歧》	赵磊	赵磊	2015/11	《学术月刊》	CSSCI	0.985
《新型城镇化：文化资本理论视域下的一种诠释》	李萍	田坤明	2014/03	《学术月刊》	CSSCI	0.985
《公民财产权利、社会资本与经济增长》	程民选	程民选	2013/03	《学术月刊》	CSSCI	0.985
《生态价值：基于马克思劳动价值论的一个引申分析》	李萍	李萍	2012/04	《学术月刊》	CSSCI	0.985
《政治与经济：中国改革的可能走向》	赵磊	赵磊	2012/01	《学术月刊》	CSSCI	0.985
《信息不对称、市场秩序与公民财产权保护》	程民选	程民选	2016/06	《学术月刊》	CSSCI	0.985
《美国第四轮量化宽松政策的实施背景、影响及中国的对策》	韩文龙	韩文龙	2013/04	《经济与管理》	CSSCI	0.981
《为什么危机还在持续？——论金融危机演化为主权债务危机的内生性根源及启示》	韩文龙	韩文龙	2012/08	《经济与管理》	CSSCI	0.981

续表

论文题目	第一作者	通信作者	发表时间	刊物名称	收录类型	期刊综合影响因子
《中国经济的结构性调整方式与政策设计——基于新、旧结构经济学对比的视角》	吴垠	吴垠	2016/03	《复旦学报（哲学社会科学版）》	CSSCI	0. 974
《巴泽尔产权界定的逻辑思路》	李中秋	李中秋	2015/05	《河北经贸大学学报》	CSSCI	0. 946
《农村承包土地经营权抵押贷款的理论模型与实践经验》	王朝明	王朝明	2016/05	《河北经贸大学学报》	CSSCI	0. 946
《私人财产权制度与资本主义市场经济——基于马克思财产权思想的理论解析》	刘灿	刘灿	2016/03	《河北经贸大学学报》	CSSCI	0. 946
《巴泽尔产权理论的独特视角及其现实启示》	程民选	程民选	2014/05	《河北经贸大学学报》	CSSCI	0. 946
《国内外食品安全的经济学机理及研究动态——基于供应链分析的视角》	徐成波	王朝明	2014/05	《河北经贸大学学报》	CSSCI	0. 946
《一部探寻政府反贫困政策绩效管理的力作》	程民选	程民选	2014/03	《河北经贸大学学报》	CSSCI	0. 946
《从菲利普斯曲线失灵看货币政策的超常规宽松》	程民选	程民选	2013/06	《河北经贸大学学报》	CSSCI	0. 946
《农村集体经济组织创新与农民增收问题的思考——基于成都市温江区天乡路社区股份经济合作社的调研》	刘灿	韩文龙	2013/06	《河北经贸大学学报》	CSSCI	0. 946
《公民财产权利与社会资本的纽带关系》	程民选	程民选	2012/02	《河北经贸大学学报》	CSSCI	0. 946

续表

论文题目	第一作者	通信作者	发表时间	刊物名称	收录类型	期刊综合影响因子
《商品交换的价值论与产权论——社会主义市场经济30余年改革及其发展趋势的纵贯研究》	吴垠	吴垠	2015/03	《河南大学学报》	CSSCI	0.938
《"互联网+"背景下消费模式转型的思考》	杨继瑞	杨继瑞	2015/06	《消费经济》	CSSCI	0.881
《住房负债与中国城镇家庭异质性消费——基于住房财富效应的视角》	姜正和	姜正和	2015/03	《消费经济》	CSSCI	0.881
《居民消费影响因素的地区差异》	丁任重	丁任重	2013/02	《消费经济》	CSSCI	0.881
《赋权于民：食品安全领域消费者权益保护的新视角——基于产权经济学的分析》	程民选	程民选	2013/01	《消费经济》	CSSCI	0.881
《中国消费者信心指数的形成机理研究》	任栋	韦锋	2012/06	《消费经济》	CSSCI	0.881
《中国社会保障与居民消费相关性的动态研究》	蒋南平	蒋南平	2012/04	《消费经济》	CSSCI	0.881
《中国"气币"战略储备的经济安全及对策》	蒋南平	蒋南平	2015/03	《四川大学学报》	CSSCI	0.861
《中国地区专业化水平的测度：基于省际数据的研究》	李萍	李萍	2014/03	《四川大学学报》	CSSCI	0.861
《中国失业率影响因素的再认识》	任栋	李萍	2013/05	《四川大学学报》	CSSCI	0.861
《城镇化发展对不同收入水平农民增收的影响研究》	李萍	李萍	2015/06	《四川大学学报》	CSSCI	0.861
《我国经济周期波动的"错配化、扁平化、延伸化"研究》	李标	李标	2014/03	《统计与决策》	CSSCI	0.844
《中国经济学的理论自信之源在于马克思主义经济学的中国化》	蒋南平	蒋南平	2016/03	《政治经济学评论》	CSSCI	0.78

续表

论文题目	第一作者	通信作者	发表时间	刊物名称	收录类型	期刊综合影响因子
《一场超越资本主义生产方式的革命？——评杰里米·里夫金的〈零边际成本社会〉》	李怡乐	李怡乐	2015/03	《政治经济学评论》	CSSCI	0. 78
《绝对剩余价值与相对剩余价值的数量关系与基于中国数据的估算》	骆桢	李怡乐	2014/03	《政治经济学评论》	CSSCI	0. 78
《中国经济利益关系协调度的测度（1992—2011 年）》	易淼	赵磊	2014/02	《政治经济学评论》	CSSCI	0. 78
《马克思是演化经济学家吗？——马克思主义经济学与演化经济学的方法论比较》	肖磊	赵磊	2012/04	《政治经济学评论》	CSSCI	0. 78
《协同创新理论探讨及区域发展协同创新机制的构建》	杨继瑞	杨继瑞	2013/01	《高校理论战线》	CSSCI	0. 764
《收入倍增：中国经济社会转型的必然选择》	杨元庆	杨继瑞	2013/07	《求实》	CSSCI	0. 749
《社会信用协同治理：制度、技术与文化》	程民选	程民选	2015/03	《华东师范大学学报》	CSSCI	0. 731
《利益的本质探求：理论演进与词源考证》	易淼	赵磊	2012/03	《探索》	CSSCI	0. 729
《让利益集团理论回归马克思主义》	易淼	赵磊	2013/01	《四川师范大学学报》	CSSCI	0. 67
《对经济学形式化的非主流解读》	赵磊	赵磊	2012/01	《四川师范大学学报》	CSSCI	0. 67
《农业人才供给侧改革与新农村建设》	李秋红	李秋红	2016/04	《改革与战略》	CSSCI	0. 629
《中国特色社会主义核心价值观的思想文化探源及其经济学分析》	王继翔	刘方健	2013/01	《福建论坛》	CSSCI	0. 609

续表

论文题目	第一作者	通信作者	发表时间	刊物名称	收录类型	期刊综合影响因子
《我国人口老龄化过程中实际抚养比与抚养比偏离率的估算》	李中秋	王朝明	2015/05	《理论与改革》	CSSCI	0.604
《以马克思主义消费理论为指导大力发展文化产业——评尹世杰先生的〈略论发展文化产业的几个问题〉》	蒋南平	蒋南平	2013/05	《理论与改革》	CSSCI	0.604
《企业和谐文化建设研究》	程民选	程民选	2013/02	《理论与改革》	CSSCI	0.604
《中国人口老龄化对储蓄率的影响》	李中秋	王朝明	2013/01	《理论与改革》	CSSCI	0.604
《马克思就业理论进路与我国就业促进机制构建》	李萍	李萍	2012/02	《理论与改革》	CSSCI	0.604
《新常态背景下财政支出与农民收入增长》	赵磊	赵磊	2015/04	《江汉论坛》	CSSCI	0.579
《“零负团费”治理困境的破解之道——基于巴泽尔产权理论的分析》	丁志帆	王朝明	2013/02	《郑州大学学报》	CSSCI	0.552
《中国大陆集体农地产权的现实困惑》	程民选	程民选	2015/04	《天府新论》	CSSCI	0.518
《“三个自信”何以可能?》	赵磊	赵磊	2015/03	《天府新论》	CSSCI	0.518
《可持续发展的资本主义批判》	于开红	赵磊	2014/06	《天府新论》	CSSCI	0.518
《文化归因:“中国经济奇迹”的一种新释义》	田坤明	李萍	2014/02	《天府新论》	CSSCI	0.518
《不同语境和多重视角下欠发达地区自我发展能力的比较研究》	李晓红	程民选	2013/06	《天府新论》	CSSCI	0.518
《后危机背景下的价格波动及其对低收入和贫困人口的影响——基于中国数据的经验研究》	王朝明	王朝明	2013/01	《天府新论》	CSSCI	0.518

续表

论文题目	第一作者	通信作者	发表时间	刊物名称	收录类型	期刊综合影响因子
《就业流动人口收入差距影响因素的模型估计与政策涵义——基于重庆的经验数据》	王朝明	王朝明	2013/01	《天府新论》	CSSCI	0. 518
《坚持正确的科学期刊改革方向——兼评〈关于报刊编辑部体制改革的实施办法〉》	蒋南平	蒋南平	2012/06	《天府新论》	CSSCI	0. 518
《经济基础的决定作用与人的主观能动性——从苏共亡党的原因谈起》	赵磊	赵磊	2012/06	《天府新论》	CSSCI	0. 518
《社会主义资本视角下完善公民财产权利体系的思考》	程民选	程民选	2012/05	《天府新论》	CSSCI	0. 518
《应当赋予农民怎样的财产权利？——中国农村土地产权制度的改革方向探索》	吴垠	吴垠	2014/07	《中国发展观察》	CSSCI	0. 41
《多维度建设海洋强国的战略分析》	吴垠	吴垠	2014/03	《中国发展观察》	CSSCI	0. 41
《应对欧美日央行“放水”中国应采取审慎的长短政策组合战略》	吴垠	吴垠	2013/02	《中国发展观察》	CSSCI	0. 41
《理顺房地产调控与经济社会发展的关系》	韩文龙	韩文龙	2013/03	《中国发展观察》	CSSCI	0. 41
《中国特色新型城镇化建设进程中的非正规就业》	孔德	吴垠	2014/04	《南京政治学院学报》	CSSCI	0. 383
Will china's local debt crisis break out? evidence from local government financing practice	姜凌	姜凌	2014/07	*international journal of business & commerce*	SSCI	
Technology choice and bank performance with government capital injection	陈师	陈师	2015/04	*int rev econ financ*	SSCI	

续表

论文题目	第一作者	通信作者	发表时间	刊物名称	收录类型	期刊综合影响因子
Should bank loan portfolio be diversified under government capital	陈师	陈师	2015/02	*int rev econ financ*	SSCI	
《"供给侧结构性改革"背景下天然气分布式能源发展研究——以四川省为例》	杨竞	杨继瑞	2016/11	《四川师范大学学报》	CSSCI	0.582
《"一带一路"口岸经济要素协同机制构建研究》	杨继瑞	薛晓	2016/12	《经济纵横》	CSSCI	1.612
《新发展理念的经济学解析与思考——基于社会主义基本经济规律的视角》	杨继瑞	杨继瑞	2017/03	《中国高校社会科学》	CSSCI	0.924
《空间级差地租：基于马克思地租理论的研究》	杨奇才	杨继瑞	2017/03	《当代经济研究》	CSSCI	0.817
《"一带一路"建设与长江经济带战略协同的思考与对策》	杨继瑞	罗志高	2017/12	《经济纵横》	CSSCI	1.612
《新时代中国特色社会主义基本经济规律表达的理论依据》	杨继瑞	杨继瑞	2018/01	《中国高校社会科学》	CSSCI	0.924
《深化供给侧结构性改革：构建成渝产业大生态圈的思考》	杨继瑞	杨继瑞	2018/01	《西部论坛》	CSSCI	1.032
《中国特色社会主义人与自然和谐共生理论的经济学思考》	杨继瑞	杨蓉	2018/06	《经济纵横》	CSSCI	1.612
《"三权分置"：我国农村集体土地产权制度创新的探析》	杨继瑞	杨继瑞	2018/11	《经济学家》	CSSCI	2.814
《优化营商环境：国际经验借鉴与中国路径抉择》	杨继瑞	周莉	2019/01	《新视野》	CSSCI	0.720
《长江经济带生态环境网络化治理框架构建》	罗志高	杨继瑞	2019/01	《改革》	CSSCI	2.399

续表

论文题目	第一作者	通信作者	发表时间	刊物名称	收录类型	期刊综合影响因子
《高管股权激励的效果与影响因素：争议及未来研究重点》	杨珂	杨继瑞	2019/03	《重庆大学学报》	CSSCI	0. 907
《禀赋效应、产权细分、分工深化与农业生产经营模式创新——兼论“农业共营制”的乡村振兴意义》	苟兴朝	杨继瑞	2019/03	《宁夏社会科学》	CSSCI	0. 412
《城乡社区非接触型消费——新冠肺炎疫情影响下推进消费回补和潜力释放的新举措》	杨继瑞	薛晓	2020/05	《中国高校社会科学》	CSSCI	0. 924
《我国农地撂荒及其分类治理：基于马克思地租理论的拓展分析》	李俊高	李萍	2016/12	《财经科学》	CSSCI	1. 585
《中国工业行业最优环境规制强度分析——一个分类评价的视角》	李萍	王军	2017/04	《河北经贸大学学报》	CSSCI	0. 835
《新常态下中国经济增长动力新解——基于“创新、协调、绿色、开放、共享”的测算与对比》	王军	李萍	2017/06	《经济与管理研究》	CSSCI	1. 309
《基于适度人口容量的生态文明城市建设研究》	张鹏	李萍	2017/08	《中国人口·资源与环境》	CSSCI	3. 457
《科学认识新时代我国社会主要矛盾的转化及其新表述》	李萍	李萍	2017/11	《财经科学》	CSSCI	1. 585
《国内外粮食价差对我国粮食供需差额的影响机制及政策意蕴》	李萍	冯梦黎	2018/03	《农村经济》	CSSCI	1. 677
《对我国西部地区“四化”同步区域实践的一种系统思考——评〈“两化”互动、城乡统筹体制机制创新——来自四川省的实践〉》	李萍	李萍	2018/04	《经济学家》	CSSCI	2. 814

续表

论文题目	第一作者	通信作者	发表时间	刊物名称	收录类型	期刊综合影响因子
《财政支农资金转为农村集体资产股权量化改革、资源禀赋与农民增收——基于广元市572份农户问卷调查的实证研究》	李萍	王军	2018/05	《社会科学研究》	CSSCI	0.820
《绿色税收政策对经济增长的数量与质量效应——兼议中国税收制度改革的方向》	王军	李萍	2018/05	《中国人口·资源与环境》	CSSCI	3.457
《如何看待现阶段我国农民合作社的"规范性"?——一个政治经济学的探讨》	李萍	田世野	2019/01	《四川大学学报(哲学社会科学版)》	CSSCI	0.799
《习近平精准扶贫脱贫重要论述的内在逻辑与实现机制》	李萍	田世野	2019/02	《教学与研究》	CSSCI	0.811
《中国耕地质量保护与提升问题研究》	王军	李萍	2019/04	《中国人口·资源与环境》	CSSCI	3.457
《新中国70年经济制度变迁:理论逻辑与实践探索》	李萍	杜乾香	2019/08	《学术月刊》	CSSCI	0.939
《农业供给侧结构性改革中价格与财政效应》	王朝明	张海浪	2017/04	《河北经贸大学学报》	CSSCI	0.835
《马克思收入分配理论基础探究——基于〈资本论〉的逻辑视角》	王朝明	王彦西	2017/10	《经济学家》	CSSCI	2.814
《中国精准扶贫、瞄准机制和政策思考》	王朝明	王彦西	2018/01	《贵州财经大学学报》	CSSCI	1.629
《供给侧结构性改革的理论基础:马克思价值理论与西方供给学派理论比较分析》	王朝明	张海浪	2018/04	《当代经济研究》	CSSCI	0.817

续表

论文题目	第一作者	通信作者	发表时间	刊物名称	收录类型	期刊综合影响因子
《精准扶贫、精准脱贫战略思想的理论价值》	王朝明	张海浪	2019/01	《理论与改革》	CSSCI	0. 902
《供给侧结构性改革中的失业风险研究——基于消化产能过剩与产业结构调整升级》	王朝明	张海浪	2019/03	《经济问题探索》	CSSCI	1. 386
《改革开放四十年中国特色社会主义收入分配理论回顾与展望》	王朝明	张海浪	2019/03	《江西财经大学学报》	CSSCI	1. 417
《创新驱动的人力资本产权实现形式》	程民选	姚程	2017/09	《财经科学》	CSSCI	1. 585
《旅游消费者产权遭受侵害的根源及其治理》	程民选	白晔	2017/11	《河北经贸大学学报》	CSSCI	0. 835
《对坚持和完善农村基本经营制度的新探索》	程民选	徐灿琳	2018/09	《江西财经大学学报》	CSSCI	1. 417
《自利倾向嬗变与公民财产权侵害：对一个典型案例的经济学分析》	程民选	徐灿琳	2018/10	《改革》	CSSCI	2. 399
《限价政策下的公共领域问题及对策——基于刚需自住购房者利益保障的视角》	冯庆元	程民选	2018/12	《宏观经济管理》	CSSCI	0. 903
《试析新时代“房住不炒”定位的理论逻辑——基于大卫·哈维的马克思主义经济学分析框架》	程民选	冯庆元	2018/12	《经济问题》	CSSCI	1. 519
《供需动态平衡视角下的供给侧结构性改革——兼论其微观基础与制度保障》	程民选	冯庆元	2019/01	《理论探讨》	CSSCI	0. 881
《我国长期照护商业保险供给效率及其影响因素分析》	杜向阳	程民选	2019/01	《保险研究》	CSSCI	1. 077

续表

论文题目	第一作者	通信作者	发表时间	刊物名称	收录类型	期刊综合影响因子
《必须重新审视第三产业的就业问题——基于马克思失业理论的视角》	蒋南平	蒋玲	2017/03	《政治经济学评论》	CSSCI	1.303
《批判与偏离：生态马克思主义的理论二元性》	蒋南平	蒋玲	2017/05	《当代经济研究》	CSSCI	0.817
《中国农民工多维返贫测度问题》	蒋南平	郑万军	2017/06	《中国农村经济》	CSSCI	4.611
《人工智能与中国劳动力供给侧结构性改革》	蒋南平	邹宇	2018/01	《四川大学学报（哲学社会科学版）》	CSSCI	0.799
《人工智能与新时代中国特色社会主义政治经济学的映射及其政策价值》	蒋南平	蒋南平	2019/02	《人文杂志》	CSSCI	0.630
《中国农村人口贫困变动研究——基于多维脱贫指数测度》	蒋南平	郑万军	2019/02	《经济理论与经济管理》	CSSCI	1.610
《当代马克思主义资本有机构成理论的新进展》	蒋南平	徐明	2019/04	《当代经济研究》	CSSCI	0.817
《当代货币发展与整体价格扭曲的风险防范》	郭敬	蒋南平	2019/04	《改革》	CSSCI	2.399
《人工智能与当代资本主义的经济社会矛盾——基于大卫·哈维的理论视角》	蒋南平	余声启	2019/11	《马克思主义与现实》	CSSCI	0.707
《金融不稳定性的逻辑：一个马克思主义的阐释》	杨慧玲	杨慧玲	2018/01	《当代经济研究》	CSSCI	0.817
《价值关系矛盾运动逻辑中的供给侧结构性改革》	杨慧玲	杨慧玲	2018/11	《当代经济研究》	CSSCI	0.817
《国际垄断资本积累逻辑中的美国对华“贸易争端”》	杨慧玲	甘路有	2019/03	《政治经济学评论》	CSSCI	1.303
《数字经济变革及其矛盾运动》	杨慧玲	张力	2020/01	《当代经济研究》	CSSCI	0.817

续表

论文题目	第一作者	通信作者	发表时间	刊物名称	收录类型	期刊综合影响因子
《农地非农化制度的变迁逻辑：从征地到集体经营性建设用地入市》	盖凯程	于平	2017/03	《农业经济问题》	CSSCI	3. 452
《金融发展与城乡收入差距的门槛效应分析》	于平	盖凯程	2017/09	《经济问题探索》	CSSCI	1. 386
《推动构建新时代中国特色社会主义政治经济学理论体系》	盖凯程	盖凯程	2017/11	《财经科学》	CSSCI	1. 585
《坚持习近平新时代中国特色社会主义思想，不断开拓当代马克思主义政治经济学新境界》	盖凯程	盖凯程	2017/12	《经济学家》	CSSCI	2. 814
《中国社会主义实践的第三次飞跃——中国特色社会主义新时代的历史内涵》	刘明国	盖凯程	2018/09	《管理学刊》	CSSCI	1. 071
《〈资本论〉视域下的供给侧结构性改革——基于马克思社会总资本再生产理论》	盖凯程	冉梨	2019/07	《财经科学》	CSSCI	1. 585
《“国进民进”：中国所有制结构演进的历时性特征——兼驳“国进民退”论》	盖凯程	周永昇	2019/10	《当代经济研究》	CSSCI	0. 817
《重商主义经济学革命：意义、贡献与现实价值》	贾根良	张志	2016/11	《教学与研究》	CSSCI	0. 811
《重商与重农：孰是孰非——基于国家富强视角的比较》	贾根良	张志	2017/02	《经济学家》	CSSCI	2. 814
《为什么教科书中有关重商主义的流行看法是错误的》	贾根良	张志	2017/11	《经济理论与经济管理》	CSSCI	1. 610
《财政支农资金股权量化改革：实践探索、现实困境与破解之策——以四川省广元市改革试点区为例》	王军	詹韵秋	2016/11	《农村经济》	CSSCI	1. 677

续表

论文题目	第一作者	通信作者	发表时间	刊物名称	收录类型	期刊综合影响因子
《实现我国农业适度规模经营的 EBSP 分析》	王军	王军	2017/02	《西部论坛》	CSSCI	1.032
《消费升级、产业结构调整的就业效应：质与量的双重考察》	王军	詹韵秋	2018/01	《华东经济管理》	CSSCI	1.096
《城镇化对城乡收入差距的影响》	冯梦黎	王军	2018/01	《城市问题》	CSSCI	1.281
《就业质量与产业结构调整关系的实证检验》	杨海波	王军	2018/02	《统计与决策》	CSSCI	0.638
《“五大发展理念”视域下中国经济增长质量的弹性分析》	王军	詹韵秋	2018/05	《软科学》	CSSCI	1.290
《技术进步带来了就业质量的提升吗?》	王军	詹韵秋	2018/08	《云南财经大学学报》	CSSCI	0.889
《城镇化缩小城乡收入差距的机制与效应——基于中国 271 个城市面板数据的分析》	马强	王军	2018/10	《城市问题》	CSSCI	1.281
《影子银行规模对经济发展质量影响的实证》	王慧	王军	2019/01	《统计与决策》	CSSCI	0.638
《人口质量红利：研究述评与未来展望》	詹韵秋	王军	2020/02	《重庆社会科学》	CSSCI	0.559
《城市网络视角下金融中心性与经济增长质量：影响效应与作用机制》	王金哲	王军	2020/03	《统计与信息论坛》	CSSCI	1.075
《中国利率期限结构对宏观经济政策的动态响应研究》	韩晓峰	陈师	2017/01	《现代财经》	CSSCI	1.147
《金融摩擦与新兴经济体特征对中国货币政策传导的影响》	陈师	郑直	2017/07	《当代财经》	CSSCI	1.707
《银行全球化、金融加速器与国际经济风险传导——基于中、美两国宏观经济数据的实证研究》	韩晓峰	陈师	2018/04	《财经科学》	CSSCI	1.585

续表

论文题目	第一作者	通信作者	发表时间	刊物名称	收录类型	期刊综合影响因子
《西方城镇化思想：脉络、启示与反思》	吴垠	吴垠	2017/08	《当代经济研究》	CSSCI	0.817
《中国城镇化的供给侧结构性改革——一个政治经济学分析框架》	吴垠	吴垠	2017/11	《政治经济学评论》	CSSCI	1.303
《矿产资源产权、政府分权与矿业大部制改革》	吴垠	孔德	2019/12	《中国矿业大学学报（社会科学版）》	CSSCI	0.366
《资本循环与经济危机：来自美国（1959—2012年）的经验》	谢璐	韩文龙	2017/01	《河北经贸大学学报》	CSSCI	0.835
《农业职业经理人市场的形成机制与工资合约——基于崇州市农业“共营制”的现实观察》	韩文龙	谢璐	2017/06	《财经科学》	CSSCI	1.585
《我国转型期居民间财富差距问题的主要矛盾及新型财富分配制度构建》	韩文龙	陈航	2018/03	《政治经济学评论》	CSSCI	1.303
《做强做优做大国有企业符合人民的根本利益》	韩文龙	葛泽坤	2018/03	《红旗文稿》	CSSCI	0.640
《改革开放四十年的城乡关系：历史脉络、阶段特征和未来展望》	吴丰华	韩文龙	2018/04	《学术月刊》	CSSCI	0.939
《宅基地“三权分置”的权能困境与实现》	韩文龙	谢璐	2018/06	《农业经济问题》	CSSCI	3.452
《承包地“三权分置”的理论实质及实现机制——基于案例的比较分析》	韩文龙	朱杰	2018/07	《西部论坛》	CSSCI	1.032
《当前我国收入分配领域的主要问题及改革路径》	韩文龙	陈航	2018/07	《当代经济研究》	CSSCI	0.817

续表

论文题目	第一作者	通信作者	发表时间	刊物名称	收录类型	期刊综合影响因子
《新时代共同富裕的理论发展与实现路径》	韩文龙	祝顺莲	2018/09	《马克思主义与现实》	CSSCI	0.707
《习近平新时代农地“三权”分置的实践探索》	韩文龙	李强	2018/11	《财经科学》	CSSCI	1.585
《以城乡融合发展推进农业农村现代化》	韩文龙	韩文龙	2019/01	《红旗文稿》	CSSCI	0.640
《全面深化经济体制改革重大实践问题研究》	韩文龙	朱杰	2019/05	《政治经济学评论》	CSSCI	1.303
《政府收入再分配调节职能的履行——基于不同市场经济模式的经验解读及启示》	韩文龙	陈航	2019/08	《人文杂志》	CSSCI	0.630
《人工智能对就业的多重效应及影响》	韩文龙	谢璐	2019/09	《当代经济研究》	CSSCI	0.817
《地区间横向带动：实现共同富裕的重要途径——制度优势的体现与国家治理的现代化》	韩文龙	祝顺莲	2019/12	《西部论坛》	CSSCI	1.032
《数字劳动过程及其四种表现形式》	韩文龙	刘璐	2020/01	《财经科学》	CSSCI	1.585
《家务劳动社会化形式的演变与资本积累》	李怡乐	李怡乐	2017/05	《马克思主义与现实》	CSSCI	0.707
《中国最低工资增长及其就业效应的马克思主义经济学解析》	李怡乐	李怡乐	2018/07	《当代经济研究》	CSSCI	0.817
《我国实体经济的利润率修复机制研究》	李怡乐	李怡乐	2019/03	《马克思主义与现实》	CSSCI	0.707
《弗里曼-克莱曼问题探索——基于里昂惕夫投入产出模型的分析》	李梦凡	谢璐	2017/02	《当代经济研究》	CSSCI	0.817

续表

论文题目	第一作者	通信作者	发表时间	刊物名称	收录类型	期刊综合影响因子
《转型期中国经济增长对家庭生育选择的成本效应分析——来自省级面板数据的证据》	李中秋	李梦凡	2018/12	《西北人口》	CSSCI	0. 949
《中国省域农业现代化水平的综合评价研究》	张航	李标	2016/12	《农村经济》	CSSCI	1. 677
《中国新四化对能源强度的影响》	李标	宋长旭	2017/08	《资源科学》	CSSCI	2. 915
《马克思主义视角下金融发展、创新投入与工业创新绩效》	李标	崔西伟	2018/06	《财经科学》	CSSCI	1. 585
《改革进程中的中国潜在GDP 增长率：估计及预测》	李标	齐子豪	2018/11	《当代经济科学》	CSSCI	1. 691
《马克思借贷资本理论的现实还原与国有商业银行竞争力重塑研究》	李标	杨英	2020/02	《当代经济研究》	CSSCI	0. 817
《行业垄断与收入分配差距的合理性探索及治理研究》	杨海涛	田文	2018/08	《经济问题》	CSSCI	1. 519
《转型期中国劳资矛盾问题的政治经济学解释》	杨海涛	杨海涛	2018/11	《学海》	CSSCI	1. 042
《经济区发展规划的实施促进了城市群的包容性增长吗？——来自我国六大国家级城市群的经验证据》	宋冬林	姚常成	2018/03	《求是学刊》	CSSCI	0. 570
《时空压缩下的经济趋同》	范欣	姚常成	2018/09	《求是学刊》	CSSCI	0. 570
《改革开放四十年：中国城镇化与城市群的道路选择》	宋冬林	姚常成	2018/09	《辽宁大学学报》	CSSCI	0. 396
《铁路提速对经济增长的作用机理研究——基于城镇化、产业集聚与市场潜力的视角》	姚常成	宋冬林	2019/02	《经济问题探索》	CSSCI	1. 386

续表

论文题目	第一作者	通信作者	发表时间	刊物名称	收录类型	期刊综合影响因子
《高铁运营与经济协调会合作机制是否打破了城市群市场分割——来自长三角城市群的经验证据》	宋冬林	姚常成	2019/02	《经济理论与经济管理》	CSSCI	1.610
《借用规模、网络外部性与城市群集聚经济》	姚常成	宋冬林	2019/03	《产业经济研究》	CSSCI	2.877
《我国城市群知识创新的空间结构演变趋势——来自Web of Science核心数据库的经验证据》	国胜铁	姚常成	2019/07	《求是学刊》	CSSCI	0.570
《多中心空间结构促进了城市群协调发展吗？——基于形态与知识多中心视角的再审视》	姚常成	吴康	2020/03	《经济地理》	CSSCI	2.923
《中国特色社会主义政治经济学创新与民生导向型改革开放》	荆克迪	葛浩阳	2017/08	《马克思主义研究》	CSSCI	1.295
《从经济全球化到“再全球化”——基于“一带一路”的战略思考》	苏立君	葛浩阳	2017/10	《财经科学》	CSSCI	1.585
《经济全球化真的逆转了吗——基于马克思主义经济全球化理论的探析》	葛浩阳	葛浩阳	2018/04	《经济学家》	CSSCI	2.814
《仅仅是“政策”之争吗？——方法论视角下“产业政策之争”再回顾》	葛浩阳	葛浩阳	2018/12	《人文杂志》	CSSCI	0.630
《全球经济的“不可能三角”真的不可能吗——对丹尼·罗德里克全球化理论的批判性考察》	葛浩阳	葛浩阳	2019/06	《经济学家》	CSSCI	2.814
《新一轮逆全球化浪潮下的南北经济一体化关系走向——基于美国退出TPP和重谈NAFTA的分析》	姜凌	支宏娟	2017/09	《四川大学学报》	CSSCI	0.799

续表

论文题目	第一作者	通信作者	发表时间	刊物名称	收录类型	期刊综合影响因子
《新时代我国国有企业混合所有制改革路径探究——基于全球化时代市场经济的视角》	姜凌	许君如	2018/09	《四川大学学报》	CSSCI	0.799
《世界处在巨变的前夜——一个马克思主义的观察维度》	赵磊	赵晓磊	2017/01	《江汉论坛》	CSSCI	0.521
《利润率下降与中国经济新常态》	赵磊	刘河北	2017/01	《四川大学学报》	CSSCI	0.799
《生产力一元决定论的超越与辩护——关于〈历史唯物论与马克思主义经济学〉的对话》	孟捷	赵磊	2017/07	《天府新论》	CSSCI	0.387
《“不能量化”证伪了劳动价值论吗?》	赵磊	赵磊	2017/07	《政治经济学评论》	CSSCI	1.303
《共享发展何以可能：一个劳资利益失衡纠偏的视角》	易淼	赵磊	2017/07	《当代经济研究》	CSSCI	0.817
《城乡发展一体化：解决“三农”问题的根本路径》	张涛	赵磊	2017/10	《农村经济》	CSSCI	1.677
《AI正在危及人类的就业机会吗？——一个马克思主义的视角》	赵磊	赵晓磊	2017/11	《河北经贸大学学报》	CSSCI	0.835
《党的领导何以是“最本质的特征”——学习党的十九大报告》	赵磊	赵磊	2017/11	《财经科学》	CSSCI	1.585
《新时代我国社会主要矛盾转变内在动因探析——基于中国特色社会主义政治经济学利益分析方法》	易淼	赵磊	2018/01	《西部论坛》	CSSCI	1.032
《马克思主义政治经济学创新与发展的方法论逻辑》	赵磊	赵磊	2018/03	《当代经济研究》	CSSCI	0.817

续表

论文题目	第一作者	通信作者	发表时间	刊物名称	收录类型	期刊综合影响因子
《澄清质疑共产主义的三个理论困惑》	赵磊	赵磊	2018/04	《马克思主义研究》	CSSCI	1.295
《马克思主义：信仰抑或科学？——基于科学方法论的解读》	赵磊	赵晓磊	2018/09	《经济纵横》	CSSCI	1.612
《新时代中国收入分配体系建设初探——基于马克思“分工—利益—分配”的逻辑》	易淼	赵磊	2018/09	《教学与研究》	CSSCI	0.811
《“我不是马克思主义者”的方法论意蕴——基于〈资本论〉的方法论》	赵磊	赵磊	2018/11	《政治经济学评论》	CSSCI	1.303
《市场经济能自动实现均衡吗？——基于马克思主义政治经济学的逻辑》	赵磊	赵磊	2019/03	《西部论坛》	CSSCI	1.032
《“效用价值论”批判——从“效用价值”的逻辑出发》	赵磊	赵磊	2019/04	《当代经济研究》	CSSCI	0.817
《唯物史观何以“唯物”》	赵磊	赵磊	2019/11	《社会科学研究》	CSSCI	0.820
《“劳动决定价值”是劳动异化的结果》	赵磊	赵磊	2019/12	《学术月刊》	CSSCI	0.939
《马克思主义政治经济学何以“实证”》	赵磊	赵磊	2020/01	《政治经济学评论》	CSSCI	1.303
《马克思的价值范畴何以客观?》	赵磊	赵磊	2020/05	《社会科学辑刊》	CSSCI	0.625
《超额利润、价值总量与一般利润率》	肖磊	肖磊	2017/11	《政治经济学评论》	CSSCI	1.303
《中国特色社会主义政治经济学的理论品质及其在新时代的最新发展》	尹庆双	肖磊	2017/11	《马克思主义与现实》	CSSCI	0.707

续表

论文题目	第一作者	通信作者	发表时间	刊物名称	收录类型	期刊综合影响因子
《社会经济制度的生产力一元决定论：一个辩证的理解》	肖磊	肖磊	2018/01	《当代经济研究》	CSSCI	0. 817
《关于“生产力一元决定论”的若干理论问题——基于经典文本的解释、辩护和重申》	肖磊	肖磊	2018/01	《马克思主义研究》	CSSCI	1. 295
《落后国家社会主义道路的理论与实践探索——马克思跨越“卡夫丁大峡谷”思想的发展研究》	肖磊	肖磊	2018/11	《经济社会体制比较》	CSSCI	1. 748
《信用创造、虚拟资本与现代经济运行——兼论我国实体经济与虚拟经济的关系》	肖磊	肖磊	2019/12	《当代经济研究》	CSSCI	0. 817
《农地经营权流转市场的治理：一个整体性的制度分析》	杜云晗	黄涛	2018/02	《农村经济》	CSSCI	1. 677
《区域协调发展的“合作悖论”与有效性增进路径》	白晔	黄涛	2018/12	《经济学家》	CSSCI	2. 814
《乡村治理的利益考察：理论溯源与路径选择》	黄涛	吴军	2019/09	《马克思主义与现实》	CSSCI	0. 707
《积累、制度与创新的内生性——以美国社会积累结构学派为例的批判性讨论》	孟捷	孟捷	2016/11	《社会科学战线》	CSSCI	0. 550
《大卫·科兹和孟捷对话：新自由主义与中国》	大卫·科兹	孟捷	2016/11	《政治经济学评论》	CSSCI	1. 303
《当代中国社会主义政治经济学的理论来源和基本特征》	孟捷	孟捷	2016/11	《经济纵横》	CSSCI	1. 612
《复杂劳动还原与产品的价值决定：理论和数理的分析》	孟捷	冯金华	2017/02	《经济研究》	CSSCI	8. 436

续表

论文题目	第一作者	通信作者	发表时间	刊物名称	收录类型	期刊综合影响因子
《复杂劳动还原与马克思主义内生增长理论》	孟捷	孟捷	2017/05	《世界经济》	CSSCI	4.417
《在必然性和偶然性之间：从列宁晚年之问到当代中国社会主义政治经济学》	孟捷	孟捷	2018/05	《学习与探索》	CSSCI	0.660
《从“新解释”到价值转形的一般理论》	孟捷	孟捷	2018/05	《世界经济》	CSSCI	4.417
《论中国特色社会主义政治经济学的政策—制度话语和学术—理论话语的相互关系》	孟捷	孟捷	2018/09	《西部论坛》	CSSCI	1.032
《对逻辑与历史相一致原则的批判性反思——以中国特色社会主义政治经济学若干争论为参照》	孟捷	孟捷	2019/01	《财经问题研究》	CSSCI	0.950
《新时代人民福利建设目标及路径的政治经济学分析》	牛海	孟捷	2019/03	《理论与改革》	CSSCI	0.902
《新时代我国社会保障体系的主要矛盾及其优化路径研究》	牛海	孟捷	2019/06	《西北大学学报》	CSSCI	0.517
《投资品部类的自主积累和增长在何种条件下是可能的——基于马克思再生产图式的考察》	冯金华	孟捷	2019/08	《中国经济问题》	CSSCI	1.484
《战后黄金年代的终结和1973—1975年结构性危机的根源——对西方马克思主义经济学各种解释的比较研究》	孟捷	孟捷	2019/10	《世界经济文汇》	CSSCI	1.390
《制度-垄断地租与中国地方政府竞争：一个马克思主义分析框架》	孟捷	吴丰华	2020/03	《开放时代》	CSSCI	1.632

续表

论文题目	第一作者	通信作者	发表时间	刊物名称	收录类型	期刊综合影响因子
《中国特色社会主义政治经济学的国家理论：源流、对象和体系》	孟捷	孟捷	2020/04	《清华大学学报（哲学社会科学版）》	CSSCI	1.458
Forecasting China's primary energy demand based on an improved AI model	陈姝兴	陈姝兴	2018/03	*chinese journal of population resources and environment*	CSSCI	3.457
Urban shrinkage and the identification of china's shrinking cities. a study based on semi-industrialized semi - urbanized structure	陈姝兴	陈姝兴	2018/07	*problems of sustainable development*	SCI	1.058
Education for all and sustainable development: an empirical study on family cognition and household resource using in china	陈姝兴	陈姝兴	2019/07	*problemy ekorozwoju*	SCI	1.058
The impact of foreign and indigenous innovations on the energy intensity of china's industries	陈姝兴	陈姝兴	2019/11	*sustainability*	SCI	2.592

附录二　西南财经大学政治经济学学科部分专家学术声誉、学术兼职和成就一览表

西南财经大学政治经济学学科部分专家学术声誉、学术兼职和成就一览表

序号	姓名	职称职务	学术声誉	学术（社会）兼职	学术成就及获奖
1	刘诗白	名誉校长；教授；博士生导师	著名经济学家	任第七届全国人民代表大会代表（1988—1992 年），第八届全国政协委员、常委（1993—1997 年），四川省政协副主席（1993—1997 年）；曾任四川省社会科学联合会主席，四川省社会科学学术基金会理事长、全国高等财经院校《资本论》研究会会长等；现兼任经济理论权威刊物《经济学家》杂志主编、四川省社会科学联合会名誉主席、新知研究院院长、全国高等财经院校《资本论》研究会名誉会长等；长期任四川省科技顾问团成员、顾问	致力于马克思主义政治经济学的理论探索。主要从事资本论、政治经济学基本理论、社会主义市场经济、社会主义所有制、产权理论与国有企业产权制度改革、宏观经济运行、科技创新与高科技经济等重大问题研究。成功地构建起了一套对中国改革实践富有解释力的严谨理论体系，对中国社会主义市场经济体制的构建和完善起到了有益影响，也对中国社会主义经济学理论发展做出了贡献。发表了大量有关社会主义产权制度的论文和两部专著，以其独到的见解被称为中国三大产权理论流派之一。主要成果曾获孙冶方经济科学奖（1990 年），吴玉章奖（1992 年），教育部高校科学研究优秀成果奖（人文社科）二等奖，四川省哲学社会科学优秀成果一等奖（1983 年、1986 年、1994 年、2005 年），中央纪念党的十一届三中全会三十周年论文奖（2008 年），国家社会科学基金优秀成果奖（1999 年），中宣部经济理论“五个一工程”奖（1988 年），中宣部纪念改革开放十周年论文奖（1988 年），吴玉章人文社会科学终身成就奖（2017）等。后荣膺“影响

续表

序号	姓名	职称职务	学术声誉	学术（社会）兼职	学术成就及获奖
					新中国60年经济建设的100位经济学家”称号、“改革开放进程中的经济学家”称号，“影响四川改革开放30周年”十大最具标示性“风云人物”称号、“2011成都全球影响力人物”称号。2017年获“四川省社会科学杰出贡献专家”称号。以个人名字命名的“刘诗白经济学奖”业已成为我国经济学界最具影响力的经济学奖项之一
2	刘灿	教授；博士生导师	国务院政府特殊津贴专家，四川省学术和技术带头人	曾任西南财经大学党委常委、副校长；2010年10月起任西南财经大学马克思主义经济学研究院院长兼国务院理论经济学学科评议组成员，教育部经济学专业教学指导委员会委员，全国高校社会主义经济理论与实践研讨会领导小组成员，全国马克思列宁经济学说史学会副会长，中华外国经济学说史研究会副会长等	1996年以来公开发表和出版的科研成果100多项，包括个人专著4部，参编专著4部，参编教材4本，辞书3部，论文100多篇，课题研究报告10多项 论文（第一作者）《二滩经验：我国大型投资项目建设的新路子》获中宣部“五个一工程”理论文章奖。成果曾获四川社会科学优秀成果一等奖（2017年、2019年）．获教育部第八届高等学校科学研究优秀成果二等奖等
3	杨继瑞	教授；博士生导师	国务院政府特殊津贴专家；四川省首批学术和技术带头人；国家教委跨世纪优秀人才	曾任四川大学副校长，西南财经大学党委副书记，重庆工商大学校长；现任成都市社科联主席，中国《资本论》研究会副会长；中国区域经济学会副理事长等	发表论文350余篇，出版专著、教材27部，主持、参与国家及省部级科研项目30余项，其中多项科研成果受到党和国家领导人的肯定和批示 1999年获首批宝钢“全国文科优秀博士论文”奖，2000年获“四川省有突出贡献的中国博士”，获首届“国家社科基金项目奖”三等奖1项，省部级科研成果奖一等奖1项，省部级科研成果奖二等奖5项，省部级科研成果奖三等奖9项

续表

序号	姓名	职称职务	学术声誉	学术（社会）兼职	学术成就及获奖
4	丁任重	教授；博士生导师	国务院政府特殊津贴专家；四川省学术和技术带头人；中组部第三届青年专家考察团成员	曾任西南财经大学副校长，四川师范大学校长、党委书记；《经济学家》常务副主编，教育部经济学教指委专业指导委员；四川省社会科学界联合会第七届理事会副主席，政协四川省第十二届委员会教育委员会副主任；中国经济规律研究会副会长，全国高等财经院校《资本论》研究会会长，四川省区域经济研究会会长，四川省哲学社会科学评奖委员会委员，四川省政府科技顾问团顾问，四川省“十五规划”“十一五规划”专家组成员等	参与和承担了多项国家哲学社会科学课题和省部级课题，出版个人专著4部，合作出版专著、教材、辞书等20余部，在《中国社会科学》《经济研究》《人民日报》《光明日报》等报刊上发表论文200余篇 科研成果多次荣获中宣部“五个一”工程奖、中国青年科技论坛奖和四川省哲学社会科学优秀成果一、二、三等奖等奖项
5	尹庆双	副校长；教授；博士生导师	四川省学术和技术带头人	任教育部高校学校公共管理类学科教学指导委员会副主任委员，四川省科技顾问团顾问，全国行政管理学会理事，四川省外国经济学说研究会副会长，四川省高校政治经济学教研会副会长等	教育部“高等学校优秀青年教师教学科研奖励计划”“霍英东教育基金会高等院校青年教师奖”获得者，中国人民银行优秀和技术教师，四川省教学名师，四川省学术带头人，四川省有突出贡献专家；兼任教育部高校学校公共管理类学科教学指导委员会副主任委员，四川省委省政府决策咨询委员会专家委员，四川省外国经济学说研究会副会长。主要研究领域：劳动经济学、公共管理。先后承担国家级、省部级及横向科研课题30余项，公开出版或发表科研成果50余项。多项成果被《新华文摘》《人大报刊复印资料》全文转载，多项成果获国家及省部级科研奖励

续表

序号	姓名	职称职务	学术声誉	学术（社会）兼职	学术成就及获奖
6	李萍	教授；博士生导师	国务院政府特殊津贴专家；四川省突出贡献专家；四川省学术和技术带头人第七批带头人；四川省学术和技术带头人第十一批带头人	任《财经科学》主编，西南财经大学经济学院学术委员会主席，马克思主义经济学研究院副院长，全国高等财经院校《资本论》研究会常务理事、四川省《资本论》研究会副会长、四川省经济学学会副会长	代表作有《经济增长方式转变的制度分析》（个人专著）、《统筹城乡发展中的政府与市场关系研究》（李萍等著）；完成了国家社科基金“八五”“九五”“十五”“十一五”等多项课题（其中主持完成 2 项）；公开出版的学术专著、论文集、教材（个人独著、主编、副主编、参编）31 本、200 多万字、学术论文百余篇、学术成果 120 多项；获国家级、省部级和全国性学会奖等各种奖项 30 多项，其中，国家级教学成果二等奖 1 项、四川省政府第七次、八次、十次、十一次、十三次、十五次哲学社科优秀成果一等奖 1 项、二等奖 2 项、三等奖 3 项，另获四川省高等教育教学成果奖 1 项
7	盖凯程	副院长；教授；博士生导师	四川省级人才计划入选者	兼任全国中国特色社会主义政治经济学研究中心副主任；西南财经大学马克思主义经济学研究院常务副院长；中国《资本论》研究会常务理事、全国马克思列宁经济学说史会常务理事、全国高等财经院校《资本论》研究会常务理事、四川社科联理事、四川省委组织部特邀研究员	现已在核心期刊发表论文 40 多篇，已公开出版学术专著和编著多部。主要成果曾获四川社会科学优秀成果一等奖（2017 年、2019 年）。教育部第八届高等学校科学研究优秀成果二等奖等。被中宣部重点期刊《当代经济研究》推介为“当代马克思主义经济学家”

续表

序号	姓名	职称职务	学术声誉	学术（社会）兼职	学术成就及获奖
8	程民选	教授；博士生导师	做出突出贡献的四川省博士学位获得者，四川省有突出贡献优秀专家，教育部、国家社会科学规划办专家库专家	中国经济发展研究会副会长，《中国改革实践与社会经济形势》蓝皮书主编之一	学术期刊公开发表经济学论文百多篇，出版学术专著十余部，主持国家社会科学基金项目和省部级课题等多项 《产权与市场》《信誉与产权制度》等多项成果获四川省哲学社会科学优秀成果奖，另有两项成果获刘诗白奖励基金优秀科研成果二、三等奖。学术专著《信用的经济学分析》获四川省第十五次哲学社会科学优秀成果二等奖
9	王朝明	教授；博士生导师		兼任四川省经济学会常务理事、四川省高校政治经济学研究会理事、中国高等教育学会公共关系教育研究会理事	在全国核心期刊上发表学术论文80余篇；其中有论文被《新华文摘》《人大复印报刊资料》转载，主持（主研）承担完成国家社会科学基金课题、国家自然科学基金课题等多项国家级和省部级课题 获教育部第八届高等学校科学研究优秀成果二等奖；四川省哲学社会科学优秀成果二、三等奖四项；四川省教育厅人文社会科学科研成果一等奖、三等奖各一项；刘诗白奖励基金优秀科研成果二等奖二项；西南财经大学优秀科研成果奖三项；全国与省级学会的优秀科研成果奖共七项
10	赵磊	教授；博士生导师	四川省学术和技术带头人	担任《财经科学》杂志常务副总编，四川省文科学报研究会副理事长	发表论文200多篇，著作多部；有数十篇论文被《新华文摘》《人大复印资料》《书摘》《文摘报》《报刊文摘》转载或摘编；信仰马克思主义，在收入分配理论、宏观经济理论等领域具有较高的学术造诣，相关专业学术水平在全国处于领先地位，得到了理论界的高度评价；被中宣部重点期刊《当代经济研究》推介为“当代马克思主义经济学家”

续表

序号	姓名	职称职务	学术声誉	学术（社会）兼职	学术成就及获奖
11	蒋南平	教　授；博士生导师	四川省突出贡献专家；四川省学术和技术带头人第三批后备人选	担任全国高等财经院校《资本论》研究会副秘书长、四川省《资本论》研究会副秘书长、四川省高校文科学报研究会副理事长等，并担任一些社会团体、大中型企业的顾问	在国内外报刊发表学术论文130余篇，主编、副主编专著、教材15部，主持国家、省、直辖市及地方企事业单位各项科研课题30余项 先后获得全国、省级政府及学术团体优秀成果奖项30余项
12	易敏利	院　长；教　授；博士生导师	四川省突出贡献专家；四川省学术和技术带头人首批后备人选	中国企业管理研究会第三届理事会常务理事、中国高等商科教育分会理事；民盟四川省委第八、九届副主委、民盟中央委员第八、九届委员；第十届全国人大代表；第九届全国青年委员和第十届四川省青年委员会常委。	先后在国内杂志、报纸和电台公开发表文章50余篇。参加四项国家级社科重点研究课题，三项省级社科研究课题；参与撰写的专著、教材、译著等11本 在学术研究方面获得的荣誉主要有：孙冶方经济学著作奖、吴玉章奖金一等奖、国家教委人文社会科学研究成果奖、四川哲学社会科学优秀成果三等奖和刘诗白奖励基金三等奖等
13	杨慧玲	教　授；博士生导师	双一流学科团队带头人	全国高等财经院校《资本论》研究会理事	在中文核心期刊发表论文20余篇，出版专著多部，主持国家社科基金和教育部人文社会科学研究规划项目两项；2009年荣获四川省第十三次哲学社会科学三等奖；被中宣部重点期刊《当代经济研究》推介为“当代马克思主义经济学家”
14	姜　凌	教　授；博士生导师	四川省突出贡献专家	中国国际经济关系学会理事；中国世界经济学会理事；全国美国经济学会理事；中国亚非发展交流协会常务理事；四川省经济学会常务理事。	公开发表学术论文70余篇；独立完成和主持出版学术专著三部；主持参与多部文集和大学教材编写 先后十六次获省部级、有关学会和校级优秀科研成果奖，其研究成果在国际经济学界有着一定影响

续表

序号	姓名	职称职务	学术声誉	学术（社会）兼职	学术成就及获奖
15	吴垠	教授；硕士生导师	政治经济学研究所所长，双一流学科团队带头人	全国马克思列宁经济学说史会理事、四川省经济学会理事	近年来公开在各类报刊上发表论文60余篇，曾获教育部高等学校科学研究优秀成果二等奖。四川省哲学社会科学优秀科研成果一等奖、三等奖；西南财经大学刘诗白奖励基金年度优秀科研成果二等奖；以及西南财经大学校级优秀科研成果奖
16	韩文龙	副教授硕士导师	四川省级人才计划入选者	全国马克思主义经济学青年论坛常务理事，执委；中国青年政治经济学学者年会常务理事，执委；中国政治经济学学会理事；全国马经史学会理事等；四川省社会科学学术基金会监事；中国人民大学长江经济带研究院研究员	获西南财经大学“我心目中的好老师”称号，获陕西、四川省部级一等奖两次，教育部高等学校科学研究优秀成果二等奖。发表论文80多篇，主持主研国家社科和自科基金项目多项
17	李秋红	教授；硕士生导师			主持/主研多项科研项目，在国内学术期刊发表学术论文20多篇，多篇论文被《人大复印报刊资料》全文转载。出版专著一部。参编著作、教材等十数部 获得过四川省第十六次哲学社会科学优秀成果一等奖（集体奖）、四川省第十次哲学社会科学优秀成果三等奖、西南财经大学优秀教学成果二等奖（2006）、刘诗白奖励基金优秀科研成果二等奖（2000—2001）等
18	陈师	教授；博士生导师	四川省学术和技术带头人后备人选；光华人才计划		近年来，在国内外学术期刊发表论文多篇，主持国家自然科学基金项目、教育部人文社科基金青年项目、四川省哲学社会科学规划项目等课题多项。近期主要从事银行厂商理论、经济波动、货币政策评价与设计、新开放经济宏观经济学研究。近年来在国内外学术期刊发表论文多篇。曾获教育部高等学校科学研究优秀成果二等奖

续表

序号	姓名	职称职务	学术声誉	学术（社会）兼职	学术成就及获奖
19	王雪苓	副教授；博士生导师		全国高等财经院校《资本论》研究会理事	在《当代财经》《财经科学》等学术刊物公开发表论文20余篇，出版个人专著1部，部分论文多次被他引或被人大复印资料及网络转载；参编教材若干部、合著多部，作为主研人员完成国家级课题2项以及省部级课题 获得四川省哲学社会科学优秀成果一、二、三等奖各1项；曾获教育部高等学校科学研究优秀成果二等奖
20	刘恒	教授；硕士生导师		全国高等财经院校《资本论》研究会理事	在中文核心期刊发表论文20余篇，一直专注于经济周期波动理论和经济转型的研究
21	陈志舟	副教授；硕士生导师		全国高等财经院校《资本论》研究会理事	先后参著专著4部，参著教材2本，在《经济学家》《宏观经济研究》《光明日报》《当代经济研究》《社会科学研究》等刊物发表学术论文20余篇；作为主研人员完成国家社会科学基金项目3项、学校“211工程”项目2项、中央高校科研专项资金项目3项，教学改革课题2项，完成成都市政府、武侯区政府、温江区政府等横向委托课题4项；获得国家级优秀教学成果二等奖1项，四川省优秀教学成果一等奖2项，获得四川省哲学社会科学优秀成果一等奖1项、二等奖1项
22	李怡乐	副教授；硕士生导师	政治经济学研究所副所长		对马克思主义经济学基础理论的发展与应用研究保持长期兴趣。在《马克思主义与现实》《政治经济学评论》《当代经济研究》等发文多篇，主持国家社科基金青年项目等多项。曾获教育部高等学校科学研究优秀成果二等奖

后记

本书是四川省社会科学研究“十三五”规划2019年度重大项目“四川省理论经济学学科70年发展研究”的衍生成果之一。

本书为西南财经大学理论经济学学科团队集体智慧的结晶。刘灿教授、丁任重教授、尹庆双教授、易敏利教授、李萍教授、刘方健教授等作为顾问进行指导。盖凯程教授作为主编负责全书的核心思想、研究思路、逻辑体系以及篇章结构的设计，韩文龙、刘方健、徐志向为副主编，参与了协调、组织和编撰等具体工作，刘璐、朱杰、王河欢、陈航、陈翥等研究生承担了资料的收集、整理等具体工作。全书由盖凯程教授统稿。此外，西南财经大学经济学院副院长邹红教授，各二级学科系所负责人（吴垠、袁正、蔡晓陈、李雪莲、赵劲松等），以及学科秘书黄筱莉亦对本书的编写直接或间接地贡献了智慧和力量。谨向上述参与者表示感谢。

衷心感谢四川省社会科学规划办公室，西南财经大学校领导、发规处、科研处等对本书编写和出版给予的指导和多方面的支持帮助。感谢西南财经大学出版社各位编辑的辛苦付出。

正如教育部陈宝生部长2019年来西南财经大学调研指导时指出的，西南财经大学是“中国经济学教育的重镇”，是“政治经济学学科建设和基础理论研究的一个重镇”。理论经济学是西南财经大学的传统优势学科。新中国成立以来，一代又一代的西南财经大学经济学人孜孜以求，不懈奋斗，使之枝繁叶茂。受研究视野、学术水平以及研究资料可获得性的局限，书稿虽几经修改，不足和纰漏之处仍在所难免，敬请读者指正。我们将与时代和学科的发展进步同频共振，不断与时俱进地进行修改、补充和完善，竭力为中国理论经济学的发展贡献力量。

编　者

庚子初夏大疫期间于格致楼